公正会 創立90周年記念出版

新版 ガイドブック
弁護士報酬

弁護士 吉原省三
弁護士 片岡義広 編著

商事法務

はしがき

　『ガイドブック弁護士報酬』の初版は，東京弁護士会に所属する弁護士有志による任意団体「公正会」の創立80周年の記念事業の1つとして，2005年に出版されました。

　2004年4月1日に「報酬等基準規程（日弁連）」，「弁護士報酬会規（東京弁護士会）」が廃止されて間もない時期に，弁護士に事件を依頼しようとする企業や市民に対して，弁護士がどのような根拠に基づいてどのくらいの報酬を請求するのか知りたいとのニーズに応えるものとして，一定の役割を果たすことができたのではないかと考えています。

　その後，約10年が経過し，社会情勢の変化や新しい法制度などにあわせて，新規に弁護士報酬が問題となるケースが多数想定されることとなり，また，2008年に行われた弁護士報酬に関するアンケート調査の結果などもふまえて，初版の記載事項についても，再度，検討を加えるべき必要がでてきました。

　そこで，今回は，弁護士報酬についての新たな設問を大幅に増設するとともに，初版に収録されていた設問のすべてについての回答と解説について再検討を行いました。

　もちろん，本書の執筆は，「公正会」に所属する，当該設問の分野に専門性を有する弁護士が適材適所で担当し，それぞれが非常に充実した有用な内容となっています。

　今回の改訂によって，本書は，「弁護士に事件を依頼しようとする企業や市民に対して，弁護士がどのような根拠に基づいてどのくらいの報酬を請求するのかを知りたいとのニーズに応える」にあたって，より広い範囲をカバーするものとなり，また，既存の設問についての回答と解説について必要なアップデートを施したものです。

　「公正会」は，初版が出版されて以降も順調に発展を続け，現在では，弁

護士350余名を擁するまでになり，今年，無事に創立90周年を迎える運びとなりました。本書は，公正会の創立90週年記念事業の1つとして，当会所属の吉原省三弁護士および片岡義広弁護士の監修のもと，当会の弁護士が分担執筆して刊行したものです。本書の刊行にあたっては，株式会社商事法務の渡部邦夫氏に大変お世話になりました。あらためて御礼を申し上げます。

　本書が広く読まれ，依頼者と弁護士の信頼関係を構築する一助になれば幸いです。

2015年10月

公正会幹事長　弁護士　佐々木　公明

執筆者紹介（五十音順・敬称略）

氏　　名	本書分担箇所
相澤　光江（あいざわ・みつえ）	第1部第3章Q25「企業法務とタイムチャージ制」，第2部第9章Q64「クロスボーダー（国際取引）」
青木　荘太郎（あおき・そうたろう）	第1部第1章Q7「依頼者の種別による弁護士報酬の相違」
秋山　知文（あきやま・ともふみ）	第2部第1章Q30「貸金請求（被告）」，同第1章Q34「プロバイダー等に対する請求」，同第2章Q37「近隣関係」
安齋　瑠美（あんざい・るみ）	第2部第6章Q49「離婚」，同Q53「遺言」，同Q55「遺産分割」
池田　幸司（いけだ・こうじ）	第2部第9章Q63「独占禁止法」
石井　芳光（いしい・よしみつ）	第1部第1章Q5「弁護士報酬以外の金銭の授受」，同Q6「弁護士報酬の基準となる『経済的利益』」
伊東　孝（いとう・たかし）	第1部第3章Q26「意見書作成」
今出川　幸寛（いまでがわ・ゆきひろ）	第1部第2章Q15「着手金と成功報酬」，同Q17「訴訟外の手続と弁護士報酬」，同Q18「控訴と一審の報酬金」
岩井　重一（いわい・しげかず）	第1部第2章Q12「市民の法律相談」，同Q13「法律扶助」
右崎　大輔（うざき・だいすけ）	第2部第9章Q66「企業不祥事に対する対応」
大塚　孝子（おおつか・たかこ）	第2部第6章Q49「離婚」，同Q53「遺言」，同Q55「遺産分割」
小笠原　耕司（おがさわら・こうじ）	第1部第3章Q26「意見書作成」

小幡　雅二	（おばた・まさじ）	第2部第7章Q58「刑事告訴」
片岡　義広	（かたおか・よしひろ）	第1部第1章Q5「弁護士報酬以外の金銭の授受」，同第1章Q6「弁護士報酬の基準となる『経済的利益』」，同第1章Q9「弁護士の相違による弁護士報酬の相違」，同第1章Q11「紛争解決手続の流れと弁護士報酬の発生」，同第3章Q23「取締役・監査役」，同Q28「企業の訴訟」，第2部第1章Q29「貸金請求（原告）」，本書のまとめ，あとがき
鐘築　優	（かねつき・ゆう）	第2部第4章Q44「医療過誤」
川村　英二	（かわむら・えいじ）	第1部第3章Q27「契約書作成」
川村　百合	（かわむら・ゆり）	第2部第1章Q31「金融機関に対する請求」，同第6章Q50「子との面会交流」，同第7章Q59「少年事件」
河和　哲雄	（かわわ・てつお）	第1部第3章Q24「株主総会」
黒澤　真志	（くろさわ・まさし）	第1部第2章Q12「市民の法律相談」
河野　玄逸	（こうの・げんいつ）	第1部第2章Q19「民事執行」
小林　明彦	（こばやし・あきひこ）	第1部第2章Q16「民事保全」
小松　勉	（こまつ・つとむ）	第1部第3章Q20「企業法務における弁護士報酬の構成要素」，同Q21「顧問契約」
小森　貴之	（こもり・たかゆき）	第2部第4章Q46「消費者事件」
今野　勝彦	（こんの・かつひこ）	第1部第1章Q10「法律事務の種別による弁護士報酬の相違」
佐々木　公明	（ささき・こうめい）	はしがき
篠原　一廣	（しのはら・かずひろ）	第2部第3章Q41「クレーマー対応」，同第6章Q54「遺言信託」

執筆者紹介

菅谷　公彦	（すがや・きみひこ）	第2部第5章Q47「労働紛争（労働者側）」
住田　昌弘	（すみた・まさひろ）	第1部第1章Q8「地域による弁護士報酬の相違」
関根　　稔	（せきね・みのる）	第2部第3章Q40「税務事件」
関端　広輝	（せきばた・ひろき）	第2部第9章Q62「M&A」，同Q67「企業の倒産・再生」
曽我　幸男	（そが・ゆきお）	第1部第2章Q19「民事執行」
高橋　隆二	（たかはし・りゅうじ）	第2部第9章Q65「知的財産権」
竹内　　朗	（たけうち・あきら）	第1部第3章Q22「企業内弁護士（インハウス・ロイヤー）」，第2部第3章Q42「民暴事件」
田中　慎也	（たなか・しんや）	第2部第2章Q35「建物明渡し」
田中　貴一	（たなか・よしかず）	第2部第8章Q60「行政事件」
付岡　　透	（つけおか・とおる）	第2部第1章Q32「クレ・サラ負債整理・破産」，同Q33「過払金返還請求」
寺町　東子	（てらまち・とうこ）	第2部第6章Q52「成年後見人」
中井　陽子	（なかい・ようこ）	第2部第3章Q39「事業承継」，同第6章Q51「DV・ストーカー対応」
中野　竹司	（なかの・たけし）	第1部第3章Q22「企業内弁護士（インハウス・ロイヤー）」
名藤　朝気	（なとう・ともき）	第2部第2章Q38「マンション管理組合」
野辺　　博	（のべ・ひろし）	第2部第2章Q35「建物明渡し」
波戸岡　光太	（はとおか・こうた）	第1部第2章Q13「法律扶助」
羽成　　守	（はなり・まもる）	第2部第4章Q43「交通事故」

平澤　慎一（ひらさわ・しんいち）	第2部第1章Q32「クレ・サラ負債整理・破産」，同第1章Q33「過払金返還請求」，同第4章Q45「原発事故の賠償請求」，同第4章Q46「消費者事件」
廣瀬　健一郎（ひろせ・けんいちろう）	第2部第2章Q36「建築紛争」
安田　隆彦（やすだ・たかひこ）	第2部第7章Q56「刑事弁護（起訴前弁護）」，同Q57「刑事弁護（被告事件）」
谷津　朋美（やつ・ともみ）	第2部第9章Q67「企業の倒産・再生」
山内　雅哉（やまうち・まさや）	第1部第2章Q14「法律文書の作成」
山﨑　健（やまざき・けん）	第2部第8章Q61「入管法関係」
山宮　慎一郎（やまみや・しんいちろう）	第2部第9章Q67「企業の倒産・再生」
義経　百合子（よしつね・ゆりこ）	第2部第5章Q48「労働紛争（使用者側）」
吉原　省三（よしはら・しょうぞう）	本書の趣旨，第1部第1章Q1「弁護士報酬請求の法的根拠」，同Q2「弁護士報酬の旧制度とその問題点」，同Q3「現在の弁護士報酬制度」，同Q4「弁護士報酬の構成要素」，本書のまとめ

凡　例

　本文中において以下の略語を用いました。また，本文中に記載の金額はすべて税別の金額です。

1　法令名等の表示

　　独禁法　　　　　　　　　　私的独占の禁止及び公正取引の
　　　　　　　　　　　　　　　　確保に関する法律
　　刑訴法　　　　　　　　　　刑事訴訟法
　　裁判員法　　　　　　　　　裁判員の参加する刑事裁判に関
　　　　　　　　　　　　　　　　する法律

2　判例表示

　　最判昭和48年11月30日　　　最高裁判所昭和48年11月30日
　　民集27巻10号1448頁　　　　判決　最高裁判所民事判例集
　　　　　　　　　　　　　　　　27巻10号1448頁

3　裁判所の判例集および定期刊行物の表示

　　民集　　　　　　　　　　　最高裁判所民事判例集
　　行裁例集　　　　　　　　　行政事件裁判例集
　　判解　　　　　　　　　　　最高裁判所判例解説
　　金判　　　　　　　　　　　金融・商事判例
　　交民　　　　　　　　　　　交通事故民事裁判例集
　　判時　　　　　　　　　　　判例時報

判自	判例地方自治
判タ	判例タイムズ
商事法務	旬刊商事法務

4 その他の表示

日弁連	日本弁護士連合会
東京三会	東京三弁護士会（東京弁護士会，第一東京弁護士会，第二東京弁護士会）
旧規程	日本弁護士連合会報酬等基準規程
新規程	日本弁護士連合会弁護士の報酬に関する規程
旧会規	東京弁護士会弁護士報酬会規（2004年4月1日廃止）
法テラス	独立行政法人日本司法支援センター
2008年版アンケート結果	日本弁護士連合会「アンケート結果にもとづく市民のための弁護士報酬の目安」（2009年8月）
2005年版アンケート結果	日本弁護士連合会「アンケート結果にもとづく市民のための弁護士報酬の目安」（2006年2月）
2002年版アンケート結果	日本弁護士連合会「アンケート結果にもとづく市民のための弁護士報酬の目安」（2003年11月）

目　次

はしがき
執筆者紹介
凡　例

本書の趣旨・1

第1部　総　論

第1章　弁護士報酬制度　　8
　Q1　弁護士報酬請求の法的根拠……………………………8
　Q2　弁護士報酬の旧制度とその問題点……………………12
　Q3　現在の弁護士報酬制度…………………………………15
　Q4　弁護士報酬の構成要素…………………………………18
　Q5　弁護士報酬以外の金銭の授受…………………………22
　Q6　弁護士報酬の基準となる「経済的利益」……………26
　Q7　依頼者の種別による弁護士報酬の相違………………29
　Q8　地域による弁護士報酬の相違…………………………32
　Q9　弁護士の相違による弁護士報酬の相違………………38
　Q10　法律事務の種別による弁護士報酬の相違……………42
　Q11　紛争解決手続の流れと弁護士報酬の発生……………47

第2章　市民と弁護士報酬　　54
　Q12　市民の法律相談…………………………………………54
　Q13　法律扶助…………………………………………………58

Q14　法律文書の作成……………………………………………62
　　Q15　着手金と成功報酬………………………………………67
　　Q16　民事保全………………………………………………………71
　　Q17　訴訟外の手続と弁護士報酬…………………………75
　　Q18　控訴と一審の報酬金……………………………………81
　　Q19　民事執行………………………………………………………87

第3章　企業と弁護士報酬　　　　　　　　　　　　　　90

　　Q20　企業法務における弁護士報酬の構成要素…………90
　　Q21　顧問契約………………………………………………………94
　　Q22　企業内弁護士（インハウス・ロイヤー）………102
　　Q23　取締役・監査役…………………………………………112
　　Q24　株主総会……………………………………………………118
　　Q25　企業法務とタイムチャージ制………………………126
　　Q26　意見書作成…………………………………………………131
　　Q27　契約書作成…………………………………………………137
　　Q28　企業の訴訟…………………………………………………140

第2部　各　論

第1章　金融事件等　　　　　　　　　　　　　　　　148

　　Q29　貸金請求（原告）………………………………………148
　　Q30　貸金請求（被告）………………………………………152
　　Q31　金融機関に対する請求………………………………156
　　Q32　クレ・サラ負債整理・破産…………………………159
　　Q33　過払金返還請求…………………………………………163
　　Q34　プロバイダー等に対する請求………………………166

第2章　不動産関連事件　　　171
　Q35　建物明渡し……………………………………………171
　Q36　建築紛争………………………………………………175
　Q37　近隣関係………………………………………………179
　Q38　マンション管理組合…………………………………183

第3章　個人事業に関する事件　　　186
　Q39　事業承継………………………………………………186
　Q40　税務事件………………………………………………189
　Q41　クレーマー対応………………………………………192
　Q42　民暴事件………………………………………………195

第4章　損害賠償事件等　　　198
　Q43　交通事故………………………………………………198
　Q44　医療過誤………………………………………………202
　Q45　原発事故の賠償請求…………………………………208
　Q46　消費者事件……………………………………………211

第5章　労働事件　　　214
　Q47　労働紛争（労働者側）………………………………214
　Q48　労働紛争（使用者側）………………………………218

第6章　家事事件　　　222
　Q49　離婚……………………………………………………222
　Q50　子との面会交流………………………………………226
　Q51　DV・ストーカー対応…………………………………229
　Q52　成年後見人……………………………………………233
　Q53　遺言……………………………………………………238
　Q54　遺言信託………………………………………………242
　Q55　遺産分割………………………………………………245

第7章　刑事事件　　　249
　Q56　刑事弁護（起訴前弁護）……………………………249

Q57	刑事弁護（被告事件）	253
Q58	刑事告訴	257
Q59	少年事件	260

第8章　行政関連事件　264

Q60	行政事件	264
Q61	入管法関係	267

第9章　企業法務に関する事件　269

Q62	M&A	269
Q63	独占禁止法	272
Q64	クロスボーダー（国際取引）	275
Q65	知的財産権	279
Q66	企業不祥事に対する対応	282
Q67	企業の倒産・再生	285

本書のまとめ・291

資　　料・297

1. 旧規程（日本弁護士連合会）……298
2. 新規程（日本弁護士連合会）……321
3. 見積書ひな型（参考例）……324
4. 委任契約書（民事）（参考例）……326
5. 委任契約書（刑事・少年）（参考例）……330

事項索引・334

あとがき

本書の趣旨

　弁護士法は，弁護士の使命と職務について，1条1項で「弁護士は，基本的人権を擁護し，社会正義を実現することを使命とする」と定め，3条1項で「弁護士は，当事者その他関係人の依頼又は官公署の委嘱によって，訴訟事件，非訟事件及び審査請求，異議申立て，再審査請求等行政庁に対する不服申立事件に関する行為その他一般の法律事務を行うことを職務とする」と定めています。つまり弁護士には，公共的な性格と，法律的な問題についての依頼者の利益代弁者という性格があり，後者は報酬という問題と関係してきます。

　ところで，報酬というと，何か「お礼」というニュアンスがあり，また，民法632条をみると「請負」について「報酬を支払う」となっています。弁護士報酬は単なる「お礼」ではなく，また弁護士業務は請負ではありませんが，竹内昭夫（ほか2名編集代表）『新法律学辞典〔第3版〕』（有斐閣，1989）をみると，報酬とは「労務，仕事の完成，事務の処理等の対価として支払われる金銭・物品」をいうとなっています。
　そして，後に述べる改正前の弁護士法33条2項8号，46条2項1号においても，弁護士会および日弁連は，会則において「弁護士の報酬に関する標準を示す規定」を定めなければならないとなっていました。そして日弁連の廃止された報酬等基準規程3条では「弁護士報酬は，法律相談料，書面による鑑定料，着手金，報酬金，手数料，顧問料及び日当とする」と定めていました。弁護士報酬は，支払う側からすれば弁護士費用にほかなりませんが，このような従来の経緯をふまえて，本書でも弁護士が対価として受領するもの一切を含めて，弁護士報酬ということとします。

　このように，弁護士会が報酬についての標準となる規定を作成することを

弁護士法で義務づけていたのは，法律事務の取扱いが弁護士の独占とされている関係上，弁護士報酬が適正・妥当であることを確保する必要があることと，弁護士に依頼しようとする者にとって弁護士報酬が予測可能なものであることとする必要があるためであるとされています（日弁連調査室編著『条解弁護士法〔第4版〕』（弘文堂，2007）。なお，弁護士報酬規定についての沿革や諸外国の例については，伊藤彦造「職務倫理からみた弁護士実務の具体的検討――五 報酬をめぐる諸問題」『講座 現代の弁護士第1 弁護士の使命・倫理』（日本評論社，1970）295頁以下，花岡巌「弁護士報酬をめぐる諸問題」『講座 現代の弁護士第3 弁護士の業務・経営』（日本評論社，1970）280頁以下，福原忠男『弁護士法〔増補版〕』（第一法規出版，1990）172頁参照）。

ところが，2001年3月30日に規制改革推進3か年計画が閣議決定され，これを受けて，同年6月12日付の司法制度改革審議会意見書で，次のとおり提言がなされました。

---

(2) 弁護士報酬の透明化・合理化
弁護士報酬の透明化・合理化の見地から，例えば，
○ 個々の弁護士の報酬情報の提示・提供の強化
○ 報酬契約書の作成の義務化，依頼者に対する報酬説明義務
等の徹底を行うべきである。

弁護士報酬については，利用者に目安が付きやすくする等の見地から，透明化・合理化を図ることとし，具体的には，個々の弁護士の報酬情報の開示・提供の強化，報酬契約書の作成の義務化，依頼者に対する報酬説明義務等の徹底を行うべきである。
弁護士法第33条において「弁護士の報酬に関する標準を示す規定」が必要的会則事項とされていることについては，規制改革推進3か年計画（平成13年3月30日閣議決定）において「報酬規定を会則記載事項から削除する」と定められていることを踏まえ，適切な対応がなされるべきである。なお，報酬に関し，弁護士会が何らかの規定を策定する場合には，その策定過程を透明化すべきで

ある。

　そして，公正取引委員会は，各方面の意見を参考としたうえで，2001年10月24日に，法律上，業務独占が認められている事務系の専門職業のうち，公認会計士，行政書士，弁護士，司法書士，土地家屋調査士，税理士，社会保険労務士および弁理士の8資格を対象として，「資格者団体の活動に関する独占禁止法上の考え方」を公表しました。その「考え方」は次のとおりです。

(1) 報酬に関する活動
　ア　独占禁止法上問題となる場合
　　(ア)　報酬基準の会則への記載が法定されている場合
　　　a　報酬基準額を確定額として運用すること
　　　b　対象外の事務の報酬についての基準の設定
　　(イ)　報酬基準の会則への記載が法定されていない場合における報酬基準の設定
　イ　独占禁止法上問題とならない場合
　　(ア)　過去の報酬に関する概括的かつ客観的な統計の公表
　　(イ)　報酬に関する原価計算や積算の方法に関する一般的な指導

(2) 広告に関する活動
　ア　独占禁止法上問題となるおそれがある場合
　　○　会員の行う広告の媒体，回数，場所，内容等を制限することにより，需要者の正しい選択に資する情報を提供することの制限
　イ　独占禁止法上問題とならない場合
　　○　虚偽又は誇大な広告の排除，最低限必要な広告されるべき事項の決定

(3) 顧客に関する活動

> ア　独占禁止法上問題となる場合
> 　○　他の会員の顧客との取引の禁止，事業活動を行う地域の制限，会員間での業務の配分
> イ　独占禁止法上問題とならない場合
> 　○　不公正な競争手段（他の会員のひぼう・中傷，正常な商慣習に照らして不当な金品等の提供や供応）による顧客の誘致の禁止

　その結果，2003年7月25日に弁護士法が改正されて，弁護士会と日弁連が会則で「弁護士の報酬に関する標準を示す規定」を定める旨の条項が削除され，2004年4月1日から施行されることとなりました。そして日弁連は，2003年11月12日の総会で「報酬等基準規程」（本書で「旧規程」といいます）（1995年9月11日会規第38号）を廃止し（2004年4月1日施行），2004年2月26日の総会で新たに6か条からなる「弁護士の報酬に関する規程」（本書で「新規程」といいます）（会規第68号）を定めて，同年4月1日から施行することとしました。その結果，弁護士報酬の種類，授受の時点等については，弁護士と依頼者との契約で定めることとなりました。また，それまで規定になかった時間制（タイムチャージ）や完全報酬制（コンティンジェントフィー）も，内容が妥当である限り問題ないことになりました。そして，個々の弁護士が新しい報酬基準や見積書，契約書等を作成するための参考として，日弁連は同年3月に「弁護士報酬ガイドブック　新しい弁護士報酬の時代を迎えて」を発行し会員に配布しました。

　そこで，弁護士としては，報酬とその支払方法を決めて依頼者に提案しなければならないわけですが，これはなかなかに難しい問題です。事務所で報酬額表を定めておいたとしても，実際の事件に適用するとなると必ずしもそのとおりにはなりません。また，タイムチャージ制をとって1時間いくらと定めておいたとしても，見積りとなると予測がつきにくいものです。もっと

本書の趣旨

も，報酬金額については日弁連は繰返しアンケート調査を行っており，参考のためにその結果を発表しています（2002年版アンケート結果，2005年版アンケート結果，2008年版アンケート結果）。しかし「どうしてその金額になるのですか」と尋ねられると，弁護士自身その理由について説明しがたいところがあります。まして実際の事件では，事件の見通し，当事者の資力，依頼者が個人か法人か，従来の関係などいろいろの要素が加わってきますから，一様にはいきません。しかし，弁護士報酬が自由化されてから10年余が経過した現在では，弁護士報酬の定め方がある程度定着してきたのではないかと考えられます。

そこで本書では，いろいろな事例について，その事例では弁護士報酬はいくらくらいが妥当か，またそれはどのような考え方に基づくのかを検討してみることとしました。したがって，考え方が違えば報酬金額も違ってくるわけですが，それは，事件そのもののほかに，どのような事情を考慮するかによって変わってくるからだと思われます。

そのようなわけで，本書は事例を追加するとともに，あらためて取扱事件や事務所形態の違ういろいろな弁護士に協力を願い，討論を重ねてまとめたものです。そこで，本書が弁護士にとっても，また依頼者にとっても，弁護士報酬はいくらくらいが妥当か，そしてそれはどういう考え方によるのかということを理解する参考となれば，幸いであると考えています。

（吉原省三）

第1部　総　論

第1章　弁護士報酬制度

第2章　市民と弁護士報酬

第3章　企業と弁護士報酬

第1章　弁護士報酬制度

Q1　弁護士報酬請求の法的根拠

❶ 弁護士報酬の法的根拠は何ですか。
❷ 弁護士報酬について，あらかじめ何の約定をしていない場合にも，弁護士報酬を支払わなければならないのですか。
❸ この場合，弁護士報酬の額は，どうやって決めるのですか。

---

❶　弁護士への依頼は有償の委任であると考えられており，弁護士に依頼した以上は，相当額の報酬を支払う義務があります。

❷　弁護士への依頼が有償であることの根拠についてはいろいろな考え方がありますが，とくに定めていなかった場合にも，その額についてはともかくとして，しかるべき報酬を支払わなければならないということについては異論がありません。

❸　報酬額についてあらかじめの約定がない場合は，あらためて弁護士と依頼者が合意して決めますが，合意ができないときは，最終的には裁判で決めることになります。そのときには，経済的利益，事案の難易，解決までの時間，労力などが考慮されることになります。

解説

❶　弁護士業務と報酬

わが国の弁護士制度は，明治時代に他の司法制度と同様に西欧の制度を継受したものです。そして，それが発展して，現在の弁護士法に定める弁護士制度となっているわけです。ところで西欧では，弁護士（法律家）は，聖職者，

医師と並んで，プロフェッションとされてきました。プロフェッションの特徴としてはいろいろな点が挙げられていますが，その1つとして，提供するサービスとこれに対する報酬が一様でないという点があります。医師は患者に対したとき，その患者を救うために最善の措置を採ることを考えるのであり，そのとき報酬がいくらになるのかとは考えないはずです。だからこそ医師は尊敬されるのです。また聖職者についても，貧者の一灯は富者の万灯にも増して輝くものです。

弁護士についても同様であり，「賞賛は努力に対して与えられ，報酬は結果に対して支払われる」ということになるのですが，医師にかかって無料で済むと考えている人はいないように，弁護士に依頼しておいて無料と考える人もいないと思います。したがって，依頼者が報酬を払わないのは，高額すぎるとか弁護士の事件処理に不満があるなど，何らかの理由がある場合です。そして，どうしても話合いのつかない場合は，弁護士が依頼者を被告として，報酬金支払請求訴訟を起こすことになります。こういう訴訟はそれほど多くはないのですが，最高裁判所の判例集に登載されたものとして，最判昭和37年2月1日民集16巻2号157頁があります。

❷ 弁護士報酬の根拠

上記の事件は，会社の顧問弁護士が前渡金返還訴訟の和解成立後に報酬を請求した事件ですが，この判決の調査官解説（昭和37年判解10事件）をみると，「弁護士に対し訴訟委任をなした場合には，民法648条1項の規定にかかわらず，特約がなくとも報酬支払義務を認むべきであることについては判例学説ともに異論がない」となっています。

ただ，その理由づけは裁判例によってさまざまであり，黙示の合意があるとするもの，当然であるとするもの，一般取引上の慣例であるとするもの，慣習であるとするもの，実験法則に照らし当然の筋合であるとするものなどがあります（昭和37年判解10事件注2および最判昭和48年11月30日民集27巻10号1448頁，昭和48年判解47事件3⑴参照）。

この事件は訴訟委任の事案ですが，訴訟委任だけでなくほかの場合につい

ても同様に考えられ，弁護士への依頼は有償の委任であるといえます。つまり，弁護士に依頼したことによって有償の委任契約が成立し，報酬について定めていればその定めに従って契約による効力が生じ，定めていなくてもしかるべき報酬を支払うという合意があったと解されることになります。

なお，弁護士の報酬の消滅時効期間は，事件終了時から2年間，事件のなかの各事項についての債権は，事件終了時から2年以内であってもその事項（時効については，現在検討されている債権関係の民法改正案では，債権者が権利を行使することを知った時から5年間，債権者が知らなくても権利を行使することができる時から10年間権利が行使されないときは，権利は時効によって消滅するとなっています）の終了時から5年間とされています（民法172条）。

❸ 報酬の額の要素

それでは，報酬の額について定めていなかった場合にはどうやって報酬額を決めるのでしょうか。その場合通常は話合いによって決めますが，合意に達しなければ最終的には訴訟にならざるを得ません。前掲の最高裁昭和37年判決もそのような場合ですが，この判決は事件の難易，訴額および労力の程度ばかりでなく，依頼者との平生からの関係，所属弁護士会の報酬規程等その他諸般の状況をも審査し，当事者の意思を推定し，もって相当報酬額を算定すべきであるとしています。このうち「依頼者との平生からの関係」というのは，この事件の弁護士が依頼人会社の顧問弁護士だったのでそのことも考慮すべきだということだと思われます。また「所属弁護士会の報酬規程」というのは現在はありませんから，参考にするとすれば，日弁連のアンケート調査ということになりましょう。

もっとも，旧規程が廃止されたといっても，まったく無意味になったというわけではありません。旧規程もそれなりの合理性を持っており，1つの参考とすることができるからです。現に，神戸地尼崎支判平成26年10月24日金判1458号46頁は，破産管財人が破産手続開始申立代理人に対して弁護士報酬の一部の返還を請求した事件ですが，判決は日弁連の旧規程と所属弁護士会の旧会規も参考として適正かつ妥当な報酬を定め，これを超える部分の返還

を命じています。また、東京地判平成26年3月28日金法2014号102頁も、旧規程にそれなりの合理性を認め、これを参酌した弁護士報酬の請求を認めています。このような事情もあって、巻末（資料1）には旧規程も掲載していますので、ご参照ください。

　この点、2004年11月10日の総会で日弁連が定めた弁護士職務基本規程では、24条（弁護士報酬）に「弁護士は、経済的利益、事案の難易、時間及び労力その他の事情に照らして、適正かつ妥当な弁護士報酬を提示しなければならない」と定めています。これをみると、報酬額を決める要素としては、前掲の判例と実質的に変わりありません。そこで、このような要素を考慮して、客観的に妥当な報酬額を決めることになります。もちろん、当事者が納得すればよいわけですから、判決に到らず、和解によって解決する事件も多いと考えられます。

（吉原省三）

第1部　総論　第1章　弁護士報酬制度

Q2　弁護士報酬の旧制度とその問題点

❶　2004年の改正前の弁護士報酬についての制度はどうなっていたのか，その概要を説明してください。
❷　旧制度の問題点は何だったのですか。

A　❶　2004年4月1日の改正弁護士法施行前は，日弁連の定めた「報酬等基準規程」(旧規程)があり，各弁護士会はこの規程を基準とし，所在地域の経済事情その他の地域の特性を考慮して，弁護士報酬に関する標準を示す規程を定めることになっていました。そして弁護士は所属弁護士会の定めるところに従って，個々の事件についての弁護士報酬を算定し，依頼者と交渉して決った額を請求していました。東京弁護士会でも「弁護士報酬会規」が定められており，本書で「旧会規」としてしばしば引用されているのはこの会規による規程のことです。

❷　この日弁連の「報酬等基準規程」については弁護士の間でもその内容についていろいろな問題点が指摘されていましたが，今回廃止された理由は，規制緩和に反するということと，弁護士報酬についてのこのようなやり方は，カルテル行為であって独禁法に違反するおそれがあるというものです。

解説

❶　旧規程

冒頭の本書の趣旨で説明したとおり，改正前の弁護士法は，各弁護士会および日弁連が，会則で「弁護士の報酬に関する標準を示す規定」を定めることとしていました（改正前弁護士法33条2項8号，46条2項1号）。そこで，これに従って日弁連は「報酬等基準規程（旧規程）」（最終全部改正のものが1995

Q2 弁護士報酬の旧制度とその問題点

年9月11日会規第38号。その後一部改正あり）を定め，そのなかで弁護士会は，この規程を基準とし，所在地域における経済事情その他の地域の特性を考慮して，弁護士の報酬に関する標準を示す規定を適正妥当に定めなければならないと定めていました。したがって，弁護士が従わなければならないのは，所属会の定める報酬規程ですが，その内容は旧規程とほとんど同じでした。

この旧規程には細かい定めがありますが，大まかにいうと，民事事件については，経済的利益の額に応じて比率で着手金と報酬金を定め，事件の内容によって30％以内の増減を認めることとし，刑事事件については，着手金と報酬金について上限と下限を定めるというものです。ただし，上限を定めず「以上」という場合がありました。しかし，この旧規程と各弁護士会の報酬規程がどの程度の強制力を持っていたかというと疑問であって，著しく高い報酬の場合や受取り方に問題のある場合に懲戒となった事例はありますが（日弁連「報酬に関する懲戒事例集」（2004年3月）），低すぎたために懲戒となったという事例は，聞いたことがありません。もっとも，低すぎるのも倫理違反ではないかという意見もあります。

旧規程の効力はこの程度のものですが，それでも弁護士報酬を具体的に近い形で定めた唯一の基準であり，弁護士報酬を定めるうえでの重要な参考となっていました。

❷ 旧規程の問題点

この旧規程に対しては，弁護士のなかから，次のような批判が寄せられていました（日弁連『日本の法律事務所'2000——弁護士業務の経済的基盤に関する実態調査報告書（臨時増刊号）』自由と正義53巻13号（2002）209頁）。

現行報酬規定の不都合点
1　経済的利益の定義が不明確
2　着手金と報酬が1対2の比率になっていること
3　経済的利益に比例するのが不合理
4　時間制にした場合，標準的な算定テーブルがないこと

13

第1部　総論　第1章　弁護士報酬制度

> 5　コンティンジェントフィーシステム（完全成功報酬制度）が認められないこと
> 6　統合して加算するシステムおよびその率

　このような点は，議論を重ねて改訂していけばよいわけですが，より本質的な問題として，司法についての人的インフラの充実と規制緩和の立場から，弁護士の人数を増加するとともに競争を自由にすべきであるということが求められるようになりました。そして，そもそも資格業務を独占した者からなり強制加入団体である資格者団体が報酬基準を定めることは，カルテル行為であり独禁法上問題があるということが指摘されるようになりました（独禁法3条，2条6項）。そこで，冒頭の本書の趣旨で述べたような経過を経て，今回の改正となったものです。

　そこで上記のような点はそれぞれの弁護士が考えて決めればよいわけですが，難しいのは，上記（表の1）の「経済的利益」をどう算定するかです。この点について，『弁護士報酬基準等書式集〔改訂版〕』（東京都弁護士協同組合，2013）には3通りの弁護士報酬基準書式が示されており，経済的利益について算定可能な場合，算定の特則，算定不能な場合についてその算定方法を定めています（13条，14条，15条。同書10頁～12頁参照）。これも1つの参考となりますが，実際の事件では算定の難しい場合もあり，たとえば土地の境界争いのように争いのある土地の面積の価格が報酬の基準とならないこともあります。したがって，そういう場合は解決するまでにかかった時間を基準とするほうが合理的であるということになるわけです。

（吉原省三）

Q3　現在の弁護士報酬制度

❶　現在の弁護士報酬に関する制度は，どうなっていますか。
❷　弁護士は，弁護士報酬に関し，依頼者に対して，どのような義務を負っていますか。

A　❶　現在は，弁護士職務基本規程24条のほかに，日弁連としては「弁護士の報酬に関する規程」（新規程）（会規第68号）と「外国法事務弁護士の報酬に関する規程」（同第69号）があるだけで，報酬を具体的にどうするかは，弁護士と依頼者との契約に委ねられています。ただし，その内容があまりに不当であれば無効であり，また場合によっては，品位を失わせるものとして，懲戒の対象となります。

❷　「弁護士の報酬に関する規程」（新規程）では，報酬の見積書の作成・交付に努める義務（新規程4条），報酬その他の費用についての説明義務（同5条1項），原則として委任契約書を作成する義務（同条2項・3項・4項）などが定められています。

解説

❶　旧規程の廃止と報酬の自由化

Q2で説明したとおり，日弁連の「報酬等基準規程」（旧規程）が廃止され，これに伴って，各弁護士会の報酬会規も廃止されました。そして，日弁連はこれに代わって本書巻末資料2に掲げた「弁護士の報酬に関する規程」（新規程）（会規第68号）を定め，2004年4月1日から施行することとしました。なお，外国法事務弁護士についても，会規第69号としてこれと同内容の規程を定めています。したがって，Q2で説明した弁護士職務基本規程24条の定めがあるほかは，この規程だけということになります。

この規程では，2条で「弁護士の報酬は，経済的利益，事案の難易，時間及び労力その他の事情に照らして適正かつ妥当なものでなければならない」と定め，3条1項で「弁護士は，報酬に関する基準を作成し，事務所に備え置かなければらない」と定めているだけで，報酬の具体的な内容については，弁護士と依頼者との契約によって決めることになります。しかし，何を決めてもそのとおりになるかというと，そういうものでもありません。

　この点，訴訟との関係でみると，一般に不法行為による損害賠償請求訴訟や不当訴訟に対する応訴については，かかった費用として弁護士報酬も損害と考えられていますが，報酬契約で定めたところがそのまま認められるわけではありません。たとえば判例（最判昭和44年2月27日民集23巻2号441頁）では，不法行為による損害賠償請求訴訟において弁護士報酬も損害に加えて請求したのに対し，弁護士費用は，事案の難易・請求額・認容された額その他諸般の事情を斟酌して相当と認められる額の範囲内のものに限り，右不法行為と相当因果関係に立つ損害というべきである（要旨）としています。つまり，当事者間では契約で決めた額になるとしても，第三者に対する関係では，客観的に妥当な額しか主張できないわけです。

❷ 契約の制限

　また，最判昭和48年11月30日民集27巻10号1448頁では，「成功報酬は取得利益の2割とする。ただし，成功とは，勝訴，和解，調停の成立をいう。YらがXの承諾をえないで和解，請求の放棄，取下をし，または，他人に訴訟代理を委任し，もしくは，Yらの都合でXとの間の委任契約を解除した場合には，委任事務処理の程度如何にかかわらず成功とみなして右成功謝金全額を即日支払う」というみなし成功報酬の特約があった例ですが，依頼者が1審で敗訴し控訴中に依頼者本人が和解を望んだのに弁護士が承知しなかったため，本人が訴訟外で和解をして控訴を取り下げたという場合に，裁判所は諸般の事情を考慮して，この特約は効力を生じないとしています。着手金として受領した金員はいかなる理由があっても返却しないというような契約条項も，消費者契約法に違反する疑いがあるとされています。なお，特定商取

引に関する法律（以下「特商法」）は，弁護士が弁護士法の定める役務を提供するにあたっては，同法を適用しないと定めています（特商法26条1項7号）。

弁護士法56条1項は，弁護士は「……所属弁護士会の秩序又は信用を害し，その他職務の内外を問わずその品位を失うべき非行があったときは，懲戒を受ける」と定めており，あまりに高額の報酬を請求すると，懲戒の問題を生じます。どのような場合に懲戒となるかについては，日弁連から2004年3月に「報酬に関する懲戒事例集」が出ています。

したがって，報酬は契約によるといっても，それは妥当な内容でなければならないわけです。

❸ 弁護士側の義務

次に，報酬に関する弁護士の依頼者に対する義務としては，新規程の4条と5条に定めがあります。このうち，4条は，報酬についての見積書の作成に関するものであり，5条は，報酬についての説明と報酬に関する事項を含む委任契約書の作成に関するものです。

これは報酬についての予測性と明確性を確保するうえで必要なことですが，説明するのは当然としても，書面を作成することが難しい場合もあります。そこで，見積書の作成については努力義務とし，契約書の作成については原則としてということになっています。

（吉原省三）

Q4 弁護士報酬の構成要素

❶ 弁護士報酬を決めるにあたっては，どのような要素が考慮されるのでしょうか。
❷ 弁護士報酬を決めるにあたって考慮される各要素の間には，どのような関係があるのでしょうか。

A ❶ 弁護士職務基本規程24条は「弁護士は，経済的利益，事案の難易，時間及び労力その他の事情に照らして，適正かつ妥当な弁護士報酬を提示しなければならない」と定め，新規程2条は「弁護士の報酬は，経済的利益，事案の難易，時間及び労力その他の事情に照らして適正かつ妥当なものでなければならない」と定めています。したがって，「経済的利益」，「事案の難易」，「時間及び労力」と「その他の事情」が有力な要素として考慮されることになります。

❷ このような要素がどのように関係して報酬を決めるのかは，総合的に考慮してとしかいいようがありませんが，依頼者側の事情や事件の性質も，大きく関係してきます。

解説

❶ **弁護士報酬を決める要素**

弁護士報酬を決めるに際して考慮すべき事項として，弁護士職務基本規程24条と新規程2条は，「経済的利益」，「事案の難易」，「時間及び労力」，「その他の事情」を挙げています。この点，Q1で説明した最高裁昭和37年判決は，「事件の難易」，「訴額」，「労力」，「依頼者との平生からの関係」，「所属弁護士会の報酬規程」その他を挙げていますが，このうち「訴額」は経済的利益につながっており，「依頼者との平生からの関係」はその他に含まれ，

「所属弁護士会の報酬規程」は現在は存在しません。また，Q3で説明した最高裁昭和44年判決は「事案の難易」，「請求額」，「認容された額」その他を挙げていますが，「請求額」，「認容された額」は経済的利益につながります。したがって，結局のところ「経済的利益」，「事案の難易」，「時間及び労力」が基本的な要素であり，これに「その他の事情」が加わって考慮されるということになります。なお，被告事件であっても，原告の請求を免れたという意味で，経済的利益があることになります。

　ところで，事件には，訴訟事件に代表されるいわばトラブルというべき事件と（以下「Aタイプの事件」），契約書の作成や会社の買収，再編成，個人の場合でいえばアパートの建替えなど，事業のための事件（以下「Bタイプの事件」）とがあります。そして，弁護士の業務としてBタイプの事件が増えており，ほとんどがBタイプの事件という弁護士もいます。このうちAタイプの事件については弁護士のプロフェッション性が求められ，報酬を決めるにあたっても，その他の事情として依頼者側の諸事情が考慮されるべきです。江戸時代の川柳に，「馬喰町人の喧嘩で蔵を建て」（馬喰町には当時の民事争訟に関与していた公事師と公事宿が集まっていました。『東京弁護士会百年史』（東京弁護士会，1980）15頁）というのがありますが，そうなってはいけないわけです。

　これに対して，Bタイプの事件においては，弁護士報酬は依頼者にとっては事業経費の一部であり，弁護士にとってもビジネス業務といえます。したがって，報酬の計算もAタイプの事件の場合とは違ってくるはずです。この点従来の報酬に対する考え方は，主としてAタイプの事件を念頭に置いていたと思われますが，両者は本来違う考え方によるべきもののはずです。

❷　弁護士報酬と弁護士業務の多様性

　具体的な報酬を決めるにあたっては，さらに次のことを考える必要があります。そもそも何事によらず，物の価額には次の3通りがあります。

(1)　売手の価額

　原価に利益を加えたもので，弁護士の場合でいえば，弁護士側の言い値と

いうことになります。

(2) 買手の価額

それを購入する場合に，いくらなら採算が取れるかという価額です。

(3) 競争による価額

(1), (2)とは関係なく競争による需給関係によって決まる価額で，(1), (2)より高くも低くもなります。ただし，弁護士の場合には誰がやっても同じ結果になるというわけにはいかない業務があるので，すべての業務について競争が成り立つという関係にはなりにくい面があります。

弁護士の場合は，従来は(3)がほとんどなく，(1)で決まり，その妥当性は報酬規程とプロフェッション性からくる倫理によって保たれてきました。しかし，前述のBタイプの事件については，(2)もかなり働いてきます。そして，今後弁護士が増えてくると，事件によっては(3)もかなり大きな影響を持ってくると考えられます。

また，AタイプとBタイプの中間的な事件というのもあります。米国において弁護士広告規制の見直しのきっかけとなったベイツ事件判決（米国連邦最高裁1977年6月27日判決Bates. v. State Bar of Arizona，この事件が弁護士のプロフェッション的性格に与えた影響については，山口繁「リーガルプロフェッションの行方（その2）」法の支配134号（2004）5頁以下参照）の広告では，争いのない離婚，養子縁組の解消，破産，名の変更等について，具体的な一定金額で依頼に応じるとなっていて，他の種の事件に関する事情は求めに応じて提供されるとなっていたとのことです。つまり，誰が受任しても結果に変わりのない事件について，定額で受任することを広告したわけです。

これに類する広告は，最近わが国でもみられるようになってきていますが，個人破産など手続が主体の事件については定額で表示することができるものの，一般の訴訟事件については定額で表示している例は見あたりません。ただ，交通事故による損害賠償請求事件や過払利息返還請求事件などについては，報酬の割合などを表示している例があるようです。

このように，弁護士の業務は多様化しており，依頼される事件もどう展開

するかわからないものが少なくありません。したがって，報酬決定の要素は何かと問われると即答しかねることになるのですが，これからは，従来考慮すべきであるといわれてきた事柄に加えて，事件の性質と競争社会であるということを考慮していく必要があるといえましょう。

❸ 弁護士報酬と訴訟事件

なお，訴訟事件の場合，わが国では受任時に着手金を受け取り，終結時に結果に応じて報酬金をもらうという方式が一般的です。この場合，着手金は事件受任にあたっての検討費用と事件終結時までの手数料となります。しかし，相手方がどのような主張をしてくるかわかりませんし，簡単に解決すると思った事件が意外と複雑になるということもあります。この点，手数料を1開廷いくらと定めて，毎回支払ってもらうという方法もありますが，その場合は，途中で支払ってもらえなくなるリスクがあります。そこで，着手金をいくらにするかについても，不確定要素があります。一方，報酬金についても，金額ではっきり計算することができる場合はいいのですが，経済的利益といっても算定の難しい場合があります。そしてそのような事件で和解によって解決したような場合，そのときに依頼者と話し合って定めるしかないということになります。

したがって，弁護士報酬の構成要素は先に説明したようなものだとしても，とくに訴訟事件の場合には一律いくらとは定めにくいわけです。

（吉原省三）

Q5　弁護士報酬以外の金銭の授受

❶　弁護士報酬以外に，依頼者と弁護士との間で授受する金銭には，どのようなものがありますか。
❷　その取扱いの実情は，どのようになっていますか。

---

❶　弁護士報酬には，従前，訴訟でみられた着手金と謝金（成功報酬）などさまざまな形態のものがありますが，それ以外の金銭の授受としても，さまざまな実費に関する金銭の授受があります。

実費については，実費を弁護士報酬に含める場合，あらかじめ弁護士が概算額等の金銭を預かって後日精算をする場合，弁護士が実費を立て替えて後日立替金として請求をする場合等があります。

❷　実費の取扱いについての実情は，弁護士と依頼者間の取決めによってさまざまな態様がありうるところですが，弁護士によって取扱いが異なるほか，受任する案件の内容によっても異なってきます。

解説

❶　実費の性質

「実費」は，通常，次のとおりに大別することができます。
①　本人である依頼者自身が本来の支払いまたは拠出の義務を負うもの
②　本人である依頼者自身が支払義務等を負うとまではいえないものの，弁護士がもっぱら当該事務処理をする依頼者のために支出する費用
③　弁護士が当該事務処理をするために，必要なものとして支出する費用
④　弁護士が当該事務処理をするための負担に対する弁償金としての費用

「実費」は，事件を受任する弁護士にとって，報酬などのように所得収入にはならない費用であるのが通常ですが，日当などのように従来弁護士報酬

とは認識されていなかったものの、弁護士の実質的な収入となる弁償金もあり、また、預り金のように事件終了後に精算による返還を必要とするものもありますので、事件受任時にあらかじめそれらの費用の項目を明確にしておくことが必要です。

旧規程では、弁護士は、依頼者に対し、「実費」などの負担を求め、概算によりあらかじめ「実費」などを預かることができると定めていましたので、それを一応の目安とするのがよいでしょう。委任契約が終了した場合には、預り金の中から「実費」を精算し、剰余金があれば、返還することになります。

❷ 実費の細目

「実費」取扱項目は、次のように分けられます。
① 本人である依頼者自身が本来の支払義務を負うもの
　㈰収入印紙代　㈪郵便切手代　㈫保証金　㈬保管金　㈭供託金
② 本人である依頼者自身が支払義務等を負うとまではいえないものの、弁護士がもっぱら当該事務処理をする依頼者のために支出する費用
　㈰登記費用　㈪鑑定費用　㈫測量費用　㈬公正証書作成費用　㈭謄写料　㈮通信費（相手方とのもの等）
③ 弁護士が当該事務処理をするために、必要なものとして支出する費用
　㈰宿泊費　㈪交通費　㈫通信費（依頼者との通信等）
④ 弁護士が当該事務処理をするための負担に対する弁償金としての費用

この④については、日当がこれに該当します。日当は、本来弁護士報酬ではありませんが、実質的に弁護士の収入にあたる弁償金をいいます。旧規程では、日当は、半日から1日当たり3万円以上5万円以下と定めていましたので参考にしてください。

❸ 実費等と消費税の取扱い（注）

上記の弁護士が実費として取り扱うもののうち、税務実務上、消費税との関係が問題となります。

第1部　総論　第1章　弁護士報酬制度

(1) 日当

　すなわち，日当は，実質的には弁護士の収入ですから，消費税が課税されるのは当然です。

(2) 旅費交通費

　しかし，弁護士が実費として認識している宿泊費および交通費については，弁護士の業務に関する報酬または料金が「弁護士がその業務の遂行に関連して依頼者から支払を受ける一切の金銭をいうもの」と税務当局が解していることから，実費弁償たる宿泊費および交通費であっても，依頼者による直接払いと認められるものでない限り，弁護士の報酬または料金に含まれるものとして，消費税の課税の対象となります。

　その結果，宿泊費等に課税されている消費税額を含め，さらに消費税が課税されることになります。弁護士にとっては，経費となるべきものについて源泉徴収をされるというキャッシュフロー上の不利益はありますが，損益上のプラスマイナスはゼロです。他方，依頼者側からすれば，消費税の二重払いとなる結果が生じます。法令遵守を重んじる企業の経理部門では，消費税の二重払いとなる不利益を承知でかかる処理を求める例も増えています。

　これを回避するには，これらの実費の課税前の金額に弁護士報酬としての消費税を付加した請求をし，代金を必要経費として，預り消費税と仕入れ税額控除の両建てで経理すればこの問題を回避することができますが，実務上の困難等もあるほか，簡易課税制度による場合には，問題は完全に解決しません。

　なお，依頼者宛ての領収書を添付し，次の(3)記載のように，立替金を明確に区分経理していれば，依頼者企業によってはさらなる消費税は課税されないものとして取り扱う例もみられます。

(3) 公課等

　なお，依頼者が本来納付すべきものとされている登録免許税や手数料等に充てるものとして受け取った金銭については，それを報酬または料金と明確に区分経理している場合は，課税の対象となりません（消費税基本通達10—

1―4㈱）。

⑷　留意点

弁護士としては，実費の取扱いについて，上記⑵および⑶のような問題があることにも留意し，自己勘定と預り金・立替金勘定を明確に区分経理するとともに，実費の取扱いについて，依頼者と十分な意思疎通を図ることも大切な課題です。

㈱　なお，この項につき，下記URL参照。

https://www.nta.go.jp/shiraberu/zeiho-kaishaku/shitsugi/shohi/02/12.htm

（石井芳光・片岡義広）

Q6　弁護士報酬の基準となる「経済的利益」

❶　着手金や成功報酬の基準となる旧規程の「経済的利益」は，どのような考え方に基づいていますか。

❷　「経済的利益」は，どのように算定しますか。

A　❶　事件または法律事務の性質上，委任事務処理の結果に成功または不成功があるものについて，その着手金と成功報酬額を決めるについては，その委任事務処理の対象について依頼者が受ける経済的利益を基準に所定の料率を乗じて算定することが合理的であるとの考え方によるものと考えられます。

❷　「経済的利益」については，算定可能とされる場合と，算定不能とされる場合とがあります。算定可能とされる場合は，委任事務処理の対象となるものの価格を基準として，その全額または一定割合によることとして算定します。ただ，このような形式的な価格を基準としつつも，近時は，実際に依頼者が受ける経済的利益の価額を重視し，また，紛争案件であれば，紛争の対象となっている金額を基準とするべきであるとの考え方が強まってきています。

解説

❶　弁護士報酬の有償原則

弁護士報酬を考慮する事項として，「経済的利益」，「事案の難易」，「時間及び労力」などが挙げられていますが，このうち「経済的利益」と弁護士の事件委任契約による報酬との関係は，次のような考え方によると理解することができます。

民法の委任契約（民法643条～656条）は，ローマ法以来の伝統から，信頼

Q6 弁護士報酬の基準となる「経済的利益」

関係に基づく高級な知的労務の提供は対価の支払いになじまない無償契約であり，受任者は特約がなければ報酬請求ができないという無償原則（同法648条）が通常でした。しかし，現在では，そのような考え方から脱却して，職業的な知的法律労務（リーガルサービス）の提供である弁護士の事件委任契約による報酬は，とくに当事者間に特約や合意がなくても，依頼者の受けた利益なども参考にして，相応な合理的報酬額を請求できるという有償原則が，判例（最判昭和37年2月1日民集16巻2号157頁）によっても認められています。

❷ 弁護士会の従前の規定

2004年4月1日に廃止された日弁連の旧規程では，この「経済的利益」の基準を示し，原則として各都道府県ごとの単位弁護士会がこれに準拠した規程を定めていました。これが廃止された現在も，着手金および成功報酬方式による弁護士報酬については，従前の「経済的利益」を基準にして弁護士報酬を定める実務が行われています。

なお，「経済的利益」の価額は，①「算定可能な場合」（旧規程14条）と②「算定不能な場合」（同16条）とに大別して次のとおり定めていたので，それが一応の目安になります。

しかし，「経済的利益」の額が紛争の実態に比べて明らかに大きいか，または，小さいときは，「経済的利益」の額を紛争の実態に相応するまで増減額することができるとも定めていたので（旧規程15条），「経済的利益」をあまり重視すると，紛争の実態にそぐわない結果となることに注意する必要があります。そして，近時は，旧規程が定めていた形式的な基準によるのではなく，15条の特則の趣旨を重視して，対象物の実質的な価格によりつつ，さらに，現に紛争になっている金額を基準とするべきであるという考え方が強まってきています。

❸ 従前の形式的基準

旧規程における形式的な経済的利益の規程の概要は，次のとおりでした。

(1) 「経済的利益」が算定可能な場合

「経済的利益」の額が算定できる場合には，その額を基準としますが，たとえば，その主な事項は，次のとおりです。

① 金銭債権は，債権総額
② 所有権は，対象物件の時価相当額
③ 占有権，地上権，賃借権，使用借権，地役権などは，対象物件時価相当額の2分の1
④ 担保権は，被担保債権額
⑤ 遺産分割請求権は，相続分の対象物件時価相当額

これらの「経済的利益」が算定可能な場合には，それに基づく報酬額が具体的に定められていたので，それが一応の目安になります。

(2) 「経済的利益」が算定不能な場合

「経済的利益」を算定することができないときは，旧規程16条1項では，その利益額を800万円と定めていましたから，これに所定の料率を乗じて，着手金標準額は49万円，報酬金標準額が98万円とするとされていたので，その程度の金額が一応の目安となり，紛争の実態にそぐわないときは，相応するように適正妥当な範囲で増減額をするべきことになります。

（石井芳光・片岡義広）

Q7　依頼者の種別による弁護士報酬の相違

❶　依頼者が法人か，個人か，資産家かどうかなど，その種別によって弁護士報酬は異なるのでしょうか。
❷　異なるとすると，どのような事情によって異なるのでしょうか。

❶　一概にはいえませんが，異なる場合もあります。
❷　これも一般化はできませんが，大まかにいえば，弁護士のプロフェッションとしての立場によるものと，報酬決定の自由によるものとがあると思われます。

解説

❶　弁護士報酬に関する定め

新規程3条は「弁護士は，弁護士の報酬に関する基準を作成し，事務所に備え置かなければならない（1項）。前項に規定する基準には，報酬の種類，金額，算定方法，支払時期及びその他弁護士の報酬を算定するために必要な事項を明示しなければならない（2項）。」とし，同2条では「弁護士の報酬は，経済的利益，事案の難易，時間及び労力その他の事情に照らして適正かつ妥当なものでなければならない」としています。

上記の新規程は，2003年7月25日に弁護士法が改正され，弁護士会によって「弁護士の報酬に関する標準を示す規定」を会則で定める旨の条項が削除されたことを受けて，2004年4月1日から施行されたものです。従前，弁護士会が定めていた標準報酬を廃し，原則的に，各弁護士が，自由にその報酬に関する基準を定めることができるとしたものです。

❷　プロフェッションと報酬の相違

ところで，弁護士の報酬は「経済的利益，事案の難易，時間及び労力その

他の事情に照らして適正かつ妥当」(新規程2条)に定められるべきものですが，弁護士法1条1項には「基本的人権を擁護し，社会正義を実現する」との規定があり，弁護士はプロフェッションといわれます。つまり，その業務には公益性，倫理性が要求されており，その関係で依頼者の属性によって報酬額が異なることがあります。

たとえば，市民の司法に対するアクセスを重視すれば，市民から受ける初回の法律相談に関しては，事業者や会社からの相談とは異なり，弁護士報酬を30分で5,000円程度の法律相談料と定めることがあります。また，弁護士会で行うクレジット・サラ金に関する法律相談や整理等のように社会性が認められる業務について，ほかの事案よりも低額な弁護士報酬を内規として定めている場合もあります。

このように，弁護士のプロフェッションとしての立場から，市民，あるいは，いわゆる弱者的立場にある依頼者に対しては，ほかの依頼者とは異なる，低額な報酬を定めることが多くみられます。旧規程8条1項においても，「資力に乏しいとき又は特別の事情にあるとき」に，弁護士報酬の減額または免除を認めていたところです。

❸ その他の事情による報酬の相違

以上に対して，弁護士側の創意による相違も考えられます。

❶で述べた弁護士報酬の自由化は，市場原理もしくは自由競争の導入と利用者側における選択肢の拡大という発想が底流にあると考えられ，これに呼応して，弁護士側でも，報酬基準に幅を持たせることが考えられます。

まず，法人についてですが，顧問会社とそれ以外の法人については，報酬基準が異なることが考えられます。依頼者との特殊の関係に基づくものであり，妥当な相違でしょう。

また，法人の場合，事件の受任ばかりでなく，予防法務や戦略的法務が業務となることも多く，個人と比較するときは，報酬の請求方法自体が，着手金・報酬といったものではなく，タイムチャージとなることも多いと考えられ，適用する報酬基準自体が相違することがあります。

さらに，依頼者が企業であるときは，依頼者側がある程度の選択能力，すなわち，情報や交渉力がありますので，弁護士側としても，これを報酬基準に反映させることが考えられます。昨今，企業側に法務コストが高額になっているとの不満があるとも耳にしますので，今後，弁護士間の競争によって，大企業に対する報酬基準が低額化することも考えられます。

次に個人についてですが，事業者か非事業者かによって報酬基準が異なることが考えられます。事業者の場合，基本的には営利行為に基づく事案が多いと考えられ，この場合は，会社と同様の報酬基準が適用されるとしても不合理ではないでしょう。

これに対し，資産家とそうでない者との間の報酬の相違は合理的なものでしょうか。弁護士業務のビジネス面を強調していけば，報酬基準に相違を設けるとの発想も出てくるかもしれません。しかし，実際に行う業務に違いがないとすれば，単に相手の財布によって報酬が異なるというのはいかがなものでしょうか。やはり，弁護士のプロフェッション性は堅持されるべきであり，依頼者等に説明のできない報酬の相違は，弁護士倫理上問題になるのではないかと思います。

❹ 弁護士報酬のあり方

いずれにしろ，「弁護士の報酬は，経済的利益，事案の難易，時間及び労力その他の事情に照らして適正かつ妥当」（前出）に定めるべきであり，この限りおいて，各弁護士が自由に定めることができるものです。したがって，業務の内容等の「適正かつ妥当」な定型化のもとに依頼者の種別によって異なる報酬基準を適用することは可能であり，今後，各弁護士の創意と工夫によって，さまざまな方法論が研究されていくものと思います。

ただし，その際には，単にビジネスに走ることなく，プロフェッションとしての立場をわきまえたものであることが重要で，これを逸脱するときは倫理上の問題が発生し，極端な場合，弁護士会による懲戒の対象となることにも留意することが必要です。

（青木荘太郎）

Q8　地域による弁護士報酬の相違

❶　地域によって弁護士報酬に相違がありますか。
❷　その実情を説明してください。

A　❶　民事の一般事件（貸金や売掛金などの債権回収事件，借地・借家など不動産事件，交通事故事件など），クレサラ事件，離婚や相続などの家事事件や刑事事件については，全国的に報酬に大きな格差はないものと思われます。

渉外事件，M&A事件，再生・倒産事件，特許事件，企業法務案件，金融法務案件など事件の種類によっては，東京地域に偏って処理されるものがあり，これらの事件は事案の難易度が高く，弁護士報酬が高額なものが多いということができます。

❷　弁護士報酬は，地域格差は少なく，事件種別と事件規模による格差が大きいというのが実情です。

解説

❶　**1件当たりの平均事業売上**

全国各地域における1件当たりの弁護士の経済的側面を集計・比較した最近の調査資料としては，日弁連の①『弁護士業務の経済的基盤に関する実態調査報告書2010（臨時増刊号）』自由と正義62巻6号（2011）と②『弁護士業務の経済的基盤に関する実態調査（臨時増刊号）』自由と正義53巻13号（2002）があります。

図表1は，上記の資料を参考にして，弁護士の1件当たりの弁護士事業による平均収入（給与収入や雑収入は，含みません）を地域別に比較したものです（前掲①86頁・114頁・115頁，前掲②51頁）。1件当たりの平均事業売上は，

各地域の弁護士の平均事業売上を，各地域の新件の件数で除したものです。事業売上は，社外取締役，社外監査役の報酬や法科大学院での給与売上，講演料などの雑売上を除いてありますので，これにより，1件当たりの弁護士報酬の平均単価の近似値が算出できることとなります。

なお，1件としてカウントしたのは，刑事の起訴前・起訴後，民事・行政の訴訟事件，調停事件，非訟事件，裁判所以外の紛争処理機関に継続しているもの，示談交渉，契約締結案件，相談，書類作成など，紛争事件，非紛争事件を問わず，弁護士が報酬を受けて継続的に処理にあたるケースをカウントしています。

図表1　1件当たりの弁護士の平均事業売上など

	新件の件数（件）			平均事業売上（万円）			1件当たりの平均事業売上（万円）		
	1989年	1999年	2009年	1989年	1999年	2009年	1989年	1999年	2009年
東京	28.5	30.2	36.5	3,192	3,705	2,860	112	123	78
大阪・愛知	36.1	44.8	46.5	2,659	3,638	2,312	74	81	50
高裁所在地	43.0	56.5	55.7	2,909	4,466	3,098	68	79	56
高裁不所在地	47.6	50.4	72.7	2,599	3,220	2,813	55	64	39
全国	37.4	41.9	50.0	2,877	3,592	2,766	77	86	55

ここに1件とは，弁護士報酬計算上1単位となるものを1件としてあります。

高裁所在地の弁護士とは，東京，大阪，名古屋を除く，高等裁判所の本庁がある札幌弁護士会，仙台弁護士会，香川県弁護士会，広島弁護士会，福岡県弁護士会の各弁護士会所属の弁護士です。

高裁不所在地の弁護士とは，高等裁判所の本庁がない弁護士会所属の弁護士です。

これによりますと，1989年と1999年とを比較すると，その間では，すべての地域で弁護士1人当たりの事業売上が増加したのに対し，1999年と2009年とを比較すると，すべての地域で弁護士1人当たりの事業売上が減少しています。1件当たりの事業売上も同様の変遷傾向にあります。

1999年の1件当たりの事業売上は，東京が123万円，大阪・愛知が81万円，高裁所在地が79万円，高裁不所在地が64万円で，東京と他の3地域の二極化の傾向が認められました。それが，2009年では，東京が78万円，大阪・愛知が50万円，高裁所在地が56万円，高裁不所在地が39万円となり，全国的に下方で平均化してきています。1件当たりの弁護士報酬単価は，1999年～2009年にかけて相当に下落しています。

❷ **単価差異が生じる原因**

それでも東京と他地域においては，統計上1件当たりの単価が大阪・愛知および高裁所在地で約1.5倍，高裁不所在地で約2倍もの格差が発生するのはなぜでしょうか。報酬格差が生じる原因を分析して，その理由を考えてみたいと思います。

報酬格差が生じる原因としては，Q4で説明した弁護士報酬の構成要素である「経済的利益」，「事案の難易」，「時間及び労力」に加え「事件種別による競争力」，「依頼者の種別」，「事務所維持経費」などが考えられます。

(1) 経済的利益（事件規模）

経済的利益の面では，東京は，他地域に比較して地価が高く，各種取引額の規模も全国最大です。大型事件を持ち込む企業規模の大きな法人数は他地域と比較すると圧倒的に東京が多いといえます。その結果，土地事件，債権回収事件，損害賠償事件，再生・倒産事件などの事件規模は，おしなべて他地域より大規模となります。弁護士報酬が経済的利益の額を基準として決定されることから，1件当たりの報酬額は他地域より大きくなる傾向にあります。

(2) 事案の難易（高難度事件の集中）

事件の種別の面で，東京と他地域で報酬格差を生じさせている事件は，渉

外事件，M&A事件，事業再生事件，特許事件，企業法務案件，金融法務案件，独禁法事件など専門性の高いいわゆる高難度事件です。これらの事件については，東京以外の地域では，十分に対応できる事務所が存在しないか少数であることから，東京三会の弁護士が，全国的に事件を受任する傾向があります。そして，これらの事件は，事件の困難性，事件規模の大きさから，時間および労力がかかる事件であり，千万単位，億単位の高額報酬事件であることが少なくありません。

　また，上記の種別の事件は，専門性が高く，複数の弁護士がチームを作って対応する必要のある事件であることから，東京と大阪の大事務所や専門事務所でないと適切に対応することが難しい事件です。その意味で，他地域との間に競争関係が少ない種別の事件ということができ，これらの事件を扱える事務所は，競争力に優れており比較的報酬が下がりにくいといえます。

　以上のことが，東京における1件当たりの弁護士の報酬を大きく押し上げる要因となっていると推測されます。

(3) **依頼者の種別**

　東京には，企業依頼者が集中しており，知的活動に対する評価が高い外資系企業も東京に集まっています。個人依頼者に比べ企業依頼者の方が，事件規模が大きい事件を抱えており，かつ高額報酬を支払う資力もあります。このことも，東京における1件当たりの弁護士報酬額を引き上げる要因になっています。

(4) **事務所維持経費**

　図表2は，事務所経費合計を地域別に比較したものです（前掲①130頁）。2009年の各地の実績を見てみますと，東京1,746万円，大阪・愛知1,632万円，高裁所在地1,957万円に対し，高裁不所在地は1,569万円となります。このように，事務所経費には全国的に大きな地域格差はなく，報酬格差を発生させる重要要素にはなっていないものと思われます。

第1部　総論　第1章　弁護士報酬制度

図表2　事務所経費の平均値（地域別）　　（2009年）

	経費平均値（万円）
東京	1,746
大阪・愛知	1,632
高裁所在地	1,957
高裁不所在地	1,569
全国	1,689

❸　国選と援助事件の受任数の差異

　なお，統計上の問題として，東京以外の他地域の1件当たりの弁護士報酬を引き下げる要因として国選・援助事件の受任数の差異があります。図表3は，刑事事件の国選・援助事件数を地域別に比較したものです（前掲①89頁）。東京（2.99件），大阪・愛知（5.16件），高裁所在地（8.42件），高裁不所在地は東京の3倍を超える（9.75件）の国選事件を受任しているのが実情です。また，報酬の低い民事の扶助事件の受任件数も東京以外の地域の方が，弁護士1人当たりの受任件数多く，1事件当たりの弁護士報酬単価を引き下げています。

図表3　刑事事件の国選・援助事件の平均件数（地域別）　（2009年）

	国選・援助平均既済件数（件）
東京	2.99
大阪・愛知	5.16
高裁所在地	8.42
高裁不所在地	9.75
全国	6.16

Q8　地域による弁護士報酬の相違

❹　結語

　弁護士報酬が不適正な地域格差を生じさせていないのは，弁護士報酬を考えるうえで合理的な算定基準を明示していた，2004年4月施行の弁護士法改正前の旧規程を下敷きにして，全国の多くの弁護士が，各法律事務所の報酬規程を作成し，改良していることが大きく影響していると思われます（Q2参照）。すなわち，弁護士報酬に対する考え方が，現在のところ全国の多くの弁護士間で共通しているからです。

　　　　　　　　　　　　　　　　　　　　　　　　　　　　（住田昌弘）

Q9　弁護士の相違による弁護士報酬の相違

❶　弁護士の専門性，年齢，経験年数等によって弁護士報酬に相違がありますか。
❷　その実情を説明してください。

A　❶　妥当と考えられる弁護士報酬の考え方の基本は1つと考えられますが，弁護士の専門性や経験年数など，弁護士の相違によって，弁護士報酬に相違があるのも事実です。
❷　また，年齢その他経験年数などによって，若年の弁護士より壮年の弁護士の報酬のほうが割高であるのが実情ですが，50歳代をピークに，以後は，加齢とともに低下傾向を示すと考えられます。
❸　専門性のある案件を専門性のある弁護士が行う場合には，通常の場合より，割高であるのが実情です。

解説

❶　弁護士の相違

弁護士は，さまざまに分類することができます。弁護士報酬に相違をもたらしうるものとして，次のような分類が考えられます。
(1)　①年齢の高低，②経験年数の長短
(2)　地域性（①東京，②大阪および名古屋，③それ以外の高裁所在地，④高裁不所在地（大都市とその他））
(3)　事務所の規模（①大事務所，②中規模事務所，③小規模または1人事務所）
(4)　企業法務中心と一般民事中心
(5)　専門分野

日弁連による弁護士の業務実態調査報告によっても，これらの分類によって，弁護士報酬に相違のある実情をうかがうことができます。

❷　年齢および経験年数の相違

　弁護士業務は，弁護士によって相違があることはいうまでもないことですが，経験の質および量が物をいう世界であるとも認識されています。体力や集中力等では，若年の弁護士に優位性があっても，経験に価値が認められれば，壮年者の弁護士のほうが弁護士報酬は高くなります。

　まず，弁護士全体の売上や所得についてみてみると，日弁連が2010年3月の確定申告書に基づき行った業務実態調査報告書（有効回答数1,795）によると，全弁護士の売上（収入）の平均値は3,128万円，中央値は2,028万円で，所得の平均値は1,471万円，中央値は959万円でした。なお，統計の性格上，平均値は高額な数字の影響で高くなることから，後述の国税庁の示す数値が実態を示しているものとみるべきです。なお，10年ごとに行われる日弁連のこの調査では，これまでは売上および所得ともに伸びてきていましたが，今回，初めて減少に転じました。その背景には，弁護士人口の増加による若手弁護士の大幅な増加という要因に加え，経験年数10年未満の弁護士の回答割合が大幅に増えたことも統計上の要因とみられています。ちなみに，国税庁の2009年分の税務統計（母数の弁護士数が25,000人余と大きい）の弁護士1人当たりの所得の平均値は，1,187万円となっています。

　そこで，弁護士の年代別の売上の数字をみてみると，次のとおり，50歳代が一番高く，ついで，60歳代，40歳代，となっています。ちなみに，2000年の調査では，40歳代のほうが60歳代より高かったのですが，売上および所得とも，今回調査では60歳代のほうが高くなる結果となっています。

　この数字は，弁護士の年代別売上を示すもので，仕事量や案件の訴額の大きさや質の問題は含まれていませんから，必ずしも，単価の高さのみを比例的に示すものではありません。しかし，弁護士報酬の高さをある程度示すものとして考えることができます。なお，企業法務を行う中規模以上の事務所での弁護士のタイムチャージのレートでは，経験年数が上がるほど高額に

第1部　総論　第1章　弁護士報酬制度

図表　年代別売上（日弁連業務実態調査報告書）

	売上（万円）	
	平均値	中央値
20歳代	743	740
30歳代	1,707	1,119
40歳代	3,137	2,065
50歳代	5,446	3,520
60歳代	4,382	3,397
70歳以上	1,910	1,012
全弁護士	3,128	2,028

なっていき，15年程度で高額の限度に達するというような傾向がみられます（その実情につき，Q25参照）。裁判官も，任官後5年で特例判事補となり，また，10年で判事になるのが原則である一方で，定年が通常で65歳，最高裁判所および簡易裁判所で70歳であることに照らすと，弁護士報酬の上記のような傾向も，法律家としての経験および年齢と能力との相関関係に照らし，妥当なことといえるとも考えられます。

❸　専門性による相違

専門分野のある案件については，その分野を専門または得意とする弁護士がいます。専門分野である以上は，その弁護士の数は，一般的には少ないといえますし，その結果，競争原理が働きにくく，専門分野の弁護士報酬は，割高になる傾向があると考えられます。大企業は，専門分野ごとに弁護士を使い分ける傾向が顕著になってきていることが指摘されていますが，大企業を主たる顧客とする弁護士とそれ以外の弁護士とでは，所得格差が2倍以上になっています。すなわち，日弁連の2000年度の業務実態調査報告書では，大企業のケースを50％以上扱う弁護士の平均所得が3,285万円であるのに対

し、50％未満の弁護士は、1,504万円となっており、2.18倍の格差を生じています。10年前の調査では、この格差が1.25倍に止まっていましたから、この傾向が強まっていることがみてとれます。この実態調査の数字がただちに専門性と弁護士報酬との相関を示すものではありませんが、専門性と弁護士報酬の正の相関関係はあるということができます。2010年度のこの数字は明らかではありませんが、タイムチャージの高額化傾向や、東京でその比重が増す一方で、大阪と名古屋を含む他の地域での低下傾向等からすると、東京と他の地域では、かかる格差がさらに拡大しているものと思われます。

なお、専門性は、企業法務の分野のみならず、市民の弁護士業務でも意識されるようになってきていると考えられます。市民の側の弁護士業務についても、企業法務ほどではないとしても、専門性のある分野のほうが弁護士報酬は一般よりも緩やかながら割高になるのが実情であると考えられます。

❹ その他の弁護士の相違による弁護士報酬の相違とまとめ

その他の弁護士の相違による弁護士報酬の相違としては、上記、地域差、企業法務か否か、法律事務所の規模による格差などがあります。

地域差の問題は、Q8で詳述したとおり、報酬基準に地域差はみられないものの、1件当たり絶対額では東京が高いという傾向があり、また、企業法務のほうがそれ以外よりも高く、大規模事務所のほうがほかよりも高いと考えられます（Q25参照）。

以上を総合すると、一般的には、東京の50歳代の渉外系大規模事務所の専門の企業法務の弁護士報酬が最も高いということができます。その世界の弁護士の所得は、1億円以上という新聞報道もあります。

その一方では、一般市民の事件でも、高額な弁護士報酬を請求して懲戒を受けたという弁護士の例も後を絶ちません。弁護士報酬は、各弁護士によって千差万別であるという実情もありますので、以上に述べた一般的な弁護士の種類による弁護士報酬の相違の実情にも留意しつつ、その案件にあった弁護士を選定することが弁護士報酬の観点からも重要です。

（片岡義広）

第1部　総論　第1章　弁護士報酬制度

Q10　法律事務の種別による弁護士報酬の相違

❶　法律上の事件になってからのいわゆる臨床法務と，契約書作成など事件になる前のいわゆる予防法務等，法律事務の種別によって，弁護士報酬の決め方に相違はありますか。
❷　その実情を説明してください。

---

❶　結果的に相違が出てくることが多いでしょうが，報酬を決める基本的な考え方に違いがあるわけではありません。

臨床法務の場合は，依頼者が受ける経済的利益が弁護士報酬を決める大きな要素になりますが，その経済的利益をどう計算するかで結論が違ってきますので，報酬の決め方が難しい場合もあります。

これに対し，予防法務の分野では，依頼者が得るであろう経済的利益の算出がより難しいうえ，事案の難易により，弁護士が調査，研究などに要する時間と労力がまちまちで，報酬の決め方もさまざまです。

❷　報酬の決め方は，定額方式，経済的利益に応じて算出する方式，時間制（タイムチャージ方式），それらの混合方式などがありますが，事案に応じて使い分けることが必要です。

❸　しかし，大事なことは，臨床法務，予防法務を問わず，報酬について事前の説明が必要で，事件が終結してから，あるいは契約書の作成や経営の指導などの作業が終わってから突然報酬を請求して，トラブルになることがありますので注意してください。日弁連は，そのような事態にならないよう，各弁護士が報酬基準を作成して事務所に備えておくよう義務づけていますし，依頼を受けた段階で，あるいは事案の見通しがついた段階で，「弁護士報酬見積書」を作成して依頼者と協議し，事前にその承諾を得ておくことを勧めています。

また、事件を正式に受任した場合、委任契約書を作成しておくことをお勧めします。書式は本書の巻末資料4・5を参考にしてください。

解説

❶ 臨床法務と予防法務

社会において起きる紛争にはさまざまな態様がありますが、たとえば病気になった場合に手当てや治療をする医学を臨床医学、病気にかからないよう予防注射をしたり、健康診断をするなどの医学を予防医学というように、本質問では現実に法律上の紛争になっている事件あるいは紛争になりそうな事件に対応する法務を「臨床法務」、法律上の紛争を予防するための法務を「予防法務」ということにして説明します。

人間社会にはさまざまな紛争があります。しかし、現実に社会で発生した紛争は、種類は多種多様であっても、臨床法務においてはある程度の類型化をすることが可能です。第2部各論に分類した紛争類型はその一例です。そして、その紛争を解決する専門家として裁判官や弁護士が存在するわけです。

しかし、現実に紛争が起きる前に法的な予防手段を講じようとするのも人類の知恵です。「契約は守られなければならない」というラテン語の諺はその1つの例でしょう。契約締結の段階で出てくる法律家は、裁判官ではなく弁護士です。弁護士は紛争が起きないよう予防的な手段を講じ、万一紛争が起きても依頼者の意思に沿った解決ができるよう指針を作る義務があるわけです。

❷ 紛争の多様性——類型化の限界

「臨床法務」は、現実化した当事者間の法律紛争を解決するものですから、法律があり、当事者間の契約があればそれに従って判断する以上、紛争解決の形態をある程度類型化できますし、弁護士報酬の決め方もある程度の類型化が可能です。現にかつては、依頼者が得られた経済的利益を基準に弁護士報酬を定めていました。

これに対し、「予防法務」は、将来発生が予想される紛争の可能性がいく

つも考えられ，その1つひとつの紛争の解決の仕方がさらにまたいくつも考えられるのですから，一般的には臨床法務のように類型化することはかなり難しいでしょう。

　たとえば，弁護士が，ある不動産を買おうとする依頼者から，法律上の問題点の検討と売買契約書の作成を依頼されたとしましょう。

　依頼を受けた弁護士は何を検討すべきでしょうか。

① 買主は依頼者1人だということだが，それでよいのか（税務署から売買代金の出所を調査されたとき問題はないか）

② 売主は登記簿上の所有者と一致しているか（親族の誰かと共有または死亡した親族が登記名義人ではないか）

③ 売買代金の額，支払時期，支払方法は？（手付け，中間金を支払った段階で売主が倒産したり，行方不明になったときどうするか）

④ 不動産の所有権はいつ買主に移転するのか年度半ばでの売買の場合（固定資産税の分担はどう決めておくか）

⑤ 所有権移転登記手続は誰がやるのか。その費用は誰が負担するのか

⑥ 売買対象の不動産の上に設定登記されている銀行等の抵当権は売買代金を全額支払った時に抹消できるのか（売買代金で被担保債務が完済できるのか）

⑦ 不動産はいつ引き渡してもらえるのか（売買代金完済と同時に引渡しを受けられる前提で準備をしても大丈夫か）

⑧ 物件の特定はできているか（登記簿と公図が一致しているか。面積は登記簿と現状を比較して過不足がないか。私道も契約の対象に入っているか）

⑨ 植木や庭石など売主が持ち去りたい物はないか

⑩ 土地の境界は確定しているか（道路または隣地との境界を確認できる書面はあるか）

⑪ 建物に瑕疵はないか（住み始めてから瑕疵が発見された時どうするか）

等々，いろいろな法律問題が考えられます。

　弁護士が買主から売買契約書の作成を依頼された場合，上記の①〜⑪の

かっこ内のことを当然調査し，依頼者や不動産業者に確認して，将来紛争が発生しないような契約文言を作るとともに，紛争が発生しても依頼者に不利益が生じないよう契約文言を工夫して依頼者に意見を述べ，契約をするか，契約を延期するか，断念するかをアドバイスします。

この場合，依頼者が得る経済的利益はどう判断すべきでしょうか。不動産の売買価額は一応考慮しますが，具体的な紛争が起きているわけではありません。弁護士が調査し，研究し，判断したことに対する報酬は，別の基準により決めることも考えられます。たとえば，調査に費やした時間，実費，収集した資料の検討など。

❸ 弁護士費用

(1) 臨床法務の場合

いわゆる「臨床法務」の場合の報酬の決め方は，第1部の総論で論じているほか，各論として第2部で説明していますので参照してください。ただ，臨床法務の場合でも，事件の依頼者が受ける経済的利益の算定が難しい場合や弁護士が費やした時間および労力が訴額に比して多大になり，弁護士との協議が必要になる場合も少なくありません。

また，相手との直接交渉，調停，訴訟，控訴，和解，強制執行などのどの段階で紛争が終結するのか，また，どういう形で解決するか，和解の場合反対給付がいくら必要になるかなどは，相手のあることなので，依頼者が受ける経済的利益や弁護士が費やす時間と労力も最初はまったくわからないケースも多々あります。

(2) 予防法務の場合

これに対し，いわゆる「予防法務」の場合の報酬の決め方は，もっと難しいことが多いようです。

たとえば契約書の作成と一口にいっても，弁護士のところに持ち込まれる案件は，前項で述べたような定型的な契約は少なく，複雑な非定型的なものが多いのが実情です。専属的な特約店取引契約書，長期の取引を予定する継続的商品売買基本契約書，あるいは依頼者が開発した機械商品のノウハウの

秘密保持契約など，枚挙に暇がありません。本書でも，契約書の作成手数料についてQ27に述べられることになっていますので，詳細はそちらを参照してください。

　結局，このような場合の報酬は，Q4で述べられているように，「経済的利益」，「事案の難易」，「時間及び労力」，「その他の事情」を考慮して決めることになるでしょう。アメリカ法曹協会（ABA）の弁護士業務模範規則（1983年）にも，報酬の合利性を決定すべき要素として8項目が挙げられていますが，内容は上記の4つの基準とほぼ一致しています。その結果，報酬を定額にするか，経済的利益を基準にするか，時間および労力を基準にして時間制（タイムチャージ方式）にするか，あるいはそれらを併用することになるでしょう。

　それでは，時間制を採った場合，時間単価をどうするかが次の問題になります。弁護士の能力と経験をどう単価に反映させるか，大都市と中小都市では事務所維持経費に大きな差があるので，これをどう評価するのかなどの問題があります。企業法務のタイムチャージ方式についてですが，Q25，Q26で詳しく述べられているので参考にしてください。

(3)　報酬基準の作成・備置き

　各弁護士は，2004年4月1日から，報酬基準を作成して事務所に備え置くことが義務づけられました（新規程3条1項）。したがって，各弁護士は，上記の点も含め，経費等を勘案して時間単価も明確に決めておくべきです。

(4)　報酬見積書，委任契約書の作成

　また，事件が完結してから，あるいは契約書の作成が終わってから，報酬をめぐって依頼者とトラブルにならないよう，事前に，あるいは少なくとも途中で事件の見通しができたところで，弁護士は「弁護士報酬見積書」または「委任契約書」を作成，交付して，依頼者と協議する努力をしなければなりません（新規程3条1項）。見積書ひな型と委任契約書の参考例は本書巻末資料3・4・5を参照してください。

（今野勝彦）

Q11　紛争解決手続の流れと弁護士報酬の発生

❶　民事の紛争が生じた場合，弁護士への相談に始まって，その紛争がどういう流れで解決していくのか，その手続の概要を説明してください。
❷　その民事紛争解決手続のなかで発生する弁護士報酬や費用について，その概要を説明してください。
❸　この場合，弁護士報酬の額は，どうやって決めるのですか。

A　❶　紛争解決の手続は，訴えを提起し，確定判決を得て，強制執行に至って解決するというのが，民事訴訟手続の骨格になります。しかし，現実の民事紛争の解決には，多様な手続があり，また，さまざまな段階で解決します。

❷　弁護士報酬は，多様な手続のその都度発生しうるものですし，費用についても，その各手続ごとにも発生し，さらに，それ以外の実費は，弁護士が活動をするごとに発生するものがあります。

旧規程が廃止されてからは，弁護士報酬は，依頼者と当該弁護士との約定で定まる要素が大きくなりましたから，この多様性をふまえ，依頼者と弁護士とが十分協議して，実情に沿った取決めをすることが肝要です。

解説

❶　紛争解決費用

紛争が発生し，弁護士が関与してその解決にあたる場合の費用としては，大きく分けて①弁護士費用と，②実費とに分かれます。

弁護士費用には，相談料，文書作成等各種手数料，着手金，報酬金（謝金，成功報酬），日当などの種類があります。

実費には，裁判所に納付する手数料に係る貼用印紙代および予納郵券等の訴訟費用のほか，謄写料，交通費，宿泊費等，弁護士の活動に伴って生じる実費があります。

この弁護士費用および実費が，紛争解決手続の段階ごとにかかることになります。

❷ 紛争解決手続のフローチャートと弁護士報酬

多様な民事紛争解決手続の概要をフローチャートで示し，各段階で発生する弁護士費用と本書の設例番号の関連を示すと，図表のようになります。

❸ 本人による手続

民事紛争が生じたときは，どういう解決の方法を選ぶかが，まずは大きな問題です。

もちろん，法律専門家の助言を得ないで，自分自身で解決を図る方法ももちろん考えられます。次のような手続は，法律専門家でない本人が自分自身で行うことも，困難とはいえないと考えられます。

① 裁判外の交渉
② 民事調停・家事調停
③ 少額訴訟（訴額が60万円以下：民事訴訟法368条以下）
④ 簡易裁判所での訴訟（訴額が140万円以下：民事訴訟法270条以下，裁判所法33条1項1号）

以上の②～④の手続については，調停委員や裁判所が本人による手続の遂行の補助をなしうるように配慮がなされています。

❹ 法律相談

法律問題や紛争解決のための法律手続は，とても複雑で，相手方の任意の履行が期待できない場合や，相手方と見解に相違や争いがある場合には，法律専門家の助言や法律専門家の手続遂行なく，法的に紛争を解決することは困難です。

そこで，まずは，何らかの法律専門家に相談することが有益です。市民の紛争に関する相談先としては，次（①～④）のようなものがあります。

Q11 紛争解決手続の流れと弁護士報酬の発生

図表　紛争解決手続のフローチャート

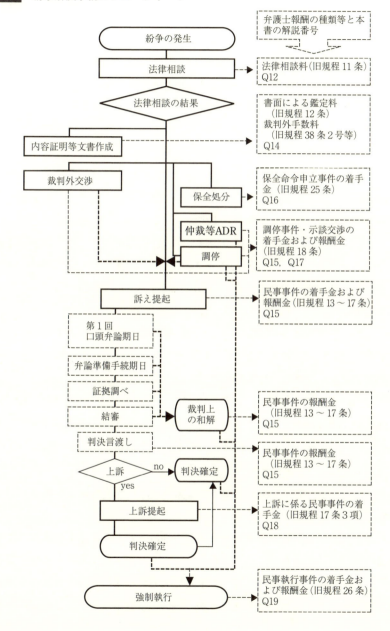

第1部　総論　第1章　弁護士報酬制度

① 　全国各地の消費生活センター
　　（http://www.kokusen.go.jp/map/index.html）
② 　各地方自治体の法律相談窓口
③ 　財団法人法律扶助協会の相談窓口
　　（http://www.jlaa.or.jp/system/index.html）
④ 　日本弁護士連合会や各地の弁護士会の法律相談センター
　　（http://www.nichibenren.or.jp/jp/soudan/komatta/madoguchi.html）

　上記の法律相談には，無料のものもありますが，有料のものもあります。また，上記の法律相談窓口のうち②③④では，法律相談に引き続き，弁護士が紛争解決の受任をするものもありますが，法律相談に止まり，紛争解決手続の代理まではしないものもあります。

　そこで，個別に紛争解決手続の代理を含めた法律相談をするには，弁護士または認定司法書士（司法書士法3条2項により，法務大臣の認定を受けた司法書士に限り，簡裁訴訟代理関係業務を行うことができる）に相談をすべきこととなります。

　そして，紛争解決の手続は，いくつもの種類や方法がありますので，どの方法を選択して，どのような方針で解決をしていくかは，きわめて大切な問題です。それを決めるのが法律相談であるともいえます。

　弁護士の市民法律相談は，旧規程時代に，最初の30分を5,000円としていた関係で，現行制度下でも，1時間1万円とする弁護士が過半数です（日弁連アンケート調査）。ただ，これは，一般市民の法律相談に止まる場合（Q12参照）ですし，内容証明郵便の作成や法律文書の作成を依頼する場合（Q14参照）や，また，事件の代理を委任する場合は，それぞれ別途弁護士費用がかかることになります。

　なお，日弁連の業務実態調査報告書から推計すると，弁護士が職務に要する1時間当たりの売上は，2万円程度と考えられます。また，東京等大都市部の企業法務に関しては，3万円以上と考えられますので，十分な法律相談を依頼するには，依頼者と弁護士とが，個別に十分協議をする必要がありま

す。

❺　紛争解決手続の骨格——保全・本案・執行

　紛争解決手続すなわち広義（広い意味）の民事訴訟手続は，「保全」，「本案」および「執行」に分けて考えられます。

　紛争を実体的かつ法的に解決するのが民事訴訟を始めとする「本案」の手続です。

　ただ，たとえば，勝訴判決を得ても，その前に財産を隠されたり，ほかに譲渡されては，勝訴判決も絵に描いた餅になってしまいます。そこで，本案の手続に先立って，財産保全を行う手続が「民事保全手続」です。相手方の財産の仮差押えをしたり，仮処分を行ったりします。

　また，勝訴判決などにより本案が解決しても，相手方が任意に履行してくれなければ，これを法的に強制的に実行する必要があります。それが「民事執行手続」です。

　弁護士報酬は，「本案」についての定めが中心になりますが，「保全」および「執行」については，別途，弁護士報酬を要するとするのが通常です。「保全」についてはQ16で，「執行」についてはQ19で詳述します。

❻　「本案」（紛争解決手続）の弁護士報酬

　そして，事件解決の代理を委任する場合の弁護士報酬は，委任時に支払うべき着手金と，解決時に支払う報酬金（謝金，成功報酬）とに分けて請求するのが通常です。この点について，詳しくは，Q15を参照してください。

　また，紛争解決手続には，さまざまなルートがあります。そのルートによって，弁護士報酬に相違があるのが通常です。すなわち，紛争解決手続には，次のようなものがあります。

①　裁判外交渉
②　民事調停・家事調停
③　裁判外紛争解決機関（ADR：Alternative Dispute Resolution）
④　（金銭債権に関する）支払督促手続
⑤　訴訟

⑤の訴訟を行う場合の弁護士報酬が最も高額になりますが，他の①～④の手続によるときは，手続が訴訟ほど厳格でない分，訴訟の場合よりも安く決められるのが通常です。ただ，①の裁判外交渉や，②の調停手続および④の支払督促手続から，通常の訴訟に移行することがあります。そのような場合は，結局，訴訟を行った場合と同額の着手金とするのが通常です。この点については，Q17で詳述します。

❼ 本案の解決

本案手続は，次のような原因によって終了し，強制執行の問題を除き，実体としては解決したことになります。

① 請求の認諾または請求の放棄
② 調停・審判・仲裁の成立
③ 和解の成立
④ 判決

そこで，これらによって，依頼者に経済的利益が生じるときは，報酬金（謝金，成功報酬）を請求することになるのが通常です。

なお，訴訟手続になった場合，現実の事件の多くが和解で解決しているのが実情です。そして，和解は，訴訟手続中のさまざまな段階で成立し，上訴審で成立することもあります。

また，民事訴訟は，第一審から控訴，上告の三審制を採用していますが，訴訟代理権は，この審級ごとの審級代理を原則としています（民事訴訟法55条2項2号）。そこで，上訴により判決が確定しなくても，弁護士の報酬金が発生するとされるのが原則ですが，同一弁護士が引き続き上訴審も受任するときは，報酬金は全審級を通じて1回とするのが旧規程の原則でもあります。それと異なる約定をすることもできますが，この問題は，Q18で詳述します。

❽ 最後に

以上のように，弁護士費用は，さまざまな段階で発生することになりますが，旧規程に従って弁護士報酬を定めている法律事務所も多いものと考えら

Q11 紛争解決手続の流れと弁護士報酬の発生

れます。旧規程によるときは，手続を経るに従って，多くの費用がかかり，必ずしも実情に沿わないことになることも多々あります。

　弁護士は，報酬の見積書の作成・交付に努める義務，報酬その他の費用についての説明義務，原則として委任契約書を作成する義務等を負っていますから（Q3参照），弁護士は，これらの義務を果たして依頼者に十分説明するとともに，依頼者もその実情に即し，納得のいく弁護士報酬の定めになるように申入れをして，双方協議のうえ，妥当な弁護士報酬契約の締結をするべきです。

　　　　　　　　　　　　　　　　　　　　　　　　　　（片岡義広）

第2章　市民と弁護士報酬

Q12　市民の法律相談

❶　市民の法律相談について、相談料はどのような取扱いになっていますか。
❷　市民の法律相談の主要な制度と相談料の概要を説明してください。

A　❶　不動産や金銭、家庭、相続、労働、医療過誤などのトラブルをめぐる市民の法律相談の相談料は、司法へのアクセスを容易にするため、各法律事務所がそれぞれ工夫しながら独自の基準を決めています。

　また、全国各地の弁護士会では法律相談センターを設置し、市民の法律相談を実施していますが、その相談料は、30分で5,000円、延長の場合、15分につき2,500円が一般的です。

❷　各地の弁護士会では、全国各所に法律相談センターを設置し、あるいは犯罪被害者・子供の人権等を守るための専門の相談センターを設置する等により、市民のさまざまな法律相談に適切に対応できる体制を整えています。また、経済的理由で法的な問題を解決できない人のために、国の出資により法テラスも設置されています。さらに、近年では、インターネットによる法律相談を実施するためのポータルサイトを運営する企業も現れています。

　相談料については、無料と有料とに分かれます。

Q12 市民の法律相談

解説

❶ 法律相談の相談料

　市民の方々が，不動産や金銭，クレジット・サラ金，家庭，相続・遺言，労働，医療過誤，相隣関係などのトラブルを抱えた場合，法律相談が弁護士との接点の第一歩となります。

　したがって，各法律事務所では，市民の方々が気軽に相談できるよう，弁護士会で行っている法律相談料の基準を参考にして経済的負担をなるべく軽くする等の工夫をしながら，独自の基準を作成しています。

　全国各地の弁護士会では法律相談センターを設置し，民事・行政・刑事などの法律問題全般の一般相談だけではなく，医療問題相談や外国人相談，消費者問題相談，労働問題相談等の専門的な法律相談を実施している場合もあります。その相談料は30分で5,000円，延長の場合には15分ごとに2,500円が一般的です。

❷ 弁護士会による相談および相談料

　全国各地の弁護士会では，「どこに相談したらいいのかわからない」等の悩みを抱えた市民の方々のさまざまな法的問題に適切に対処し，弁護士への依頼の前提となる法律相談の受け入れ体制を充実させるため，法律相談センターを設けています。

　法律相談センターは，都道府県内の各地域に所在していますが，取扱内容も異なる場合がありますので，利用目的に応じて選択する必要があります。詳細は，http://www.nichibenren.or.jp/contact/consultation.html をご確認ください。

　法律相談センターの取扱内容や相談料は，各地によって異なりますが，以下（図表）（次頁）では，東京弁護士会，第一東京弁護士会および第二東京弁護士会が共同で運営する法律相談センターのうち，新宿総合法律相談センター（東京都新宿区新宿3-1-22NSOビル5階，予約受付電話03-5312-5850，すべて事前電話予約制）を例にとりあげながら，概要を説明します（2015年5月19

第1部　総論　第2章　市民と弁護士報酬

図表　法律相談センターの概要

一般相談	訴えられた場合の相談，経営に関する相談，刑事事件，その他の相談（損害賠償，債権回収など）	月～土曜日	午前10時～12時 午後1時～4時
家庭相談	離婚，相続，DVなど，ご家族や親族間での問題に関する相談	月～土曜日	午前10時～12時 午後1時～4時
債務整理相談	破産，債務整理，過払い金のような，お金の問題に関する相談	月～土曜日	午前10時～12時 午後1時～4時
労働相談	解雇，残業代，パワハラやセクハラなど，雇用関係や職場の環境に関する相談	月～土曜日	午前10時～12時 午後1時～4時
消費者相談	悪徳商法，インターネット被害，投資・金融被害等などでの被害に関する相談	月・水・木・金曜日	午前10時～12時 午後1時～4時
		火曜日	午後1時～4時
外国人相談	在留資格や国際結婚など，外国人相談 ※通訳あり（英語・北京語は無料）	月・火・水・金曜日	午後1時～4時
医療相談	医療ミスや後遺症など，医療の問題に関する相談	月・水・金曜日	午後1時～4時
交通事故相談	慰謝料など，交通事故の問題に関する相談	月～金曜日	午前10時～12時 午後1時～4時

日現在の情報です。なお，東京三会が運営する法律相談センターのご案内・お問合わせは，テレホンガイド（電話03-5367-5290）に連絡してください。受付時間は，月曜日～金曜日（祝祭日は除く）の午前10時～12時，午後1時～3時となっています）。

　以上の各種法律相談料は，前述のとおり，基本的には30分で5,000円，延長15分につき2,500円ですが，債務整理相談および交通事故相談は，30分無料（なお，労働相談は2016年3月31日まで初回1回に限り30分無料）となっています。

❸ **法テラス等による相談および相談料**

　法律相談センターのほかには，経済的理由で法的な問題を解決できない人のために，法テラスが無料法律相談を行っています（お問合わせ：0570-078674　詳細はQ13を参照ください）。

　また，東京弁護士会では，子どもの人権救済センターを設置し，いじめや不登校，虐待などの子どもの人権侵害について，「子どもの人権110番」として電話相談および面接相談を実施しています（電話相談：03-3503-0110）。

　そして，高齢者・障がい者の暮しの安全をバックアップするため，高齢者・障がい者総合支援センター（オアシス）（連絡先：03-3581-9110）で，電話相談（無料），面接相談（要予約，30分5,000円）を行っています。

　さらには，東京弁護士会，第一東京弁護士会および第二東京弁護士会が共同で，公害・環境110番（03-3581-5379）を設置し，公害や環境に関わる相談や身近な生活上のトラブルなどについて，無料で電話相談等を実施しています。

　そして，犯罪被害者の法律相談窓口として，東京三会共同で犯罪被害者支援センターを運営しており，電話相談を実施しています（03-3581-6666）。相談料は，30分程度の電話相談は1回限り無料で，2回目以降30分につき5,000円となっています。

❹ **インターネットによる相談および相談料**

　近年では，弁護士ドットコム株式会社が運営するインターネット上のポータルサイト「弁護士ドットコム」において法律相談が実施されているように，法律相談の形態が多様化しています。同サービスにおける法律相談の相談料は，1回につき3,000円とされているようです。

　　　　　　　　　　　　　　　　　　　　　　（岩井重一・黒澤真志）

Q13 法律扶助

❶ 市民の弁護士報酬について，援助してもらえる制度はないのでしょうか。
❷ その制度の概要を説明してください。

A ❶ 「法テラス」が，経済的理由で法的問題を解決できない人のために，弁護士・司法書士による無料法律相談（法律相談援助），交渉や民事裁判などでの弁護士・司法書士の代理援助費用の立替え（代理援助），裁判所に提出する書類の作成費用の立替え（書類作成援助）を行っています。

❷ 法律相談の結果，交渉や民事裁判などにおける弁護士・司法書士の代理援助や，本人が裁判所に提出する書類の作成援助が必要と判断された場合には，資力基準や事件内容を審査したうえ，弁護士・司法書士の紹介やその費用の立替決定をします。これにより，利用者は，月額1万円程度の分割払いで弁護士費用を賄うことができます。

解説

❶ **法テラスとは**

法テラスとは，「総合法律支援法」に基づき，全国どこでも法的トラブルを解決するための情報やサービスを受けられる社会を実現することを目指して，2006年4月に国によって設立された法人です。

法的問題を抱えながら，経済的余裕がないという理由で弁護士や司法書士などの法律専門家に依頼できない方々のために，法テラスでは，主に次（図表1）の3つの民事法律扶助業務を行っています。

Q13 法律扶助

図表1 民事法律扶助業務

法律相談援助	弁護士・司法書士による無料法律相談
代理援助	示談交渉や民事裁判手続での弁護士・司法書士の代理援助費用（着手金，報酬金，実費等）の立替え
書類作成援助	裁判所に提出する書類を弁護士・司法書士に作成してもらう費用の立替え

　法テラスは，都道府県の県庁所在地はじめ，全国各地に地方事務所，支部および出張所（以下「地方事務所等」）を設置しているほか，全国一律のサポートダイヤル（0570-078374（おなやみなし），オペレーターによる法制度や相談機関等の紹介）を設けています。

❷　**法律相談**

　民事法律扶助を利用するためには，ご自身の居住地または勤務地がある都道府県内の地方事務所等に申込みを行います。申込みを受け付けた法テラスは，①申込者が資力基準に定める資力に乏しいこと，②その案件が民事法律扶助の趣旨に適することを確認し，いずれにも該当すると認めるときは，法律相談援助を実施します。

❸　**代理援助，書類作成援助**

　法律相談の結果，弁護士・司法書士が代理人として活動し援助する必要があると判断した場合は代理援助を，裁判所に提出する書類の作成援助の必要があると判断した場合は書類作成援助を利用することができます。

　なお，法テラスの法律相談援助を利用しなかった場合でも，相談を受けた弁護士や司法書士を通じて，法テラスの代理援助や書類作成援助を申し込むこともできます（持込案件）。

　代理援助と書類作成援助の要件は次の3つです。

(1)　申込者が，資力基準に定める資力に乏しい者であること
(2)　勝訴の見込みがないとはいえないこと
(3)　民事法律扶助の趣旨に適すること

このうち，(1)の資力基準は，①収入基準と②資産基準からなります。①収入基準の基本的な考え方は，申込者の収入（手取月収額。賞与を含む）にその配偶者の収入を加算した額が，次（図表２）の基準額以下であることが必要とされます。

図表２ ①収入基準

単身者	182,000円以下
2人家族	251,000円以下
3人家族	272,000円以下
4人家族	299,000円以下
以下，家族1名増加するごとに基準額に30,000円加算	

もっとも，これはあくまで基本的な考え方であり，東京都特別区，大阪市，名古屋市，横浜市など生活保護法の定める一級地では，この基準額に10％を加算した額が基準額となります。また，申込者が家賃または住宅ローンを負担している場合には，一定額が基準額に加算され，しかもその加算額は地域により異なるので，詳細については申込みを行う地方事務所等に問合わせをするのがよいでしょう。

次に，②資産基準の基本的な考え方は，申込者またはその配偶者が所有する不動産その他の資産（係争物件や居住用建物などは除く）の時価合計額が，次（図表３）の基準額以下であることが必要とされます。

図表3 ②資産基準

単身者	180万円以下
2人家族	250万円以下
3人家族	270万円以下
4人家族以上	300万円以下

　もっとも，これについても例外規定等が定められていますので，詳細は申込みを行う地方事務所等に問合わせをするのがよいでしょう。

❹　審査

　代理援助または書類作成援助の利用申込みにあたっては，法テラスが審査を行うための必要資料として，住民票，給与明細書や源泉徴収票などの資力証明資料，事件内容に関連する限度で戸籍謄本や不動産登記簿謄本などの提出が必要となります。実際には，利用申込時に法テラスから指示されるものを提出することになります。

❺　援助開始

　審査の結果，援助開始の決定がされると，法テラスの立替金額（法テラスが何の費用をいくら立て替えるのか），利用者の償還方法（利用者は月々いくら支払えばよいのか），償還猶予の有無（生活保護受給者またはこれに準じる者は，事件進行中の支払を猶予されます）などが定められ，利用者，弁護士・司法書士，法テラスとの三者間で契約書を作成します。

　立替費用は，援助開始決定後，原則として月額1万円ずつの償還となりますが，事情によっては5,000円程度まで減額することも可能です。

❻　終結

　代理援助事件の紛争が解決し，相手方から金銭が支払われた場合は，担当弁護士・司法書士がその金銭をいったん預かり，法テラスが報酬金額と立替金の償還方法を審査し，控除のうえ清算されます。

（岩井重一・波戸岡光太）

Q14 法律文書の作成

❶ 遺言書や契約書の作成を弁護士に依頼した場合の弁護士報酬は，どのような取扱いになりますか。

❷ 内容証明郵便で事件の相手方に弁護士から通知してもらう場合の報酬は，どのような取扱いになりますか。

A ❶ 自筆証書遺言書の作成は定型的な場合には10万円～20万円の手数料のことが多いと思われます。定型的ではない場合の遺言書作成の手数料は，財産の多寡によって後述のように異なります。特に複雑または特殊な事情のある遺言書作成は，依頼者と弁護士の協議で手数料額を決めることが多いでしょう。遺言書を公正証書にする場合には通常，その手数料として3万円程度を加算します。

❷ 契約書の作成依頼の場合も定型的な契約書と非定型的な契約書の場合で，手数料の基準は異なります。手数料金額は，契約書の契約の目的の価額に従って定めるのが一般的です。なお，企業の複雑な契約書を作成する場合は時間制（タイムチャージ）によることが多いと思われます。

❸ 内容証明郵便を依頼者名で作成する場合は1万円～3万円程度，弁護士名で作成する場合は3万円～5万円程度が多いでしょう。弁護士名で作成する場合は，内容証明郵便作成の手数料とするよりも，示談交渉の弁護士報酬を定めたほうがよい場合がありますので，注意を要します。

解説

❶ 遺言書や契約書作成の弁護士報酬

法律文書の作成は，「1回程度の手続または委任事務処理で終了する事件などについての委任事務処理」にあたり，弁護士に対する報酬は手数料と呼

ばれています。

　本質問について、遺言書の作成、契約書の作成および内容証明書の場合に分けて、順次説明します。

❷ 遺言書の作成

(1) 遺言書作成手数料に関する旧規程

　遺言書には定型的なものと非定型的なものがあります。また遺言方式にも種類があります。このため、旧規程は定型的な場合と非定型的な場合の類型に分け、自筆証書遺言を基本料金として、公正証書にする場合の加算料金を定めていました。その手数料金額は下記（図表1）のとおりです。なお、公正証書にする場合は、下記手数料に3万円を加算するとされていました。

図表1　遺言書作成手数料

		経済的利益額	手数料額
定型			10万円〜20万円の範囲内の額
非定型	基本	300万円以下の場合	20万円
		300万円を超え3,000万円以下の場合	1％＋17万円
		3,000万円を超え3億円以下の場合	0.3％＋38万円
		3億円を超える場合	0.1％＋98万円
	特に複雑または特殊な事情がある場合	弁護士と依頼者との協議により定める額	
公正証書にする場合			上記の手数料に＋3万円

(2) 遺言書作成手数料金額

　遺言書はその人の最終意思を遺すものであり，民法上の形式に則って作成する必要があります。その厳格性，重要性に鑑みれば，旧規程の定めた金額は合理的と考えられます。

　また公正証書とした場合には検認の手続が不要となりますし，弁護士が遺言書の下書きを作成して公証人に公正証書の作成依頼を行うことを考えますと，自筆証書遺言の作成手数料に3万円程度の手数料を上乗せすることは不合理ではないと解されます。

　なお，遺言書作成を依頼された弁護士が遺言執行者に選任される場合が少なくありませんが，遺言執行は遺言書作成とは別の手続ですので，遺言執行者の報酬は，遺言書作成手数料とは別途の扱いとなることに注意を要します（Q53参照）。

(3) 定型，非定型の別

　概ね後記の契約書作成と同様の解釈によります。

　定型に該当するのは，遺産の総額・種類・数量が比較的少なく，相続人の相続分を定めたり，相続人と遺産の組合わせを定めるだけの場合です。

　遺言者の意思能力が問題となり，医師に立会を求め，遺言能力を確認しなければならないような場合は，非定型の場合に該当することが通常です。

❸ 契約書の作成

(1) 契約書の作成の意義

　契約書の作成とは，契約書を作成することのみを依頼する場合を指します。契約書作成の依頼には，契約を締結するための交渉（契約締結交渉）は含まれません。

(2) 旧規程の定め

　旧規程では，契約書作成手数料は次（図表2）のとおりに定められていました。

　なお，以下に記載する「定型」とは，市販の契約書用紙を基本にして，少し書き替えただけで完成できる程度の契約書をいい，「非定型」とは，弁護

士が調査研究や工夫をして作成した契約書のことをいいます。弁護士が調査研究や創意工夫して作成したものをパソコンに登録し，一部の事項を変更して契約書を作成するような場合は，その弁護士にとっては定型的な処理であっても，旧規程上は非定型書式です。

　非定型の場合のなかでもとくに複雑または特殊な事情のある場合には，弁護士と依頼者の協議によって金額を定めることができます。これに該当する契約書の例としては渉外関係の契約書や特許権のライセンス契約などが考えられますが，依頼者に対し特殊複雑である理由を合理的に説明する必要があります。

図表2　契約書類およびこれに準ずる書類の作成手数料

		経済的利益額	手数料額
定型		1,000万円未満のもの	5万円〜10万円の範囲内の額
		1,000万円以上1億円未満のもの	10万円〜30万円の範囲内の額
		1億円以上のもの	30万円以上
非定型	基本	300万円以下の場合	10万円
		300万円を超え3,000万円以下の場合	1％＋7万円
		3,000万円を超え3億円以下の場合	0.3％＋28万円
		3億円を超える場合	0.1％＋88万円
	特に複雑または特殊な事情がある場合	弁護士と依頼者との協議により定める額	
公正証書にする場合		上記の手数料に＋3万円	

❹ 内容証明郵便作成

(1) 内容証明の意義

債権譲渡の事実を第三者に主張したり，契約解除，クーリング・オフなどの場合に，郵便物が，いつ，いかなる内容で，誰に通知されたかを日本郵便に証明してもらうために作成するものです。

(2) 手数料金額

旧規程は，弁護士名のないものは1万円～3万円，弁護士名のあるものは3万円～5万円を基本とし，とくに複雑または特殊な事情がある場合には，弁護士と依頼者の協議によって金額を定めるとしていました。この金額は，旧規程の廃止された現在でも，妥当な場合が多いようです。

ただし，弁護士名を記載しますと，相手方は示談交渉の代理権限があるものと解して連絡をとってくることが少なくありません。後の示談交渉の端緒となるような内容証明の場合，弁護士は，弁護士名を明記した内容証明郵便作成のみを受任するのではなく，示談交渉の受任をしたほうが適切な場合が多いので，あらかじめ依頼者と受任内容を検討しておくほうがよいでしょう。

（山内雅哉）

Q15 着手金と成功報酬

弁護士に事件の処理を依頼する場合，依頼をするときと解決したときに弁護士報酬を支払う必要があると聞きましたが，その概要について説明してください。

A 1回程度の手続では終了しない紛争等に係る事件の解決の依頼の場合は，弁護士に依頼するときに着手金を支払い，事件処理が終了したときに報酬金を支払うこととするのが，通常の扱いです。報酬の自由化がなされた現在では，依頼者と弁護士の間で事件受任時に，依頼内容と報酬金額を明確に取り決めておくことが重要です。

解説

❶ 着手金と報酬金

着手金と報酬金は，訴訟事件・非訟事件・家事審判事件・行政事件・仲裁事件などの事件処理についての弁護士報酬です。弁護士の事件処理に伴う報酬の授受の方法として，一番多いのは，最初に着手金を授受し，依頼事件の終了時に報酬金を授受する方法です。

紛争というに至らない，原則として1回程度の手続や委任事務で終了する委任事務の対価は手数料と呼び，この場合には1回の報酬支払いが通常です。

❷ 着手金

着手金というのは，弁護士が事件の処理の初めに受領する弁護士報酬で，いわば弁護士に事件等の処理に着手してもらうための対価です。事件を依頼する場合，通常は着手前に弁護士に法律相談をし，協議して事件の解決方針を定め，その解決方針に従って，弁護士に事件の着手をしてもらうこととなります。その際，事件着手の対価が着手金です。

第1部 総論 第2章 市民と弁護士報酬

　もっとも，解決方針は事件着手前の仮の方針で，協議した方針で必ず解決ができるわけではありませんので，着手金の授受によって着手時の解決方針で成功することを約束したことを意味するわけではありません。事件解決の結果いかんにかかわらず，事件の内容や金額に応じて初めに弁護士が受け取る委任事務処理の対価が着手金です。

　事件の着手時には，弁護士が実費見込額を預かることがありますが，これは弁護士報酬ではありません。訴訟提起時の印紙代や郵券代のように解決方法に応じて裁判所などに納めたり，登記簿謄本・戸籍謄本を取り寄せたりするのに必要な実費で，あくまでも弁護士の預り金です。したがって，事件終了後に剰余があれば返金し，不足する場合には弁護士報酬とは別途に追加して支払ってもらう性質のお金です。

❸　報酬金の金額

　報酬金は，成功報酬とも呼びます。委任された1つの事件処理が終了したときに弁護士に支払う弁護士報酬で，委任事務処理の結果に成功・不成功のあるものについて，目的の達成度に応じて授受する対価です。

　ここにいう「成功」の意味がわかりにくいかもしれません。たとえば100万円の請求に対して，判決の認容額が80万円のときは一般的には8割の成功と考えます。しかし，相手方から当初の依頼者の請求とはまったく異なる別の権利主張が出て相殺された結果，80万円の判決が出されたときは，単純に8割の成功ということはできません。2つの請求について審理がなされるからです。経済的利益の算出不能の事件や，将来の支払いがある場合なども算定は容易ではありません。ケースごとの弁護士報酬は，「第2部　各論」を参照していただきたいと思います。

　報酬の算定が複雑な事件ほど，依頼者と弁護士の間で報酬契約を締結して報酬金額の算定方法を明確にしておくことが望まれます。

　なお，旧規程では，報酬金の金額は，当初の依頼の目的が完全に達成された場合，着手金の倍額になっていました。報酬が自由化された現在，着手金と報酬金の割合の実情としては，必ずしも旧規程のときと同じではないこと

が多いようです。

❹ 報酬金の支払時期

ところで，報酬金の支払時期は，旧規程では「事件等の処理が終了したとき」と定められていました。

旧規程が廃止された現在でも，このように取り扱うのが実情であろうと思われます。ここにいう「事件の処理が終了したとき」の意味が依頼者にはわかりにくいことがあります。

(1) 事件の個数

まず，報酬金は1つの事件の処理が終了したときに請求できますが，この事件の数え方がわかりにくいようです。

たとえば，同じ相手に貸したお金を返してほしいという要求と，物を売ったのに代金を払ってくれないので払ってほしいという要求があった場合，同じ相手でも貸金返還と売買代金請求の2つの事務処理がありますので，事件は2つと数えます。

さらに貸金の場合に限定して考えてみても，訴訟外の事件処理の場合は1つの事件ですが，訴訟上の活動となりますと，事件は複数になることがあります。たとえば，訴訟提起前に民事保全を申し立て，その後に訴訟を提起し，さらに判決や和解があっても，相手方が任意に履行してくれず民事執行をするということもあります。このような場合，民事保全，訴訟（訴訟のなかでも後述のように審級ごとに1事件），民事執行が各々1つの事件となります。換言すれば訴訟事件を受任した場合，事件の終了は金銭の回収や代金の支払いを得るといった目的の達成時ではありません。現実に判決で命じられたとおりの金銭回収等の目的が実現するかどうかは執行の問題ですので，執行の目的が実現していなくても弁護士は成功報酬を請求できます。相手方の支払能力まで受任弁護士が保証するものではないからです。ただし，旧規程では，督促手続事件においては，金銭の回収をしたときでなければ弁護士は報酬を請求できないことになっていました。

(2) 審級代理

次に、事件の個数は審級ごとに数えます。弁護士の受任は原則として1審限りで、これを審級代理と呼んでおり、これに対応するものです。旧規程では審級ごとに1件と数える旨を5条で明文化していました。旧規程が撤廃された現在でも、審級ごとに事件数を決める扱いは、多くの場合に維持されているのが実情のようです。ただし、同一弁護士が引き続き上訴審を受任したときの報酬金については、最終審の報酬金のみ支払いを受けるのが通常の扱いです。しかし、報酬契約に別段の定めをすることは可能です。

この点については、Q18を参照してください。

（今出川幸寛）

Q16　民事保全

❶　弁護士に裁判（民事訴訟）をしてもらうように相談したところ，訴えを提起する前に，民事保全をしておく必要があるとのことでした。民事保全に係る弁護士報酬はどうなりますか。
❷　民事保全に係る弁護士報酬と本案訴訟の着手金や成功報酬との関係を説明してください。
❸　保全処分の本案化ということがいわれているとのことですが，どういうことですか。それが弁護士報酬にどう関係しますか。

A　❶　民事保全手続（仮差押えまたは仮処分）は，本案を実効性あるものにするため必要かつ重要な手続であり，弁護士の業務も本案遂行とは別に相当程度の労力を要することから，本案事件とは別に弁護士報酬を受けることとするのが通常です。

❷　民事保全に係る弁護士報酬は，本案事件にかかる着手金の2分の1程度を着手金とし，報酬金は事案が重大または複雑な場合にのみ受けるとする例が多いようです。

❸　出版差止めの例のように，仮の地位を定める仮処分手続の決定で紛争が事実上解決されてしまい，本案訴訟が提起されないというケースが少なくありません。また，審尋期日で和解が成立してしまうこともあります。本来暫定性を有するはずの民事保全手続がこうした紛争の終局解決機能を持つ現象を，保全処分の本案化，あるいは仮処分の本案代替化などといいます。この場合には，保全処分とはいっても，本案と同等の弁護士報酬を受けることに合理性があることになります。

解説

❶ 民事保全手続における弁護士業務

民事保全法に基づく仮差押えは、金銭債権に基づく将来の強制執行を保全するため債務者の責任財産につき仮の処分禁止効を得る手続です。同じく係争物に関する仮処分は、非金銭債権に係る将来の強制執行を保全するため当事者恒定効を得る手続です。また、仮の地位を定める仮処分は、本案で解決されるまでの仮の権利関係を定めることを目的とする手続です。

いずれも、本案の実効性を高めるうえで重要な手続であり、場合によっては本案を遂行するうえで必要不可欠な手続であるともいえましょう。

このように民事保全手続は本案と密接な結びつきがあるのですが、一方で、弁護士は本案とは異なった職務を遂行しなければなりません。申立てにおいては被保全権利のほかに保全の必要性を主張・疎明しなければなりませんし、予想される相手方の抗弁を先回りして反論しておく必要も生じます。しかも、それらの準備を限られた時間のなかで緊急かつ秘密裡に進める必要がありますから、本案の着手金や報酬とは別に弁護士報酬を受けることに合理性があります。

❷ 従来の基準

旧規程25条では、保全命令申立事件について、着手金が本案の場合の2分の1（ただし審尋または口頭弁論を経たときは3分の2）、報酬は、事件が重大または複雑な場合に限って本案の場合の4分の1（ただし審尋または口頭弁論を経たときは3分の1）、本案の目的を達したときは本案の場合と同様の報酬金、と定められていました。

また、保全執行についても、その執行が重大または複雑なときに限って、民事執行の場合の基準により算定された着手金および報酬金を受けることができるものとされていました。なお、保全命令申立事件および保全執行事件の着手金の最低額は10万円とされていました。なお、2008年版アンケート結果では、保全処分についての項目は設けられていません。

❸ 現在の考え方

現在においても，以上のような旧規程の基準は一応の参考になるとは思われるものの，実際の民事保全手続は多様であり，上記の基準を目安としつつもケースバイケースで対応することが多いのではないかと考えられます。

まず，金融機関の貸金債権保全のための仮差押えのように被保全権利が簡明で定型化しており，かつ疎明資料の収集の手間や証明力の程度においても苦労がないようなケースでは，上記の基準を適用したのでは高すぎるケースが多いだろうと思われます。一方，経済的利益は低くとも，疎明方法となる資料が乏しいところを陳述書その他の間接証拠の積上げで疎明したり，多数の伝票を整理したりといった作業を短時間の間に実施しなければならないようなケースでは，本案の着手金の2分の1としてもなお割安感があるケースが少なくないでしょう。さらには，仮の地位を定める仮処分のように短期間の間に審尋期日とその期日間の準備作業を重ねていかなければならないような事案では，本案以上の労力が必要とされることもあります。

したがって，旧規程はあくまでも1つの目安であり，実際には依頼者の理解を得つつ，弾力的に運用していくほかないように思います。

❹ 本案化された保全処分の特殊性

民事保全は，本案で解決されるまでの暫定的な処分としての性質を持つはずなのですが，前述した出版差止めの例に代表されるように，事案の性質から本案がもともと意味をなさないようなケースがありますし，また保全手続で十分な審理がなされたことにより，あるいは保全執行手続がなされたことにより，紛争解決の機が熟して本案まで進めることなく解決に至るという事実上の終局解決機能を持つ場合が少なくありません。とくに最近では，この傾向が顕著であるといわれています。

この「保全処分の本案化」によって紛争を迅速に解決するためには，仮処分での審理が充実したものとなっていることが前提ですから，解決したという結果の面だけではなく，労力の面からも，本案の場合に匹敵する弁護士報酬を受けることに合理性があるといえましょう。旧規程は，本案訴訟に移行

することを当然の前提として規定されていた感がありますから，最近のこうした保全手続の本案化現象をも視野に入れて，弁護士報酬を合理的に定める必要があります。

（小林明彦）

Q17　訴訟外の手続と弁護士報酬

❶　弁護士に裁判（民事訴訟）をしてもらうように相談をしたところ，裁判外の手続をとる選択肢もあるとのことでした。裁判以外の手続にはどのようなものがあるのですか。

❷　また，裁判の場合と比較して，裁判外の手続を依頼する場合とでは，弁護士報酬に相違はありますか。

A　❶　裁判外の紛争解決の手段としては，示談交渉，公正証書による和解契約締結，即決和解，あっせん，調停，仲裁，審判などがあります。これらは，強制的要素の最も強い裁判手続に比べて，強弱はありますが，当事者間の自主的解決という要素を多分にもっており，また，その結果の拘束力に差があることもあります。さらに，協議，調停，訴訟というように段階的に手続を採る必要がある事案もあります。

❷　弁護士の報酬を決める有力な要素として「経済的利益」，「事案の難易」，「時間及び労力」，「その他の事情」がありますが，紛争解決の手段として裁判外の手続による場合には，それぞれの手続の結果から得られる文書による「経済的利益」実現の確実度，それぞれの手続の持つ厳格性，柔軟性がもたらす「事案の難易」，それぞれの手続による場合の「時間及び労力」や「その他の事情」が異なりますので，弁護士報酬にも相違が生じます。

解説

❶　紛争解決の進行過程と手段の選択

依頼者からある紛争事案の処理・解決につき相談を受けた場合に，弁護士は，まずその事案解決のために採るべき手続・手順を考えます。通常は，ま

ず，自主的解決という要素を多く含む方法を選択し，その実現の見込みがない場合に，段階的に強制的要素を含む手続に移行していきます。

具体的には，まず通常郵便や内容証明郵便による催告をし，当事者あるいは代理人だけによる話合いの可能性を探り，その話合いによって解決が可能であれば，私的な和解契約（示談）の締結をします。その際，金銭支払請求部分についての効力を確実にしておきたい場合には，その契約を公証人作成の公正証書とすることも考えられます。確実にしておきたい契約上の義務の内容によっては，公正証書では賄えないため，起訴前の和解（即決和解）を申し立てて裁判上の和解調書を得ておくこともあります。

そして，そのような私的交渉による合意を基本とする早期の解決が期待できないときに初めて，紛争解決自体につき，当事者，代理人以外の第三者に本格的な助力を求める調停，仲裁，あっせん，訴訟といった手続のいずれかを選択することにします。どの手続を選択するかは，原則として自由ですが，事案の特質などによって，それを決めます。詳しくは，「第2部 各論」を参照してください。

手続選択についてその順序を決められていることがあります。たとえば，離婚事件においては，制度上，協議や調停手続を経ずにいきなり訴訟を提起することはできず，協議，調停手続を順次経過していくことが必要です（Q49）。借地・借家紛争における賃料増減額の事案もこの類型に入り，調停前置主義が採られています。

❷ 紛争解決手段の種類

調停は，第三者である調停委員が両当事者の主張の調整をしながら折合いを図りつつ紛争解決の合意を成立させるようあっせんし協力する手続で，当事者の合意によって成立します。調停に出頭する義務はあります（入口強制）が（民事調停法34条），合意するよう強制されることはありません（出口自由）。裁判所による調停においては，合意が成立すると調停調書が作成されますが，これには確定判決と同一の効力があります。

仲裁は，当事者が仲裁人に審判させるという合意を前提としてされる手続

で，仲裁人がその仲裁合意に基づいて行う審判手続です。仲裁合意をするかしないかの自由はあります（入口自由）が，いったん仲裁合意をすると，仲裁判断には従うよう強制されます（出口強制）。そこでの仲裁判断は裁判所の確定判決と同一の効力を持ち，また，仲裁合意がある場合には，民事訴訟による解決を排除します。

　あっせんは，あっせん委員が，事件の解決のために両当事者の間にあって自主的解決の協力をするというもので，その実態は調停に近いものといえます。ただ，相手方は，あっせん手続に応じなくてもとくに制裁はありません（入口自由，出口自由）。

　裁判外紛争解決手続の利用の促進に関する法律（ADR法）が2007年4月1日に施行され，また，2010年10月1日には，改正金融商品取引法のうち，金融ADRの制度が施行されたことにより，わが国にさまざまな裁判外紛争解決機関（ADR＝Alternative Dispute Resolution）が生まれています。このうち，金融ADRは，利用者からの入口は自由で，出口は事業者に半強制というべき特別調停案の制度もあります。これらは，低廉な費用で専門家による紛争解決のあっせん等を受けられるため，市民が弁護士等に代理を委任せずに利用されることが多い手続です。ただ，申立人と相手方の一方または双方に弁護士が代理人として就くこともあり，その場合の弁護士報酬は，訴訟外の紛争解決手続として，民事調停等と同様に考えることができます。

　以上の手続に比較して，訴訟においては，出頭を拒否する者にも判決による不利益の効力が及ぶという意味で，入口も出口も強制されているものといえます。

❸　裁判外の各手続と弁護士報酬の相違

(1)　経済的利益——その確実度と範囲

　裁判外の手続といっても各種あり，それぞれの合意文書の効力には差があります。そしてこの差は，「経済的利益」の実現確実性に関係しているものといえます。確定判決と同一の効力が認められるような金銭支払請求に関する公正証書作成，あるいは即決和解，調停，仲裁などについては，経済的利

益の実現確実度は同等ですから，その限りではすべて同じに考えてよいでしょう。

しかし，私的な契約書の作成に関しては，後にその契約の効力について争われた場合，その契約書をもってただちに強制執行をすることはできず，経済的利益の実現にはさらに別の手続を必要としますから，その分を割り引いて考える必要があります。

訴訟ですと，結論は，訴訟物の存否の判断という判決の形で出されますが，申立事項を超えた判断はされず，その限りでの解決にとどまりますから，解決される紛争の範囲は狭くなります。

即決和解や調停などの場合には，関連事項をすべて取り込んで，一挙に解決することも可能で，通常はそのようにしますから，紛争の全体的解決という意味では，その分，経済的利益の範囲も広がります。

(2) 事案の難易——事案難易度と手続難易度

どの手続を採るにしても，同一の事案であれば事案自体の難易度（以下「事案難易度」）に変わりはありませんが，採る手続自体の難易度（以下「手続難易度」）には差があります。

最も厳格な手続である民事訴訟は手続難易度が高いといえますし，仲裁手続も，不服申立ての方法がないという意味では後がなく，手続難易度が高いといえるでしょう。これらは報酬を増加する要素となります。

調停手続は，それらに比して，手続における自由度が高いので，手続難易度は低いといえますから，相対的には報酬を減額する要素となります。

(3) 時間および労力

事案解決に要する時間および労力には，次のようなものが考えられます。

依頼者からの事情聴取，事情聴取に基づく事実調査（各種謄本などの徴求），相手方に対する受任通知および問合わせ，話合いおよび交渉，依頼者に対する報告，申立書の作成，紛争解決機関への出頭，結果の報告および打合わせ，次の書面の作成と提出，そして再び，紛争解決機関への出頭，と紛争解決までこれが続きます。

事実の調査，判例などの調査をしたうえで，書面を作成し，紛争解決機関に提出する部分がここでいう労力となります。一般的にいえば，民事訴訟や仲裁においては，この労力がかなり多くなります。これは弁護士報酬を増加する要素となります。

調停では，通常，結果の優先順位を考えるという側面が多くなりますが，結果を支える理論・理屈を考えて書面にするということは少なくなりますので，弁護士報酬を減額する要素となります。

反面，調停期日には待ち時間を含めて相当な時間を要します。仲裁においても相当な時間を要します。しかし，紛争解決機関への出頭に要する時間については，弁護士報酬とは別にして「日当」で賄うべきであると考えます。

(4) その他の事情

同一の事案においては，依頼者との関係，顧問先であるか否かなどの「その他の事情」はまったく同一ですから，「その他の事情」が手続の違いによって弁護士報酬の差をもたらすことはありません。

❹ 旧規程による弁護士報酬

旧規程においては，訴訟事件，仲裁事件（仲裁センター事件を除く）の着手金および報酬金は，17条1項によることとして，同一の基準となっていました。

調停事件，示談交渉（裁判外の和解交渉として紛争の存在を前提とするもの），仲裁センター事件の着手金および報酬金は，旧規程17条1項を準用するが，それぞれの規定により算定された額の3分の2に減額することができる（同18条1項）となっていました。

訴訟，仲裁というグループと調停ほかのグループに分けて後者について減額を考慮するという考え方は，各手続の差による弁護士報酬の相対的な差異を考えることですが，概括的にみれば，❸で各種手続における弁護士報酬の増減を検討した結果と反していないようです。

なお，2008年版アンケート結果には，賃料不払いによる建物賃貸借契約解除に基づく建物明渡事案（建物時価1,000万円，土地時価1,500万円）について，

民事調停と訴訟の場合の金額が掲載されています。

　それによりますと，民事調停申立てで，着手金は，20万円前後が46.6％，30万円前後が34.8％，40万円前後が7.3％，50万円前後が6.1％を占めますから，この加重平均を取れば25万7,300円となります。また，報酬金は，40万円前後が41.5％，60万円前後が23.1％，80万円前後が9.3％，100万円前後が10.5％を占めていますから，この加重平均を取れば48万4,000円となります。

　これに対し，訴訟で，着手金は，30万円前後が52.9％，40万円前後が16.3％，50万円前後が19.5％を占めますから，この加重平均を取れば32万1,400円となります。また，報酬金は，60万円前後が39.5％，80万円前後が17.4％，100万円前後が17.9％，120万円前後が5.6％を占めていますから，この加重平均を取れば62万2,400円となります。

　この結果から，おおよそですが，着手金，報酬とも，訴訟の場合のほうが，調停の25％増しとなっており，さらに，調停，訴訟のいずれの場合においても，着手金と報酬との比率はだいたい1対2弱となっていることがわかります。

　　　　　　　　　　　　　　　　　　　　　　　　（今出川幸寛）

Q18　控訴と一審の報酬金

❶　弁護士に依頼して一審で勝訴判決を得ましたが，相手方に控訴されました。控訴審について引き続き依頼する場合に，一審の勝訴判決に対する報酬金を払わねばならないのですか。

❷　控訴の有無に関係なく，結果に応じた報酬金を支払うという約定をすることはできますか。

A　❶　控訴された場合で，一審に引き続き控訴審での弁護活動を依頼された弁護士は，あらかじめ約定があるか，依頼者が同意しない限り，当然には一審での弁護士報酬（報酬金）の請求はできないものと考えます。ただ，控訴審での弁護活動について，弁護士報酬（着手金）の請求をすることができます。

❷　控訴の有無に関係なく裁判確定時の結果によるとすることも，審級ごとの裁判の結果によるとすることのいずれでも，依頼者と弁護士とが合意をすれば，その結果に応じた報酬金を支払うという約定をすることは可能です。ただ，審級ごとに報酬金を支払うとすることは，多くの場合，合理的とはいえないので注意が必要です。

解説

❶　旧規程とその合理性

弁護士報酬の詳細を定めていた日弁連の旧規程や単位会の旧会規は廃止されましたが，内容としては合理的なものであると考えられており，現在もそれに準拠する弁護士が多いというのが実情です。

旧規程および単位会の旧会規では，5条1項で「弁護士報酬は，一件ごとに定めるものとし，裁判上の事件は審級ごとに，……一件とする。ただし，

……同一弁護士が引き続き上訴審を受任したときの報酬金については，特に定めのない限り，最終審の報酬のみを受ける。」としていました。

そして，このただし書中の「特に定めがない限り」の意味は，旧規程の他の内容から，旧規程中に別段の定めがある場合および委任契約に特段の定めがある場合をいうものと解されますから，あらかじめ依頼者とかかる特約がある場合または依頼者が同意をする場合でなければ，仮に，一審の審理が複雑であったり，長期にわたった場合でも，依頼者との協議なく当然に報酬金を請求することはできないというものでした（旧規程9条）。

そこで，ケースバイケースではあるものの，引き続き上訴審を受任する弁護士が原審の報酬金を受領することの合理性を以下に検討していきます。

❷ 弁護士報酬を請求する立場

弁護士は審級ごとに訴訟委任を受けますから，弁護士報酬についても審級ごとにその勝敗に応じて計算されるのが原則となるはずですが，同じ弁護士が引き続き上訴を担当する場合には，その原則だけで処理すると不都合なことになります。

弁護士の立場からみますと，審級ごとに弁護士が異なってもよいのですから，一審を担当した弁護士Aは一審について着手金と報酬金を請求し，控訴審を担当した弁護士Bは控訴審について着手金と報酬金を請求することとなります。そして，この場合の依頼者の支払額を前提としますと，仮にA＝B，すなわち同じ弁護士が一審と控訴審を担当した場合であっても，計算上，同様に請求しておかしくはありません。

また，一審で判決が出た場合に，それは一審での訴訟活動の結果ですから，それは相手方からの控訴の有無とは関係がなく，論理的に考えれば，弁護士としては一審での成果に対して報酬金を請求できることになります。

さらにもう一歩進めてみると，相手方に資力がなくて，判決が確定したもののそれが画餅に終わるような場合であっても，弁護士としては，勝訴の確定判決という成果を得たものですから，成功報酬を当然に請求できるものと考えられます。

❸ 弁護士報酬の請求を受ける立場

依頼者の立場からみると，弁護士（請求側）の論理に対して，次のような疑問があります。

控訴されたとき，依頼者が，その自由意思に基づいて，一審担当弁護士Ａに依頼することをやめ，ほかの弁護士Ｂを依頼した場合は，Ａ弁護士とＢ弁護士に対して支払う報酬の総額が多くなることも甘受できますが，一審担当弁護士に控訴も依頼する場合なのですから，「たまたまＡ＝Ｂ」という考え方はおかしいのではないかということです。

次に，一審で勝っても，控訴されると一審判決は確定せず，経済的利益は生じないから，報酬請求権は発生しないのではないか，という疑問です。

この疑問は，さらに，勝訴判決を得ても，相手方が無資力なら，経済的利益がないのだから，報酬請求権は発生しないのではないか，という疑問にも発展します。

❹ 一審，控訴審を担当する場合の考慮事項

(1) 審級ごとの代理権と着手金・報酬金

同一弁護士が，一審も控訴審も担当する場合に，審級単位の原則によって弁護士報酬を請求することは妥当ではないと思われます。まず現実に多くの場合，一審の代理人は控訴審の代理人として事件を引き続き担当することが圧倒的に多い（Ａ＝Ｂである）ことから，「たまたまＡ＝Ｂ説」として審級ごとに着手金と報酬とを請求するべきではありません。

また，審級単位の考え方は，依頼者が同一弁護士に依頼する趣旨の１つを大きく無視したものといえるからです。

なぜならば，一審担当弁護士は，すでに事件の内容について時間をかけて調査済みであり，その仕事の成果を控訴審においても同じように利用することができますが，依頼者は，その労力や仕事の成果に対する弁護士報酬は，支払済みの一審の着手金と裁判確定時の報酬として評価されるべきものと考えられるからです。したがって，一審と控訴審とを担当する弁護士が，もし，審級単位の原則によって，着手金と報酬金をそれぞれの審級で請求するとし

たら，控訴審では，そこで費やされる労力に比較して弁護士報酬が過大になってしまうように思われます。

(2) 一審の報酬金

したがって，同一の代理人が一審および控訴審を担当する場合には，報酬請求において，訴訟委任における審級単位の原則をそのまま適用されるものではありません。

そこで，一審で勝訴しても控訴された場合，同じ弁護士が控訴審も受任し担当することを条件として，一審事件に関する報酬金は請求しないとするべきでしょう。

控訴審でも，最終的には事件が終結して，何らかの結果が出ますから，そのときに報酬金の請求をすればよいのです。そして，なによりも，1つの事件に対する報酬金の原則は1回とすべきで，それを最終的な判断が出されたときに請求できるとすることには合理性があります。

したがって，本質問に対する回答としては，一審のみならず控訴審を担当する弁護士は，あらかじめ約定があるか，依頼者が同意しない限り，当然に一審判決にかかる報酬金の請求をすることはできません。

しかし，もちろん控訴されずに事件が終了した場合には，一審判決にかかる報酬を請求することができます。

(3) 控訴審の着手金

次に，同一弁護士がすべての審級を担当した場合に，全体を通して着手金1回，報酬金1回という考え方もあります。報酬金については，前述のとおり，そのような考え方でよいのですが，着手金について，その考え方は採れません。なぜなら，弁護士は，一審事件で受任するにあたり，まず一審での結果に関係なく控訴審までいくという考え方を前提とし，控訴審での労力や時間をも考慮して着手金の額を定めているわけではないからです。

仮に，もしそうでなく事案ごとに着手金1回であるとしたら，着手金の額は従前の請求額より高めに設定せざるを得なくなりますし，控訴がなかったときには，着手金のうち，控訴審相当分については実質的には不当利得とし

て返金という問題も生じることが考えられます。また，依頼者も，もし控訴されたら，そのときは控訴審についての着手金を支払うということにそれほど抵抗はないでしょう。

ですから，着手金については，審級ごとに請求するという合理性があります。ただその額についてはまた，後述するような配慮を要します。

(4) 一審と控訴審における審理の実際

一般的な民事訴訟の実態からみて，両当事者は，一審において，主張を出し尽くし，立証もし尽くします。ついで，控訴審の審理は，一審での審理の蓄積を前提として行われますから，一審に比較して，主張すべきこと，立証すべきことはずっと少なくなるのが通常です。したがって，労力も一審ほどはかからず，審理期間もずっと短くなります。

控訴審というと何か高級感があり，また，控訴状に貼付する印紙は訴状に貼付する印紙の1.5倍になることから，着手金もそれ相当にと考えがちですが，審理の実態が以上のようなものである場合には，控訴審であるからといって報酬を高めにする必要はなく，むしろ，その実態に応じた低めの報酬とすることが望まれます。

もちろん事案に応じて審理にかかる労力および時間は異なりますから，一般的な審理の経過をたどらない場合には，以上とは別に考えるべきです。

(5) 現実的な経済的利益と理論的な経済的利益

「経済的利益」は，弁護士の立場と依頼者の立場とでは，捉え方にかなり大きな差があります。弁護士は，依頼者が現実に得る利益というより，どちらかというと理論的なものとして捉え，また，依頼者は，理論的な利益よりも現実的なものと捉える傾向があるものと思われます。

さて，一審で勝訴判決を得ても，控訴されてしまえば確定しませんから，理論的には多少の異議があるとしても，現実的な経済的利益という観点からは，あまり意味はありません。また，判決を得て，無資力の者に対し民事執行をしても，法人が貸倒債権の無税償却ができるようになること以外には，依頼者に経済的利益をもたらしません。

弁護士として，報酬金を考える場合には，常に，理論および現実の両側面から経済的利益を考えて，依頼者と十分協議のうえ，その額を決めるべきです。

❺ 一審，控訴審を別の弁護士が担当する場合

(1) 一審担当弁護士

一審を担当した弁護士は，一部または全部勝訴判決を得た場合，得た経済的利益を基準として，一審事件に対する報酬金請求をすることには合理性があります。なぜなら，一審で一部でも勝訴した場合，その判決に対し控訴するかしないかは，依頼者がその自由意思で決めることであり，弁護士の意向にはまったく関係がありません。その意味で一審だけを担当し，以後の手続を依頼されなかった弁護士は，依頼者のためにするべきことをすべてして一部でも勝訴判決を得た，という限りで本件に関与し，それ以上のことができない状況にあるわけですから，判決が確定しなくとも，報酬金を請求することができるものと考えます。

また一審事件で勝訴したところ，相手方が控訴したが，依頼者が一審の弁護士に依頼しなかったという場合，前述のとおり，一審担当弁護士は勝訴判決を得た，という限りで本件に関与し，それ以上のことができない状況にあるわけですから，判決が確定しなくとも，報酬金を請求することができるものと考えます。

(2) 控訴審担当弁護士

別の弁護士が控訴審を担当する場合には，一審事件を受任するのと同様の基準で控訴審の着手金の請求をしてもよいでしょう。それは一審担当弁護士が行ったことをすべて初めからあらためて検討して調査する必要があるからで，一審受任時と同様な労力と時間を要するからです。

（今出川幸寛）

Q19　民事執行

❶　裁判上の和解が成立したのですが，相手方が約定期日に履行をしてくれないので，民事執行をしてもらう必要があります。この場合の弁護士報酬はどうなりますか。
❷　相手方が履行をしてくれないと依頼の目的を達成することができないので，民事執行で目的を達成したときまで成功報酬を払わないということはできますか。

A　❶　裁判上の和解の成立によって委任事務は履行されていますので，和解成立についての弁護士報酬を支払う必要があります。そして，さらに民事執行を依頼した場合には，別途民事執行についての弁護士報酬（着手金および報酬）が必要になります。
❷　報酬の支払いについて特別の定めがある場合，または個別に同意を得た場合を除き，委任事務が履行されている以上，裁判についての報酬の支払いを，民事執行により目的が達成される時点まで留保することはできません。

解説

❶　和解成立後の民事執行と弁護士報酬

　民事裁判が和解によって解決した場合，訴訟等の本案事件（以下「裁判」）の委任事務はこれによって履行されたことになりますので，その時点で裁判についての弁護士報酬が発生することになります（民法648条2項本文）。
　そして，通常は和解で定められた約定期日に和解金の支払いなどの義務が履行されることになりますが，さまざまな事情から期日に履行がなされないこともあります。そのようなときには，和解調書を債務名義とした強制執行

等の民事執行を行い，強制的に履行させることが必要になります。

この場合，民事執行は，裁判とは別の手続であり，別の委任事務となりますので，そのための弁護士報酬も別途発生します。このことは，裁判に引き続いて受任した場合でも同様であり，裁判の着手金および報酬とは別に民事執行の弁護士報酬が必要になります。したがって，本質問の場合には，本裁判が和解によって終了したことによる報酬のほかに，民事執行についての弁護士報酬が必要になります。

旧規程では，民事執行の弁護士報酬について，着手金として裁判の着手金の2分の1，報酬として裁判の報酬金の4分の1を請求できるとされ（旧会規26条1項・2項），ただし裁判に引き続いて受任した場合には，着手金は裁判の着手金の3分の1とすると定められていました（同条3項）。

2008年版アンケート結果によると，たとえば勝訴判決に引き続き建物明渡強制執行を行う場合で（建物の時価1,000万円，土地の時価1,500万円，賃料1か月10万円），着手金10万円〜20万円前後，報酬10万円〜20万円前後がそれぞれ多数を占めています。

なお，事案にもよりますが，強制執行により一定の実回収や成果が見込める事案等では，判決や和解に引き続き強制執行を行う場合，執行手続の実費（予納金，印紙，郵券など）のみを徴収し，着手金は別途もらわないで報酬に一本化するというケースもあるようです。

❷ 弁護士報酬の支払時期

前述のとおり裁判と民事執行は別の手続になりますので，裁判が和解などにより終了し委任事務の処理が完了した時点で，これについての報酬の支払時期も到来することになります。

ところが，実際に相手方が和解条項に基づいた履行をしてくれないと，和解金が入ってこないとか，建物が明け渡されないなど依頼者にとっては目的が達成されないことになります。そこでさらに民事執行の申立てが必要になりますが，そのために別途着手金を支払うとなると，依頼者側の負担も少なくありませんし，このような報酬構造自体がわかりにくいということもあっ

て，本質問にあるように，民事執行によって目的を達成するまで報酬の支払いを待ってほしいというような要望が出されることもありうることです。

そこで，このような弁護士側と依頼者側の認識のギャップからトラブルが生じないようにするために，弁護士としては事件を受任する時点で，具体的な事件の流れと発生する費用などをあらかじめ十分に説明して，裁判が終了した時点で報酬が発生すること，相手方が履行しない場合には別途民事執行などが必要となる可能性があること，その場合には別途民事執行を申し立てるための実費（印紙，郵券，その他）のほか着手金が必要になること，そして，民事執行が完了した時点で報酬が必要になることなどを丁寧に説明することが望まれます。

また，損害賠償請求事件など，依頼者が訴訟の結果，相手方から回収する金員によって弁護士報酬を支払うことを予定し，それ以外のところから支払うことが困難であるような事件では，裁判についての報酬の支払時期を，相手方から現実に支払いがなされた時点とするような特約を定めておくなど，依頼者の置かれている状況に配慮することも望まれるところでしょう。

（河野玄逸・曽我幸男）

第3章　企業と弁護士報酬

Q20　企業法務における弁護士報酬の構成要素

❶　弁護士報酬の構成要素について，一般の場合と企業法務の場合とでは違いがありますか。
❷　企業法務における弁護士報酬の構成要素の特殊性を説明してください。

A　❶　企業法務は，企業を依頼者とする，いわゆるビジネスローの分野をいうのであって，その弁護士報酬の構成要素は，①経済的利益，②事案の難易，③時間および労力，④その他の事情です。④では犠牲にしたほかの事件，依頼者の資力，依頼者との特殊な関係，などが考慮されます。したがって，その構成要素自体は一般の場合と変わりません。

❷　企業法務における弁護士報酬の構成要素の特殊性としては，弁護士と企業とが顧問関係などの継続的関係に立つことを前提としていることが多いこと，他の事件や他の依頼を受けられなくなる犠牲に対する補償の意味もあること，資力において個人と比べて企業は問題がないことが多いこと，などが挙げられます。

　そして，近時注意すべき点として，企業にとっての利益というときには，そのなかには短期的なものばかりではなく，コンプライアンス・風評等の長期的なものが重視されてきています。

Q20 企業法務における弁護士報酬の構成要素

> 解説

❶ 企業法務における弁護士報酬の構成要素

(1) 弁護士報酬の構成要素

弁護士報酬を決定する要素として，一般に次の点の指摘がされています。

① 最判昭和37年2月1日民集16巻2号157頁（あらかじめ金額を定めなかった弁護士報酬について争われたケース）

事件の難易，訴額，労力の程度，依頼者との平生からの関係，所属弁護士会の報酬規程，その他諸般の状況

② 最判昭和44年2月27日民集23巻2号441頁（不法行為に基づく損害賠償請求に関して争われたケース）

事案の難易，請求額，認容された額，その他諸般の事情

ちなみに，外国の例で，契約で自由に弁護士報酬を決められる国の例をみると，少し古い資料ですが，「国際弁護士倫理規定（17項）」自由と正義17巻12号（1966）37頁において，次の事項を挙げています。

ア 訴訟物の価額

イ 依頼人の利益の程度

ウ 費やされた時間ないし労力

エ その他一切の事情

また，司法研修所報21号「米国弁護士実務手引」(1958年9月) では，ABAの弁護士倫理綱領の次の事項を挙げています。

ア 所用の時間と労力，その事件に含まれている新奇さと困難さ，事件を正しく処理するに必要とされる熟練度

イ 特定の事件を引き受けたために，その取引関係から生ずる可能性のある他の事件――しかも当該事件を引き受けなかったなら依頼を受けることを充分期待できるとき――において特定の事件の依頼を受けている間に他の依頼を失うことになったか

ウ 同様な業務に対する弁護士間で慣行的に行われている報酬

91

エ 紛争の対象となっている金額と，業務の結果依頼者が得る利益
オ 報酬支払いの見込み，確実性
カ 依頼が一時的か継続的か

また，「英国のソリシター報酬規則」自由と正義20巻3号（1969）20頁では，次の事項が掲げられています。

ア 事案の複雑さ，問題となった事柄の困難性・新奇性
イ 技量，労力，専門的知識，責任
ウ 準備され，または検討されるべき文書の数と重要度
エ 事務する場所，状況
オ ソリシターの用いた時間
カ 対象の金額，物件価額
キ 依頼者にとっての重要度

これらを集約すると，わが国に限らず世界的にみても弁護士報酬を決定する要素としては次の事項を掲げることができます。

(ⅰ) 依頼者が得る利益
(ⅱ) 事案の難易
(ⅲ) 弁護士の労力（量的には時間，質的には事件の難易）
(ⅳ) 犠牲にしたほかの事件
(ⅴ) 依頼者の資力
(ⅵ) 依頼者との特殊な関係
(ⅶ) その他

(2) **企業法務の特徴**

企業法務は，依頼者が企業であるという点に特徴があって，いわゆるビジネスローの分野の法律事務です。

狭義では，いわゆるコーポレート，M&A，独禁法，競争法，使用者側労働法，商取引法などがあり，広義ではこれらの他金融法務，事業再生，企業刑事法務，危機管理を含むものとされますが，いずれにせよ企業法務に関しても弁護士の報酬決定についての構成要素は基本的には同じであり，上記の

一般の場合と変わるところはありません。

❷ 企業法務に関する弁護士報酬の特殊性

　弁護士の業務には，依頼者のために権利を守り正義を貫くという，いわゆるプロフェッション的なものと，依頼者の事業の利益を守り増大させるという，依頼者の代理人としての，ビジネス的なものとがあると考えられます。

　この分類からすると企業法務に関する業務はビジネス的なものが主であるといえます。この場合，弁護士報酬の性格は，サービスに対する対価であって，いわば企業利益の分け前に預かるという実質があります。企業は，もともと営利目的の団体ですから，依頼者の貧困に対する配慮といった観点はあまり必要ではないといえます。そして，弁護士と企業とは，顧問関係を結ぶことが多く，継続的関係となるために，特定の企業の依頼を受けると，ライバル企業の依頼は受けられなくなるということがあります。このため，弁護士報酬は，ほかからの事件を受けられなくなる犠牲に対する補償的な意味合いも持ちます。

　もちろん，近時は企業を取り巻く環境も変わってきていて，弁護士に対してコンプライアンス委員や，役員の責任解明の外部委員等，第三者的，公的立場を求める例も多くなってきています。この限りでは，企業法務にも公益的な，プロフェッション的な実質を持った業務があると考えられます。しかし，他面からみると，企業の利益には，短期的なものばかりではなく，長期的なものもあるからだ，という説明でも包摂することができ，企業利益の概念で統一的説明もできます。

　　　　　　　　　　　　　　　　　　　　　　　　　（小松　勉）

第1部　総論　第3章　企業と弁護士報酬

Q21　顧問契約

❶　企業を依頼者とする弁護士の顧問契約の実情はどのようになっていますか。
❷　顧問料の相場があるようでしたら説明してください。
❸　顧問弁護士に法律事務を依頼する場合と，そうでない弁護士に依頼する場合とで弁護士報酬に相違はありますか。

A　❶　弁護士1人当たりの顧問先企業の平均値は，約10社です。
　　企業側では，専門の法分野別に複数の顧問弁護士を依頼することが多くみられます。

　顧問契約でカバーする業務は，口頭の相談までとする例が多く，それも一定の時間を超えるとタイムチャージの相談料を取る例が多いようです。訴訟，書面による鑑定，具体的相手との交渉などは別途料金を取っている例が多くみられます。

　近時，従来の顧問の枠を超えて，弁護士に対して外部委員，コンプライアンス委員，コンプライアンス窓口などの依頼も多くなりました。

　顧問契約の有用性は，依頼者側からみて，すぐに相談でき，費用も新卒の社員の給与よりも安価に法律専門家に依頼できるという点にあります。

❷　顧問料の相場は，会社規模や受任事務内容によっても異なり，月額2万円～10万円が多いようです。その所得区分は事業所得となるとされています。

❸　顧問弁護士に顧問契約の対象とは別に法律事務を依頼するときには，そうでない弁護士に依頼するときよりも安くなるのが通常です。

Q21 顧問契約

> 解説

❶ **顧問契約の実情**

(1) 顧問先数の実情

『全国版法律事務所ガイド2014 vol.1, 2』（商事法務，2014）に記載されている11事務所の顧問先数を各パートナー弁護士数で除した弁護士1人当たりの顧問先数の平均は10.41社でした。

最近のデータではないものの2002年版アンケート結果によれば，弁護士1人当たりの顧問関係にある法人（会社法人，社団法人，財団法人，公団，地方公共団体を含む）の数は，平均値10.62社（回答者1,781名）でした。同じく2008年版アンケート結果では，顧問先数の項目がなく比較できません。

弁護士事務所のホームページで公表されている顧問先数のなかには，パートナー弁護士数で除すると弁護士1人当たり75社にもなる弁護士事務所もあるようですが，2002年頃と現在までで，弁護士1人当たりの顧問先数は，平均でほぼ10件くらいと変わらないようです。弁護士数の激増傾向を考えると弁護士1人当たりの顧問先数は減少傾向にあるものと思われますが，平均値で変わらないことから特定の事務所，弁護士に顧問先が集中する傾向にあると推測されます。

(2) 依頼する企業側の実情

企業としては，専門法分野別に顧問弁護士を分けて依頼する傾向にあります。

たとえば，株主総会対策を中心とした商事分野，労働組合対策を中心とした労働分野，知的財産管理を中心とした知財分野，広告規制・業界規制を中心とした独占禁止法分野，海外取引を中心とした渉外分野など，複数の顧問弁護士と契約している例があります。

(3) 顧問料の範囲

顧問料でカバーされる弁護士業務の範囲については，通常，法律的な問題についての相談を受けて，口頭のアドバイスをすることまで，とされること

が多いようです。したがって，書面鑑定や相手方との交渉や争訟は，別料金とされることになります。相談についても，一定の時間までは，顧問料の範囲として，一定の時間を超える分は別途相談料を請求することが多いようです。

なかには，訴訟を含めたあらゆる訴訟案件含みで顧問料が設定されることもありますが，そのときには，顧問料はそれなりに高額となるうえ，顧問弁護士が訴訟等の担当弁護士を別途委任するときには，顧問料とは別料金となります。

ともあれ，企業としては，弁護士に対して，問題が起こったときにはすぐに対応してもらえる，敵方に付かれる心配がなくなる，といったメリットがあることになります。

(4) 近時の依頼の特徴

近時は，弁護士の中立性，専門性に期待して，顧問弁護士の枠を超えて，外部調査委員や，コンプライアンス委員，コンプライアンス窓口，監査役などの依頼も増えてきています。

(5) 所得区分

顧問料の所得税法上の区分は，事業所得になると解されています。横浜地判昭和50年4月1日行裁例集26巻4号489頁～490頁では，要旨として，毎月定時に定額が支払われているとしても，顧問契約において弁護士が負担している債務が本来の弁護士業務と同一の内容であり，勤務時間，場所についての定めもなく，随時質問してくる法律問題につき依頼のあったつど法律相談に応ずるものであり，また同時に数社と締結されている等の事情のある場合には，給与所得ではなく，事業所得にあたるとしています。

ここで，所得税法上給与所得とは勤労性所得の1つで，雇用またはそれに類似する関係から生ずるものを広く含むものであって，非独立的労働の対価または従属的労働の対価であるといわれています。交響楽団のバイオリン奏者が楽団から受けた報酬が給与所得にあたるか，事業所得にあたるか，争われたケースで，東京高判昭和47年9月14日判夕289号355頁では，要旨として，

楽団に所属し，そのスケジュールに従ってその指揮拘束を受ける従属的立場において提供する役務の報酬として支払われたものであり，楽団の予算を立案することはもちろん，そのスケジュールの企画，策定，実行にも直接参画するものでもないから，自己の危険と計算による企業性を有しない，として，バイオリン奏者の報酬を給与所得にあたる，と判示しています。会社と委任関係に立つ取締役や監査役は，会社の指揮命令に従うものではなく，その仕事内容は従属労働ともいえないのですが，その報酬は，常勤であっても非常勤であっても，ともに給与所得に含まれると解されています。これは，場所的・時間的な拘束を受け，継続的ないし断続的な労務・役務の提供ということがあり，その対価として支給されるものであるという点で，勤労性所得と共通のベースがあるということからだ，といわれています。したがって，弁護士の監査役，コンプライアンス委員，外部調査委員などの報酬については給与所得に分類されます。

また，原稿料は，所得税法上雑所得になるので，顧問先から社内誌などに寄稿を頼まれたときのお礼などは，雑所得になります。

しかし，こうなると，事業所得と給与所得と雑所得の限界の判別がきわめて困難な場合が出てくることになります。現に，弁護士顧問料を給与として給与源泉控除をして振り込んでくる会社もあります。

事業所得・雑所得と給与所得の扱いの違いは，事業所得・雑所得は，必要経費の控除計算ができるのに，給与所得は必要経費控除ができずにその代わり給与所得控除が認められている，ということです。したがって，結局のところ，給与として顧問料等が振り込まれたときには，確定申告時期に，必要経費控除の基礎となる収入に算入するかどうかを振り分ける作業が重要になります。

❷ 顧問料の相場

(1) 顧問料の対価性

顧問料とは，継続的に事務処理の依頼を受けたときに，年ぎめまたは月ぎめで対価として支払われる料金のことです。

顧問関係に入ることで、企業の側にとっては、そのつど相談を持ちかけるよりも時間的にも、費用的にもメリットが望めますから、顧問料はその対価ということになります。弁護士の側にとっては、ほかからの受任が制限されることがあり、また顧問先からの相談に応じるために時間と労力を費やしますから、顧問料はその補償ということになります。

(2) 旧規程

旧規程によれば、次（図表1）のようになっていました。

図表1　顧問料

事業者の場合	月額5万円以上
非事業者の場合	年額6万円（月額5,000円）以上

(3) 2008年版アンケート結果

2008年版アンケート結果によれば、月額顧問料の額に応じた顧問先の数は、次（図表2）のとおりでした。

図表2　顧問料の額に応じた顧問先数

回答者761名

①	1万円	599件	5.6%
②	2万円	1,265件	11.18%
③	3万円	3,260件	30.3%
④	4万円	357件	3.3%
⑤	5万円	3,461件	32.2%

⑥	6万円	97件	0.9%
⑦	7万円	162件	1.5%
⑧	8万円	103件	1.0%
⑨	9万円	27件	0.3%
⑩	10万円	872件	8.1%
⑪	15万円前後	163件	1.6%
⑫	20万円前後	157件	1.5%
⑬	30万円前後	76件	0.7%
⑭	40万円前後	11件	0.1%
⑮	50万円前後	16件	0.1%
⑯	その他	116件	1.1%
	合計	10,742件	100%

　この結果からみると，月額2万円～5万円の顧問料の場合が，数としては多いようです（この範囲に89.4％が集中）。

(4)　全国版法律事務所ガイドの記載

　前掲『全国版法律事務所ガイド2014 vol.1, 2』に記載されている84事務所の顧問料月額は，事務所規程・担当弁護士の規程によるとする例，旧会規同様，事業者の場合月額5万円以上，非事業者の場合年額6万円（月額5,000円）以上とする例が多くみられますが，10万円以上，20万円以上としている事務所もみられます。

第1部　総論　第3章　企業と弁護士報酬

(5) 顧問料のたとえ

　顧問料が高いか安いかの相場について，巷間でよくいわれるのは，新卒の社員の給与との比較論であって，「法務部で新卒の社員を雇用したらどんなに安くみても法定福利費込みで月20万円は下らないところ，法律専門家の意見が聞けて，その半額以下で顧問契約が結べるのは割安だ」というものです。

　もっとも，これは顧問契約で受任する法律事務の範囲にもよります。法務上のすべての案件について，法律的アドバイスを求めるということになると，部長クラスの給与でも間に合わないということになるのでしょう。

❸　顧問のときの弁護士報酬

　顧問契約について，Q20で引用した「米国弁護士実務手引」によれば，「年ぎめまたは月ぎめで弁護士を雇う契約は，依頼者にとっては，比較的安上がりであり，かつ毎月または一定の期間ごとに確実な収入が入り，しかも，特別な事件があればその分の特別の報酬を得られるのであるのが普通であるから，弁護士にとっても望ましい場合が多い」とされています。

　顧問料を受け取ることは定期収入となるうえ，事件も依頼されやすくなるという，「弁護士にとっての望ましさ」があります。したがって，顧問契約にある弁護士に依頼するときは，顧問契約を結んでいない弁護士に依頼するときと比較して，安くなることが多いでしょう。

　最判昭和37年2月1日民集16巻2号157頁では，顧問関係にあった会社から前渡金返還請求訴訟を報酬金額の定めなく受任した弁護士が，会社を相手方として報酬請求をした事案について，事件の難易・訴額・労力の程度・旧規程（旧規程が生きていたときの訴訟の事例）のほか，「依頼者との平生からの関係」を審査して，当事者意思を推定して相当報酬額を算定すべきである，としています。これは，会社側が毎月顧問料を払っていたから，弁護士報酬請求は不当だと主張したことに対する判示であって，顧問関係にあることは，弁護士報酬金額を安くする方向に作用するという考えが前提になっています。

　もっとも，顧問料の趣旨が，ほかの敵対する企業からその弁護士を囲い込

むことにあって，ほかの競争会社から依頼を受けられないようにすることに尽きるようなときには，通常の場合の弁護士報酬よりも安くなる理由はないのかもしれません。現に，そのような取決めがされる例もみられます。

（小松　勉）

Q22 企業内弁護士（インハウス・ロイヤー）

❶ 企業内弁護士の実情は、どのようになっていますか。
❷ 企業内弁護士の報酬の実情は、どのようになっていますか。

A ❶ 企業内弁護士・企業内弁護士を採用している企業は、多業種にわたるとともに急激な増加傾向にあり、特に若手弁護士・女性弁護士が増えています。
❷ 企業内弁護士の報酬は、弁護士経験年数、業種、採用企業の給与体系などにより千差万別です。

解説

❶ 企業内弁護士の実情

ここでは、日本の弁護士会に登録しており、かつ企業に社員として勤務している弁護士を「企業内弁護士」と呼ぶことにします。

企業内弁護士の実情を知ることができるデータベースや文献等としては、日本組織内弁護士協会ウェブサイト（以下「出典①」）、梅田康宏『インハウスローヤーへの道』（レクシスネクシス・ジャパン、2013）（以下「出典②」）などがあります。

(1) 人数の推移

2001年9月末に66名であった企業内弁護士（企業のほか、外国会社の日本支社、公益法人など、国と地方自治体以外のあらゆる組織に勤務する弁護士を指します）は、2014年12月末には1,307名となり、約13年間で実に19.8倍にまで増加しています。

また、2001年9月では男性比率が80.3％と80％を超えていましたが、年々女性比率が高まっており、2014年12月では女性比率が約40％にまで増加して

います（出典①「企業内弁護士数の男女別人数（2001年〜2014年）」「2014年（12月）統計資料」）（図表1）。

図表1　企業内弁護士の男女別人数の推移

	男性（人数，割合）		女性（人数，割合）		合計
2001年9月	53	80.3%	13	19.7%	66
2002年5月	62	77.5%	18	22.5%	80
2003年3月	66	74.2%	23	25.8%	89
2004年3月	81	73.6%	29	26.4%	110
2005年5月	93	75.6%	30	24.4%	123
2006年6月	99	67.8%	47	32.2%	146
2007年6月	117	62.2%	71	37.8%	188
2008年6月	169	63.5%	97	36.5%	266
2009年6月	232	65.5%	122	34.5%	354
2010年6月	271	63.3%	157	36.7%	428
2011年6月	358	61.0%	229	39.0%	587
2012年6月	460	59.7%	311	40.3%	771
2013年6月	563	59.1%	390	40.9%	953
2014年6月	697	59.1%	482	40.9%	1,179
2014年12月	786	60.1%	521	39.9%	1,307

　こうした増加傾向の背景には，企業の経営環境の変化があります。規制緩和により行政手法が事前規制から事後チェックに変わり，企業は法令に則った透明性の高い意思決定を自らの責任において行うことが求められています。また，バブル崩壊後の企業不祥事の続発により，消費者や取引先，投資家，マスコミを含む社会全般が企業にコンプライアンス（法令遵守）やCSR（企業の社会的責任）を強く求めるようになりました。コンプライアンスの脆

弱な企業はブランドが毀損されて業績が悪化し最後には市場から淘汰されるなど，法令遵守は企業にとって喫緊の経営課題になっています。遵法経営はいまや企業の存立基盤であるとともに，企業活動が法令に則って行われるに際し，企業の法務機能は企業価値を創造し，企業の競争力を高める源泉となっています。

　こうした状況のなかで，各企業は"法務リスクの管理""法務機能の強化"を重要な経営課題と位置づけています。そこで，企業内部に常駐して当該企業の業務を日常的に把握して専門的な法的助言を与えることのできる企業内弁護士に対する経済界のニーズが高まるのは，きわめて自然なことです。企業内弁護士が増加傾向にあることは，ロースクール制度の新設と同様，経済界のニーズに後押しされた構造的変革ということができます。

　なお，企業内弁護士が増加して企業社会に浸透していくことは，法的インフラの整備という意義も有します。弁護士過疎地域に弁護士が派遣されて全国津々浦々に法的サービスが提供されるのと同じく，企業内弁護士が増加して企業社会の隅々にまで法的サービスが行き渡ることにより，日本社会は強固な法的インフラを手に入れることができます。

(2) 司法修習期別・弁護士会別分布

　2014年12月現在の企業内弁護士の分布状況は，司法修習期別では50期以降，特に60期以降の若い期の比率が圧倒的に多くなっています（図表2）。

　弁護士会別にみると，東京三会が83.4％と大部分を占めており，その他大阪・京都・愛知県など大都市圏の弁護士会に所属する弁護士が多くの企業内弁護士となっていることがわかります（出典②「企業内弁護士数の推移(2001〜2014年)」「2014年（12月）統計資料」）（図表3）。

Q22 企業内弁護士(インハウス・ロイヤー)

図表2 企業内弁護士の司法修習期別人数

(2014年12月)

司法修習期	人数	比率
～39期	16	1.2%
40～49期	66	5.1%
50～59期	331	25.3%
60～67期	889	68.0%
不明	5	0.4%
合計	1,307	100.0%

図表3 企業内弁護士の弁護士会別人数

(2014年12月)

弁護士会名	人数	比率
東京	435	33.3%
第一東京	330	25.2%
第二東京	326	24.9%
大阪	78	6.0%
京都	34	2.6%
愛知県	21	1.6%
横浜	13	1.0%
兵庫県	13	1.0%
その他	57	4.4%
合計	1,307	100.0%

(3) 企業数・業種

　企業内弁護士を有する企業数は2001年には39社でしたが,2014年12月には実に17.4倍の679社に達しており,企業内弁護士と同じく爆発的に増加しています(図表4(次頁))。

第1部　総論　第3章　企業と弁護士報酬

　2014年12月時点で企業内弁護士を10人以上有する会社は10社あり，通信会社1社，総合商社3社，銀行3社，証券会社3社（うち外資系1社）となっており，2008年頃までは外資系企業が採用者数の上位を占めていたのに対して，現在では国内企業が積極的に企業内弁護士を採用し活用していることといえます（出典②「企業内弁護士を多く抱える企業上位20社（2001年～2014年）」「2014年（12月）統計資料」）。

図表4　企業内弁護士の採用企業数の推移

	採用企業数※	採用人数合計
2001年9月	39（0）	66
2002年5月	47（0）	80
2003年3月	50（0）	89
2004年3月	56（0）	110
2005年5月	68（0）	123
2006年6月	81（0）	146
2007年6月	104（0）	188
2008年6月	158（0）	266
2009年6月	209（0）	354
2010年6月	259（1）	428
2011年6月	326（3）	587
2012年6月	458（9）	771
2013年6月	508（8）	953
2014年6月	619（11）	1,179
2014年12月	679（10）	1,307

※　（　）内は企業内弁護士を10人以上採用している企業数

Q22 企業内弁護士（インハウス・ロイヤー）

『弁護士白書〔2014年版〕』（日弁連，2014）158頁によると，図表5のとおり，幅広い業種において企業内弁護士が採用されています。業種別の人数では，証券・銀行・保険業などの金融業の採用者数が最も多く，機械・電気・精密機器等メーカー，情報・通信業，卸売・小売業，サービス業と続いています。

図表5 企業内弁護士の所属先企業の業種

業種	人数（内女性数）
証券・商品先物取引業その他金融業等	173 (53)
機械・電気・精密機器等メーカー	171 (75)
銀行・保険業	159 (53)
情報・通信業	154 (67)
卸売・小売業	113 (54)
サービス業	96 (39)
医薬品	55 (30)
不動産業	19 (6)
建設業	16 (3)
陸・海・空運業	12 (7)
サービサー（債権回収会社）	9 (1)
その他	202 (94)
合計	1,179 (482)

(4) 採用

企業内弁護士の人材供給源は，①司法修習生，②法律事務所に所属する弁護士，③他企業に所属する企業内弁護士，のいずれかになります。

採用ルートとしては，①自ら応募，②ヘッドハンティング，③かつて社員として勤務していた企業に弁護士資格を取得して戻る，④顧問契約をしてい

る法律事務所からの派遣，などがあります。

　2001年頃までは，採用されるのは5年〜10年以上の弁護士経験を有する弁護士がほとんどで，司法修習終了と同時に企業に入る弁護士は毎年2〜3人に限られていました。しかし，2000年代半ばから後半にかけて，新人レベルの弁護士の採用が急速に増加しました。これは，法学部卒に代えて新人弁護士を採用しようという動きが企業に出始めたこと，また，法科大学院を卒業した新人弁護士のなかに，就職先として企業の法務部を志す者の絶対数が増加したことなどが原因と考えられています（出典②19頁）。

　弁護士専門のヘッドハンターも増えてきており，今後さらに企業内弁護士が増加するにつれて，労働市場の規模も比例して大きくなり，人材の流動化が進むものと思われます。

　出典①「企業内弁護士に関するアンケート結果（2015年2月実施）」によると，法律事務所に勤務した経験がある企業内弁護士の割合は約55％となっています。また，企業内弁護士を志望した動機（複数回答可）のうち，最も回答数が多かった（53％）のは，ワークライフバランスの確保で，次に多かった（49％）のは，現場に近いところで仕事がしたいというものでした。

(5)　業務

　企業内弁護士が配属されるのは，多くが法務部門またはコンプライアンス部門です。

　法務部に配属される企業内弁護士が取り扱う業務は，当該会社の法務部が取り扱う業務です。日弁連が実施したアンケート調査によると，企業内弁護士が担当する業務として多いものは，上位から順に，①契約審査・契約書作成，②法律相談，③社内研修講師，④訴訟管理，⑤社内規程策定，⑥交渉・渉外，⑦新規法令・判例調査，⑧債権回収，⑨株主総会となっており，多岐に及んでいます（出典②24頁）。

　同じく日弁連が実施したアンケート調査によると，職階別の業務として，部門長クラスではガバナンス・コンプライアンス・取締役会の運営等，部門長以外の管理職では法務部門・契約審査・訴訟管理・M&A等，非管理職で

は部門長以外の管理職の業務に加えて取引先との交渉等，が主な業務となっています。

　出典①「企業内弁護士に関するアンケート結果（2015年2月実施）」によると，企業の訴訟代理人となることがある割合は約30％にとどまっています。また，1日当たりの勤務時間は70％以上が10時間未満であり，80％以上が土日祝日の勤務はほとんどないと回答していることから，志望動機のとおり，ワークライフバランスの確保が実現できている企業内弁護士が多いものと推測されます。

　なお，企業内弁護士自身の個人事件受任の可否については，採用企業によって異なっており，企業の業務に差支えのない範囲で認めている企業もあれば，一切認めていない企業もあります。

❷ **企業内弁護士の報酬の実情**

　企業内弁護士の報酬等の待遇については，部門長以上の役職で採用される少数の企業内弁護士は，企業との個別交渉に基づいて決定される例が多いようですが，ほとんどの企業内弁護士は，他の従業員と同等待遇であるようです（『弁護士白書〔2013年版〕』（日弁連，2013）184頁）。

　出典①「企業内弁護士に関するアンケート結果（2015年2月実施）」によると，企業内弁護士の，弁護士経験年数別・業種別の年収分布は以下（次頁～）の図表6・図表7のとおりとなっています。

第1部　総論　第3章　企業と弁護士報酬

図表6　企業内弁護士の年収（弁護士経験年数別）　　　　（単位：人）

	全体	〜5年	5〜10年	10〜15年	15年〜
〜　500万円	42	40	2	0	0
500〜　750万円	101	79	20	2	0
750〜1,000万円	89	41	47	1	0
1,000〜1,250万円	34	9	17	6	2
1,250〜1,500万円	29	4	13	6	6
1,500〜2,000万円	20	1	7	9	3
2,000〜3,000万円	16	1	3	9	3
3,000〜5,000万円	8	0	0	3	5
5,000万円〜	7	0	0	1	6
合計	346	175	109	37	25

　弁護士経験年数別では，その年数と年収が比例している傾向が明らかにみてとれます。弁護士経験年数が10年未満の企業内弁護士は，新人弁護士として企業に採用され，当該企業の給与水準に従った給与の支給を受けている例が多いと考えられます。他方，年収が3,000万円を超える企業内弁護士の多くは，法律事務所で相当の経験を積んだ後に外資系企業に移籍したケースのようです（出典②102頁）。

Q22 企業内弁護士（インハウス・ロイヤー）

図表7 企業内弁護士の年収（業種別）　　　　　　　　　　（単位：人）

	全体	メーカー	金融	IT	その他
～500万円	42	22	2	6	12
500～750万円	101	51	15	9	26
750～1,000万円	89	36	17	14	22
1,000～1,250万円	34	9	10	7	8
1,250～1,500万円	29	10	7	3	9
1,500～2,000万円	20	5	5	7	3
2,000～3,000万円	16	4	10	1	1
3,000～5,000万円	8	2	5	1	0
5,000万円～	7	1	6	0	0
合計	346	140	77	48	81

　業種別にみると，企業内弁護士の給与体系は，上記のとおり基本的に当該企業の給与体系が適用されるため，企業内弁護士の給与もその業界の給与水準に比例する傾向にあります。金融業の給与水準は他の業種よりも高くなっていますが，特に外資系投資銀行などでは，法律事務所で相当の経験を積んだ弁護士を高給で採用する傾向にあることが理由と考えられます（出典②106頁～108頁）。

（竹内　朗・中野竹司）

第1部　総論　第3章　企業と弁護士報酬

Q23　取締役・監査役

❶　弁護士が企業の取締役や監査役等になる例が増えているようですが，その背景，制度および実情を説明してください。
❷　弁護士に企業の取締役や監査役等を依頼する場合の報酬の相場があるようでしたら教えてください。

A　❶　1990年代後半頃から，公開企業において，企業統治（コーポレートガバナンス）論がさまざまに論じられるようになり，また，コンプライアンス（法令等遵守）の重要性が論じられるようになりました。そして，これらの要素を盛り込んだわが国の会社法の制定をみるとともに，主に企業統治の強化を趣旨とする平成26年改正会社法が2015年5月1日に施行されるに至りました。そこで，法律家である弁護士が企業統治および法令遵守のため，取締役や監査役に適任と考えられるようになったことによります。

❷　弁護士に取締役や監査役を依頼した場合の報酬の相場については，必ずしも一律に明らかというわけではありませんが，いくつかの調査等によって，およその傾向が明らかになりつつあります。弁護士に限らない社外役員の年俸の相場は，会社の規模に比例する傾向があったところ，2015年に至って制度改正の影響もあるものと考えられますが，相場が上昇し，東京証券取引所上場企業では，700万円を超える会社が65％に達したとの報道もあって，600万円～800万円が多いとされています。

解説

❶　**時代背景**

1990年代以降，グローバリゼーションすなわち市場経済が地球規模で拡大

する現象が進展しました。

　その流れのなかで，主として公開企業について，「企業は誰のためにあるべきで，企業はどう統治するべきか」という企業統治のあり方が全世界的に議論されるようになりました。企業経営者をどう監督していくかという問題であり，これがコーポレートガバナンス論です。

　また，これと同時期に，経営学の進展により，リスク管理の重要性も議論されるに至り，これがコーポレートガバナンス論とも関係して，企業リスク管理の一貫としての法令等遵守または企業倫理の実践（コンプライアンス）の重要性が議論されるようにもなりました。

　その結果，公開企業で，かつ，グローバルな活動をする企業において，企業統治に携わる取締役や監査役に，社外の者であって，かつ，法令にも詳しい弁護士も，その適任者であると考えられ，そのような例が増えつつあるわけです。

　ちなみに，上場会社の社外役員として一番就任例が多いのは，上場会社役員経験者（現役を含む）で，ついで，金融機関出身者，弁護士，公認会計士・税理士，大学教授，政府機関出身者の順で多く就任しているようです。なお，弁護士は，比較的大規模な上場企業で，かつ，監査役に多く就任し，小規模になると，弁護士よりも公認会計士・税理士が就任する傾向が強くなっています（プロネッドのホームページ参照）。

❷　企業統治論の理念

　コーポレートガバナンス論のうち，「企業は誰のためにあるべきか」との点については，2つの考え方があります。わが国や欧州の企業は，これまで，債権者，従業員や企業が立地する地域社会という利害関係者（ステークホルダー：stakeholder）のための経営をしてきたとされていましたが，公開企業にあっては，企業は，株主（シェアホルダー：shareholder）のためにあるべきであるとする議論が強くなりました。そこで，企業経営者の不正行為を防止するとともに，企業の収益性を高めることによって，株主の利益を実現するために，どのように企業経営を監視する仕組みを作っていくかが議論さ

れ，そのための会社法の法改正がわが国でも相次ぎました。なお，コーポレートガバナンス論については，ステークホルダーのためにあってもよいのではないかとの意見ももちろんあります（代表的なものに，岩井克人『会社はこれからどうなるのか』（平凡社，2003））。なお，後述のコーポレートガバナンス・コードでも，ステークホルダーとの適切な関係が謳われており，単純に株主のためだけに会社を経営すればよいというものではないことが明らかになっています。

わが国における会社法の制定および改正も，グローバリゼーションによるわが国の構造改革の流れのなかで行われてきました。ただ，会社法は，従前どおりの選択肢も残していますから，株主の利益に資するためだけの改正というよりは，価値中立的に，いわばグローバルな公開企業向けに，そのような選択肢も設けたものと評するのが妥当と考えます。

❸ 上場会社等の社外役員

さて，以上の流れのなかで，平成5（1993）年の商法改正以降，企業統治の実効性確保に向けた会社法の改正が行われてきました。すなわち，同年改正の株主による会社の業務執行に対する監督機能の強化や，監査特例法の改正による大会社における監査役の人数の増員や社外監査役選任の義務づけです。また，平成14（2002）年改正では，米国型の委員会設置会社の制度が設けられ，その種の会社にあっては，社外取締役の選任が義務づけられました。そして，会社法の現代化作業による会社法の成立により，会社法制は，2006年度以降，新たな段階に入ることになり，また，平成26（2014）年改正，翌年5月1日施行の会社法改正により，企業統治はさらに重要視されるようになりました。

このように，とくに委員会設置会社であることを選択したグローバルな公開企業等や従前の監査特例法上の大会社，平成26年改正によって新たに設けられた監査等委員会設置会社にあっては，社外取締役や社外監査役の選任を法律上または事実上強制され，また，他方でコンプライアンスも求められる結果として，弁護士を取締役や監査役に選任する事例が増えているものと

考えられるわけです。なお，東京証券取引所では，一般株主保護のため，上場規則により社外役員よりも資格要件が厳しい独立役員を1名以上確保することを求め，東京証券取引所のコーポレートガバナンス・コードでは，独立社外取締役を2名以上選任するべきこととしています。

なお，当該上場会社から多額の報酬を得ている弁護士その他の者は，この独立役員の資格がないことに留意する必要があります。これを言い換えれば，独立役員となっている弁護士は，役員報酬以外には多額（相応）の弁護士報酬を得ることができないことになりますし，その弁護士が所属する法律事務所の他の弁護士についても，相応の弁護士報酬を得ることに議論の余地があることに留意する必要があります。

❹ 社外役員の報酬相場

さて，10年前の旧版の際は，弁護士が取締役や監査役になっている場合の役員報酬についての資料はわずかでしたが，現時点では，いくつかの調査資料も公開されるに至っています。大会社や，また，グローバルな公開企業である指名委員会等設置会社や監査等委員会設置会社等では，複数の社外役員を採用せざるを得なくなっており，その報酬相場が関心事です。すなわち，上場会社やグローバルな公開企業で，その企業統治を担保するために選任する以上は，当該取締役が資本市場から信頼されるに足りる経歴や知名度を求めることも考えられます。そうすると，その結果，当該役員の知名度と当該企業の規模等との相関関係で決まるところもあるものと思われます。その一方で，指名委員会等設置会社の報酬委員会で執行役員および取締役等の報酬を決定する場合には（会社法404条3項，409条），社外役員の役員報酬の相場観も参酌せざるを得ないわけです。そこで，それらの動きから，社外役員の報酬額の相場感が形成されつつあるわけです。

その実態をみると，年俸2,000万円を超える報酬から僅少なものに至るまで大きな差があり，そして，会社の規模に比例する傾向があるようです。ここ数年の東証上場会社の社外役員の年俸は，平均で600万円程度，中位数は，400万円～600万円程度とされていましたが，2015年に至り，平均は800万円

程度に急上昇したようです。

　最も単純な社外役員は，月1回程度の取締役会（または監査役会）に出席することで足り，毎月の所要時間は，プラスアルファの業務と準備を入れて，平均的には，10時間～20時間程度とされています。そして，かかる会議等による所要時間の多寡によっても，報酬額に影響を与えるものと思われます。このように，常勤となる場合にはいうに及ばず，同じく非常勤の社外役員であっても，さまざまに態様を異にし，その態様による差もあるものと思われます。

　まず，社外取締役と社外監査役とでは，前者の年俸が高いのが一般です。

　また，一概にはいえませんが，従前の傾向等からすると，弁護士のほうがそれ以外の属性の社外役員より高い傾向もありました。とくに大規模な会社でない場合には，その傾向があるものと思われます。すなわち，法的な観点からの役割への期待が大きいからであると考えられます。

　さらに，委員会がある場合の会社の委員に就任する場合や，委員会の委員長や議長を務める場合等には，さらに高額になるものと考えられます。

❺　中小企業での実情

　他方，中小企業等では，公開会社（株の譲渡制限が一部にでもない会社）である大会社でない限り，社外監査役も置く必要がありませんから，社外役員を置いていても法律上の要請に基づくものではありません。したがって，以上に論じたような相場とは別に報酬が決定されることになります。また，上場を考えていない公開会社である大会社の場合には，社外監査役を置く法律上の必要はありますが，上場審査や市場の監視に耐えるというインセンティブが働きませんから，上場会社の場合より，割安になっているものと考えられます。

❻　社外役員の報酬の構成要素

　なお，社外役員の報酬については，会社法上，責任を負う可能性があることから，その責任料というべきものが含まれているとも考えられます。

　この責任に対する対価の軽減化を図る方法としては，2つの方法がありま

す。

　1つは，社外役員に関し定款に定めを置いて責任限定契約をする方法（会社法427条）で，他の1つは，補償が不十分であるとの批判もあるところですが，会社役員賠償責任保険（D&O保険）を付保する方法です。これらの対応を取れば，責任の重さに起因する社外役員報酬の高騰を抑えることができるとも考えられます。

　なお，弁護士に限らず社外役員がある企業の社外役員に就任するときは，他に就任する機会や他に当社から報酬を得る機会を失う可能性が生じます。現に，あまり多くの社外役員を兼ねることは好ましくないものと考えられています。その点の報酬への上乗せ要因は，なお考慮されることになるものと考えられます。

　　　　　　　　　　　　　　　　　　　　　　　　　　　（片岡義広）

Q24 株主総会

❶ 弁護士に株主総会の指導および助言を依頼する場合の実情と，弁護士報酬の相場を説明してください。
❷ 株主総会当日に立会と指導および助言を求める場合の弁護士報酬の相場を説明してください。

A ❶ 株主総会開催会社が上場会社であるかどうか，株主総会の想定される具体的状況，弁護士に総会当日の立会のみを依頼するのか，事前準備段階での指導も依頼するのかなどによって，弁護士の業務量，必要な専門知識の程度が異なりますので，一概に標準額を述べることはできません。

❷ 株主総会当日の立会のみであっても，上場会社であるかどうか，株主総会の想定される具体的状況（紛糾することを予測して依頼するのかどうか）などによって，弁護士の準備，立会時の業務量が異なりますので，一概に標準額を述べることはできません。

❸ 会社の規模，株主総会の予想される具体的状況，その弁護士の専門性，顧問弁護士であるかどうかなど，各種の要素を考慮して，会社と弁護士が協議のうえ決定するのが一般です。

解説

❶ 株主総会への弁護士の関与の態様

(1) 依頼の主体と態様

株主総会に弁護士が関わる態様を大別すると，会社（代表取締役）の依頼によって株主総会運営指導・総会当日の議長および事務局の補佐などを行う場合と，株主の依頼によって関与する場合（株主提案権行使書の作成，本人出

席の予備知識の提供など）とがあります。また，弁護士が株主の代理人として出席することについては，定款による代理人資格制限が有効とされているため（最判昭和43年11月1日民集22巻12号2402頁，宮崎地判平成14年4月25日金判1159号43頁など），実際にはほとんど行われていないと思われます。なお，総会検査役（会社法306条）としての関与は裁判所の選任によるものですから，本質問では対象外とします。

ここでは，会社（代表取締役）の依頼により当該会社が開催する株主総会に弁護士が関与する場合の手数料・報酬について説明します。

(2) 委嘱事項

会社から株主総会について関与を委嘱されるのは，一般に定時株主総会の準備・運営に関する法律的観点からの各種助言，総会当日の議長・事務局の補佐です（その他，臨時総会，少数株主請求により開催する総会（会社法297条1項）などがあり得ます）。その場合の委嘱事項としては，次のようなものがあります。

① 株主総会関連書類（招集通知および事業報告，株主総会参考書類などの添付書類，終了後は議事録など）の記載内容についてのチェック

② 株主総会事前準備における各種諮問に対する助言，鑑定

　ア　役員，総会担当職員に対するレクチャー

　イ　株式事務，決算，監査の諸日程の確認

　ウ　議事進行シナリオ，想定問答などのチェック，株主の各種権利行使（事前の書面質問，書類閲覧請求など）への対応の助言など

　エ　リハーサルへの出席

会社が円滑な議事進行の確保のため，株主総会の開催に先立ってリハーサルを行うことは取締役ないし取締役会の業務執行権の範囲内に属するが，株主総会招集者が従業員株主に命じて，一般株主の株主権行使を不当に阻害する行為を行わせた場合には，業務執行権の範囲を超え，株主総会決議取消原因となるとされています（大阪地判平成10年3月18日判時1658号180頁，大阪高判平成10年11月10日資料版商事法務177号255頁）。したがって，会社が行うリ

ハーサルに弁護士が参加して株主総会運営の指導を行うことは差し支えありませんが，適正な指導を行うことに留意が必要です。

　③　総会当日の関与

　議長側近の事務局席に着席し，議長および事務局職員の補佐を行うのが通常です。

(3)　株主総会に関連する別途委嘱事項

　平成26年会社法改正（2015年5月1日施行）やコーポレートガバナンス・コードの適用（2015年6月1日）により，機関設計の選択肢の拡大，Comply or Explain（原則を実施するか，実施しないときは理由を説明する）の導入などが行われ，会社の経営判断が株主総会での説明や議案に大きく影響するようになり，株主総会の指導を依頼される弁護士が，法制度の解説や経営判断上の利害得失などに関する意見を求められる傾向にあります。この種の諮問は，株主総会の指導そのものではありませんが，内容的に株主総会の議案や報告事項に密接に関連するばかりでなく，時期的にも株主総会に近接した時期に行われることが多く，このような諮問の対価を株主総会指導手数料と別途のものとするかどうかについて会社との間で齟齬を生じないようにすることが必要です（後述❸(2)参照）。

❷　手数料・報酬決定の要因

(1)　上場，非上場会社の区別および受任事項の範囲，程度

　弁護士が株主総会に関与する目的は，総会運営の適法性を保持することのほか，株主への適正な情報開示の助言，総会運営実務動向に関する情報の提供，運営方法の実際についての所見の表明，助言など多岐にわたります。したがって，株主総会関連の委嘱事項は上記のように広範囲かつ多様であり，これらのうちどのような事項を委嘱され，どの範囲で行うかによって，弁護士の所要時間，業務量，必要な専門知識の程度も相当異なります。

　上記❶(2)は，上場会社の定時総会に関して委嘱される通常の事項ですが，顧問関係にない会社から株主総会のみを委嘱されるケースでは，役員へのレクチャーとリハーサルでのコメントのみということもあり，また顧問先で

あっても非上場会社の株主総会では委嘱事項は限定的な場合（書類の点検のみ，あるいは総会当日の立会のみ）も少なくありません。

このような委嘱事項の範囲は，弁護士の手数料・報酬決定の第1の要因です。

(2) 特別事情の存在

① 経常的でない議案の存在

減資の提案をする総会，大規模な法令改正に対応した定款変更等の議案を提案する必要がある場合など（招集通知，想定問答等チェックの専門性，弁護士業務量の増加）

② 株主提案が行われている場合（招集通知チェック，議事運営上の注意事項の増大による弁護士業務量の増加）

③ 買収，経営陣の内紛等による議決権の伯仲状態の存在など（業務執行機関の対株主対応の助言，議事運営上の注意事項の増大等による弁護士業務量の増加）

④ 想定を超える状況の発生

以上のような特別事情がない場合でも，総会において株主の質問，動議提出などが数多く行われて総会が長時間となり，議長・事務局を補佐する弁護士業務が予想を超える量にのぼったときなども手数料・報酬に反映させる要因となります。とくに，株主の発言が続出したり紛糾した場合，質疑打切りを行うかどうか，そのタイミングなどは弁護士の判断に依存することが多く，判断の誤りは総会決議取消原因となることもありますので，株主総会立会業務は弁護士として責任の重い業務であり，このような点も手数料・報酬額に反映されることになります。

(3) 弁護士の専門性

企業は弁護士の専門性を重視し，会社業務の分野ないし案件ごとに専門性ある弁護士に委嘱する傾向を強めていますが，株主総会についても指導を行う弁護士に専門性があるかどうかが手数料・報酬決定の要因として大きな比重を占めるように思われます。株主総会指導は，会社法への精通，多様な諮

問事項への対応の迅速性が要求される関係上，専門性はとくに上場企業では重視される要因となっています。

(4) 顧問弁護士であるか否か

継続的に顧問料の支払いを受けている顧問弁護士である場合は，総会指導手数料の額も顧問料との関係が勘案されると思われますし，顧問関係にない会社から委嘱されるときは委嘱事項の範囲を個別契約で特定することがありますので（(1)参照），これらの点も手数料・報酬の額に影響します。

❸ 手数料・報酬決定の方法

(1) 株主総会固有の手数料・報酬

① 一般的な決定方法

一般に会社の顧問弁護士として，会社の日常的な法律相談，契約書等書面チェック・作成，訴訟・調停など会社からの委嘱事項全般を受任する場合においても，顧問契約において，内容複雑あるいは時間を要した事項，訴訟・調停などは定額の顧問料とは別に協議して定めるものとする例が多く，株主総会指導も同様であると思われます。

その場合，株主総会固有の手数料・報酬額がどの程度であるかは，前述のように，額決定の要因がさまざまであることから，一般的標準額を把握することは困難といわざるを得ません。前述の決定要因をもとに弁護士，会社間で協議のうえ約定されているのが実情と思われますが（2008年版アンケート結果では株主総会関係手数料は調査対象とされていません），株主総会の企業にとっての重要性，弁護士として総会指導を行うにあたり自ら会社法等法令知識や総会実務動向の再チェックを行い，会社が作成した招集通知（事業報告，株主総会参考書類などを含む）などの点検を行うには相当の知識と時間を要すること，役員等へのレクチャーやリハーサルでの各種助言には相当総合的な知識・経験を要することなどを考えると，タイムチャージによる算定でなく，行う業務の総合性，専門性を反映したものとすることに合理性があります。したがって，総会関連手数料はある程度高額となるのが一般ではないかと思われます。弁護士は，総会関連弁護士業務のこのような性質を会社に十

分説明し，理解を求めることが適切であると思います。

② 総会当日立会のみ依頼された場合

総会当日の立会のみを依頼する場合は，事前準備段階での指導をも依頼する場合に比べて弁護士の拘束時間は少ないことになります。したがって，タイムチャージを基本とする手数料もあり得ますが，総会が紛糾することが予測される場合などはもとより，そのような事情がなくても弁護士は総会において生じうるさまざまな事態（株主の質問，動議，大株主の予期せぬ欠席その他）を想定し，会社の役職員から業績，内部問題，株主の状況などを聴取して予備知識を得るなど自ら事前準備を行って当日に臨むのが通常であり，結果的に円滑に終了したとしても，そのような事前準備の手数の対価は請求しうると考えます。

③ 旧規程

旧規程においては，株主総会指導手数料を，基本30万円以上とし，総会準備も指導する場合は50万円以上としていました。現在も弁護士のホームページにこの額を標準とすることを表示している例が見受けられます。これらの額は最低額の定めとしては一定の標準となり得ますが，中小規模の会社の総会に関して書類の適法性チェックと当日立会程度を行う場合であればともかく，上場企業などの総会指導に関しては，業務の量や高度性を考えると標準とならないと思われます。

(2) 株主総会関連の別途相談等案件

株主総会に密接に関連するが株主総会指導とは別途の依頼案件と考えられるものは，上記(1)の固有の株主総会指導手数料・報酬とは別途に請求することが合理的と思われます。例を挙げるとすれば以下のようなものがあり，会社と協議のうえ，これらを別途請求し得ることを合意したときは，株主総会指導に関する契約書で明確にしておくことが必要です（❶(3)参照）。

① 株主総会に提出する議案等の前提問題に関する鑑定

たとえば，平成26年会社法改正により監査等委員会設置会社制度が新設され，監査等委員会設置会社に移行する場合，株主総会に定款変更議案などを

提出する必要がありますが，株主総会に提出する議案の検討段階で監査等委員会設置会社に移行することの是非，利害得失などについて意見を求められ，これについて意見を述べた場合などは，株主総会指導とは別途の依頼案件と考えられます。

これに対して，上例で会社が監査等委員会設置会社に移行することを決定し，そのために作成した定款変更案が適法かどうかについて意見を述べることは，議案に直接関係する法的判断ですから，株主総会指導の一環と考えるべきものと思われます。この点では，株主提案が適法かどうかについて会社から法的判断を求められて意見を述べることなども同様です。

② 書面による法律意見の表明

株主総会の運営手続や付議議案などについて，法律意見を書面で提出することを依頼され，法律意見書を作成して提出する場合，弁護士が作成した書面は後日株主総会決議取消訴訟等で証拠として使用される可能性もあることを考えると，専門家責任が問われる高度の業務ですから，株主総会指導とは別途の手数料の対象とすることが合理的と思われます（Q26参照）。

③ 訴訟，非訟

訴訟（株主総会決議取消訴訟），非訟（反対株主による株式買取請求における価格決定非訟事件）の会社代理人を依頼されて手続を追行することも，株主総会指導とは別途の手数料・報酬の対象とすることが合理的です。

❹ 株主総会指導手数料の支払方法

(1) 一般的な支払方法

上記❸(1)の株主総会指導手数料については，株主総会前後に着手金，報酬金などとして一時に支払いを受けるのが一般的と推測されます。毎年総会指導を依頼される顧問弁護士の場合，各年の総会の状況，所要時間が異なっても，手数料は毎年同額として，総会の難易によって変動させないことを会社と合意することも行われているようです。

(2) その他の支払方法

上場企業など大規模会社においては，専門性ある弁護士に前述❶(2)に掲げ

た事項全部を依頼した場合，その手数料が100万円を超え，あるいは数百万円となることがあり，総会も年々状況，所要時間が異なるため，手数料額を毎年同額の年間顧問料として毎月分割して支払うことを弁護士と合意する（会社としては総会終了時に一時に多額の支出となることを回避する）例もあるようです。

(3) **委任契約書の作成**

弁護士は，事件等を受任するに際し，依頼者との間で手数料・報酬に関する事項を含む委任契約書を作成すべきものとされており（日弁連の弁護士職務基本規程30条1項），株主総会指導を受任する場合も同様です。

上記(1)，(2)においても，特別の事情が生じたときは会社，弁護士間でこれを株主総会指導手数料・報酬に反映させる協議を行う余地を契約書上残すことは行われていると思われます。

上記❸(2)の別途手数料については，依頼の際に会社と弁護士が協議して依頼に関する契約書で額および支払時期を合意することが適切です。

（河和哲雄）

第1部　総論　第3章　企業と弁護士報酬

Q25　企業法務とタイムチャージ制

❶　企業法務では弁護士報酬にタイムチャージ制が用いられることが多いと聞きますが，その背景を説明してください。
❷　タイムチャージのレートがあるようでしたら，説明してください。法分野や弁護士の経験年数によってタイムチャージのレートに相違はありますか。

A　❶　タイムチャージ制は欧米では一般的といわれていますが，わが国では必ずしも主流とはいえません。しかし，渉外事務所では早くからタイムチャージ方式を採っているところ，渉外事務所のルーツを持つ大手法律事務所では，タイムチャージ方式を基本としています。また，大手ばかりでなく，東京や大阪等の企業法務中心の事務所でもとくに金融関連業務，M&Aや調査案件等をはじめとして非紛争系の事件についてタイムチャージを採り入れている事務所が多くなっています。

❷　タイムチャージ制の場合，専門性の度合いや経験年数によってレートが変わるのが一般です。非常に高度なスキルや多年の経験を要する業務の場合，レートは当然高くなり，定型的な単純法務については比較的低いレートとなります。一般的にみてタイムチャージのレートに最も大きな影響を及ぼすのは，弁護士の経験年数と実績，ポジション，そして，事務所のブランド力といってよいでしょう。

　国際的な業務については，語学力や外国法についての理解や渉外業務の経験が必要となってくることから，対応できる弁護士が限られることから，レートも国内業務より20％あるいはそれ以上に高くなっています。

　また，緊急性や，企業にとって重要度の高い業務についても，レートが高くなる傾向があります。

Q25　企業法務とタイムチャージ制

解説

❶　企業法務と顧問契約

　企業法務では，訴訟やその他の紛争事件もありますが，量的には取引先などとの契約書や，組織内の規定などの検討，その他企業運営全般に関わる法律問題の検討や相談業務などの非紛争系の業務が主となります。

　そのような，非紛争系の法律業務については，着手金，報酬方式はなじまないので，非渉外系の法律事務所においては，顧問契約を締結のうえ一定額の顧問料を支払ってもらって，これに対処するというのが一般的でした。しかし，そのような非紛争的業務といえども，事業環境に応じて増減の波があり，これを正確に予測することはきわめて困難です。その結果，顧問料に比して，業務量が少ないときは依頼者にとって，多いときは法律事務所ないし弁護士にとって持出しとなり，不満が生じます。

❷　タイムチャージ方式の合理性

　そこで，業務量が想定された顧問料を超えた場合には，顧問料を増額するという場合もありますが，あまり高額な顧問料を固定してしまうと，企業にとって負担となります。そこで，顧問料に付加して，あるいは当初から定額の顧問料なしで，案件ごとに業務量に応じて報酬を支払う方式が採用されています。

　別途の部分はたとえば，案件別に「売買金額2億円の不動産売買契約書作成および契約交渉についての助言50万円」というように取り決める場合もあれば，時間当たり1万円のパラリーガルが3時間，2万円のアソシエイトが9時間，4万円のパートナーが3時間費やしたので，合計33万円というようにタイムチャージ方式を採る場合もあります。

　コンプライアンス意識の高まりなどにより非紛争的法律業務の量が増加してきたこともあり，渉外事務所以外の事務所でも，企業法務においてタイムチャージ方式を採る事務所が増えてきました。

　タイムチャージ方式では，実働時間に応じて報酬が決まるので，特に経済

的利益の額など対象金額が大きい場合，時間や労力はさほどかからないにもかかわらず，多額の費用を請求されるということがない点，依頼者の納得を得られやすいという利点があります。

　法律事務所側からすると事案の進行状況や依頼者の要求度合いにより，当初予想より多大な時間を費やした事件についてもそれに応じた費用請求できる点，また，依頼者が必要以上に過大な作業を要求することを防止する機能を持つ点が，合理的といえます。

❸　**タイムチャージ制の問題点**

　難点は，①依頼者側にとって予算を立てにくいことと，②弁護士が自分の裁量で必ずしも必要といえない作業に過大な時間を費消したとしても，依頼者としてチエックあるいはコントロールしにくいこと，③同じ作業をしても能力の低い弁護士ほど時間が多くかかり費用がかかるなど，弁護士の業務の質的側面での評価が報酬に反映されにくいなどの点です。

　一方，法律事務所サイドとしては，①比較的多量に発生する定型的業務に関してはレートの低いパラリーガルや，ジュニアアソシエイトに主に担当させざるを得ない結果，業務の質の確保が困難となること，②弁護士が作業に要した時間を正確に記録する必要があり，そのためのサポートシステムを整備する必要があることなどの問題があります。したがって，タイムチャージ制を採る際には，依頼者側でも，法律事務所側でもこれらの問題点をできるだけ解消するよう，努力する必要があります。

❹　**依頼者側の注意点**

　依頼者としては，とくに従来あまり依頼をしていない法律事務所に依頼する場合には，どの弁護士がどのように関与するかを含め，一定の業務にどの程度の時間を要するか，見積書の提出を依頼し，その見積金額が想定される効果と見合っているか確認してから依頼することが望ましいといえるでしょう。また，請求書には，作業の内容と費消した時間の記録の添付を要求し，その内容をよく点検する，作業内容と担当弁護士のレートが適切かなどをよく確認するなどの努力も有益です。ただし，過度に厳しく費用を管理すると

法律事務所サイドの意欲を削いだり，経験，能力の不十分な弁護士が担当となるなどにより，かえって高いものにつく危険もあります。

❺ 法律事務所側の注意点

法律事務所サイドとしては，業務ごとに適切な弁護士を割り当てること，能力経験等を基準に担当弁護士の適切なレートを設定すること，定型的あるいは単純作業はパラリーガルや，経験年数の少ない弁護士に担当させる一方，より経験，能力の高い弁護士が業務を監督して業務内容の点検をすること，正確な記録を心がけること，作業は効率的に行い，依頼者とのコミュニケーションを大事にし，作業内容や進行状況がわかるようにするなどの努力が必要です。

❻ タイムチャージのレート

現状では，タイムチャージ方式は，非渉外系事務所ではいまだ主流とはいえず，運用システムが整備されている規模の大きい事務所や渉外事務所出身の弁護士が運営している事務所で採用されているものの，規模の小さい国内業務中心の事務所では，着手金，報酬方式のウェイトが高いものと推測されます。

タイムチャージ制を採る場合，業務の難易度，重要性，緊急性，依頼者との関係などにより変わりますが，一般的には，事務所ごとに経験，専門分野およびポジション（アソシエイトかジュニアパートナーかシニアパートナーかなど）に応じて各弁護士の原則的レートを決めていることが多いと思われます。

タイムチャージの方式で1つの基準となる，大手渉外事務所や特定共同事務所の標準的レートを正確に把握することは困難ですが，誤解をおそれずあえて推測すれば，概ね以下（図表（次頁））のとおりと推測されます。

第1部　総論　第3章　企業と弁護士報酬

図表　タイムチャージのレート

地位	経験年数	大手渉外系事務所等	その他の事務所
ジュニアアソシエイト	3～4年未満	20,000～30,000円	15,000～25,000円
シニアアソシエイト	4～10年	30,000～40,000円	25,000～35,000円
ジュニアパートナー	7～15年	40,000～50,000円	30,000～40,000円
シニアパートナー	概ね15年以上	50,000～70,000円（弁護士によっては80,000円以上）	30,000～50,000円以上

　非渉外系の事務所でも，金融機関を依頼者としている事務所等や専門性の認知度が高い事務所では，渉外事務所に準じるレートを設定しているところもありますが，多くの事務所では，間接コストが比較的低いこともあり，大手渉外事務所より，10％～25％くらい低いレートでチャージをしているのが実情ではないかと思われます。

　ところで，アンケートによれば，市民事件における1時間当たりのレートは1万円から，せいぜい2万円となっていますが，これは，多くの弁護士が市民事件において依頼者の資力等を勘案して，とくに低いレートを設定しているためと思われ，少なくとも，一定規模以上の企業を依頼者としている大都市部の事務所での標準レートとは大分乖離があるように思われます。

　なお，非渉外系の事務所の場合でも，都心部における企業法務中心事務所の平均的なアソシエイトや秘書の給与，教育訓練の時間，家賃・システム整備その他のコストから計算すると，低めにみてもジュニアアソシエイトで1時間1.2万円～1.5万円以下のレートでは採算割れになってしまうと思われます。

（相澤光江）

Q26　意見書作成

❶　わが国におけるリーガライゼーション（法化現象）の進展によって，企業が弁護士に意見書作成を依頼するケースが増えていると聞きますが，その実情を説明してください。

❷　意見書作成に係る弁護士報酬の実情は，どのようになっていますか。

A　❶　社会が複雑化・多様化するにつれて，弁護士業務も従来の事後の紛争処理に加え，予防法務的な役割も以前より重要視されてきています。それに伴い，企業が弁護士に意見書作成を依頼するケースもたしかに増えてきています。

❷　多くの法律事務所では，旧規程に準拠して，10万円～30万円を一応の目安にしているようですが，意見書の目的・内容・意見書を書くことで弁護士が負う責任の重さなどを考慮して，各ケースごとに個別的に対応しているのが現状のようで，100万円を超える場合もあるようです。

解説

❶　企業による弁護士への意見書作成依頼の実情

(1)　企業の各部門の通常業務に関わる意見書作成依頼の概要

まず企業の法務・総務・人事労務・企画・秘書室など各担当部署からは個別案件ごとにさまざまな意見書作成の依頼が考えられます。

具体的に考えてみると，

《法務部》からのものとしては，①「契約締結前の契約書の内容チェック」のため，または「新法・法律改正による既存の契約書の改訂」のための意見書，②「新法に関する解釈・適用（たとえば，情報関連企業から個人情報

保護法の解釈とその適用範囲)」についての意見書などが想定されます。昨今,とくに③「国際的企業活動をめぐる法的問題点と諸外国の法制度について」の意見書,の作成依頼も増えてきています。

《総務部》からのものとしては,①「株主総会の手続・質疑に関する意見書」や,その他,質問は多岐に渡ると考えられます。たとえば,②「赤字を出した個別事業についての取締役の経営責任に関する意見書」から,③「用地買収や遊休資産の売却等不動産の管理処分等に関する意見書」など,弁護士の書面による鑑定を求める場合が数多く想定されます。

《人事部》からのものとしては,①「重要労働判例（たとえば仮眠時間も労働時間にあたるという判例）を受けての当該企業の場合の対処」や,②「残業代の認定基準」,③「重度鬱病の元社員に対する措置入院手続の法的対応等」など,より具体的なケースについての求意見が多くなるかと思われます。

《経営企画部》からのものとしては,①「新商品の販売促進活動が独禁法・景表法等に違反しないか」,②「ネットショッピング・Eコマースの契約に関する法的問題点」,③「代理店に他社の類似サービスの販売を禁止するのは独禁法違反にあたるか」などの求意見が想定されます。

(2) 通常業務以外についての意見書作成依頼の概要

その他通常業務以外では,「リーガル・デューデリジェンス（買収法務監査）のレポート」が企業法務を行う弁護士の重要な業務の1つとなると考えられます。リーガル・デューデリジェンスとは,企業買収や民事再生等の法的整理のスポンサーとしてこれを支援するものに,企業評価の一環として,対象企業の資産・負債・取締役・株主・許認可関係・不動産・動産・債権・知財の権利関係（担保・賃貸借）・取引先・従業員等あらゆる面について,もっぱら法的視点から,問題点を指摘して法的意見を述べることをいいますが,今後,M&Aの増加に伴ってリーガル・デューデリジェンスのニーズは拡大されるでしょう。

なお,実際には,現地にて調査のうえ,「報告書」「意見書」という形で,企業や投資会社（各種ファンド）にレポートするので,現地調査費用が別途

かかります。

　また，不動産や債権の証券化事案の増加に伴って，「不動産証券化（SPC）や，REITに関する意見書」のニーズが高まっています。たとえば，「自社ビルや遊休資産の売却，賃貸，流動化それぞれの法的メリットとデメリット」，「証券化のスキームに関する意見書」，「賃料減額リスク（借地借家法32条）」，「債権のデフォルト（破産・個人再生等法的整理）」など各種法的リスクに関する意見書が考えられます。

(3) 裁判手続上における意見書の利用

　さらに取締役の経営責任の判断にあたって，裁判手続上法律意見書が証拠として判断要素とされることがあります。

　最近では，アパマンショップホールディングス株主代表訴訟に関する最高裁判決（最判平成22年7月15日判時2091号90頁）において，監査法人および証券会社による株価算定（それぞれ9,709円および6,561円〜1万9,090円）を超える5万円での価格で買い取ったことについて，善管注意義務を構成しないと判断されましたが，その要素の1つとして弁護士の意見も聴取されるなどの手続が取られたことが挙げられています。同事案では「意見書」の作成はされておらず，弁護士は電子メールで回答し，併せて経営会議に出席して結論としては許容範囲である旨を述べているというものですので，意見書そのものということではありませんが，意見書が裁判手続において有する意味合いを示すものということが可能でしょう。

(4) 第三者委員会作成の報告書

　意見書に類するものとして，いわゆる第三者委員会の報告書が挙げられます。第三者委員会は，企業，行政庁，大学，病院等の法人組織における犯罪行為や法令違反等がなされた場合に，内部調査では限界があるため，外部の専門家に調査を依頼することで客観的な調査を行い，再発防止等に役立てるともに社会的信頼確保や回復を趣旨とするものといえます。

　第三者委員会は，調査の結果を報告書としてまとめることが一般的といえますが，かかる報告書は一種の意見書としての性質を有するものといえます。

第1部　総論　第3章　企業と弁護士報酬

❷　目的

こういった意見書が求められる場合が増えている背景には、意見書の機能・目的が以下のように企業が今日求められている社会的責任を果たすうえで、重要な役割を持つからだと考えられます。

　①　取締役の忠実義務・善管注意義務の違反リスクの回避
　②　監査役の監査の実効性の確保
　③　違法性の阻却
　④　企業価値の把握
　⑤　裁判における勝訴
　⑥　コンプライアンス・ガバナンスの実践

❸　**企業法務部の声**

　5年に1度の調査なので（現在最新のものを集計中）少々古いデータですが、2010年に行われた1,035社の企業法務に対するアンケート（『会社法務部〔第10次〕実態調査の分析報告（別冊NBL135号）』（商事法務、2010））によれば、プロジェクト・契約について弁護士等に「意見書」等の作成を求めたことが「ある」と答えたのは81.8％、「ない」と答えたのは、16.6％、無回答1.6％でした。「意見書」等の作成依頼が「増えている」と回答したのは、35.7％でした。

　また、どのような理由で「意見書」などの作成を求めることが多いかについては、①法務部門の判断・意見の説得力を増すため（67.8％）、②訴訟等に備えるため（52.2％）、③取締役の善管注意義務を果たすため（49.2％）、④行政機関に対する説明資料として（10.2％）となっています。③の理由としては、大企業ほど、株主代表訴訟にさらされる可能性が高く、その備えとして「意見書」などの作成を求めることが多いとのことでした。

　弁護士に依頼する業務について多いもの上位5つを挙げるアンケートにおいては、「訴訟対応」が最も多く、次いで「苦情・トラブルなどの紛争解決となっています。

❹ 報酬の実情

(1) 旧規程

旧規程（12条）では，法律意見書の作成については，書面による鑑定料として，複雑・特殊でないときは「10万円から30万円の範囲内の額」と規定されていました。

(2) 旧規程廃止後の状況

旧規程が廃止された後，各法律事務所が個別に作成しホームページで公表している報酬規定によれば，その大半が10万円以上，30万円以下（20万円以下）というような定め方をしており，1万円以上，100万円以下という定め方をしているところもあるようです。ただ，どの場合でも別に，事案が特に複雑な場合や特殊な事情がある場合は，額を減額ないし増額するといった特約を付けている場合が多く，結局のところ，その意見書がどういった目的で利用されるのか（企業の内部資料として使用するのか，外部に対して責任を負うような形で使用されるのか），また，内容の難易，作成に労した時間や費用などのポイントを総合的に鑑みて判断するしかないものと考えられます。また，意見書の作成にあたっては，通常の事件と異なり，着手金を請求することはほとんどなく，報酬金（手数料）のみであることなども考慮に入れる必要があると考えます。

昨今，タイムチャージによる報酬請求を行う弁護士も増えており，とくに企業法務や，渉外を専門とする弁護士のなかにはタイムチャージ制を採る弁護士も増えていますので，意見書作成においてタイムチャージを採用することも増えていくでしょう（Q25参照）。なお，2010年に日弁連が策定した「企業等不祥事における第三者委員会ガイドライン」においては，弁護士である第三者委員会の委員や調査弁護士に対する報酬は，時間制を原則とするとされています（ただし，同ガイドライン上，報告書の作成時間ではなく，調査を含めた活動時間に対しての時間報酬が前提とされています）。

❺ 今後

企業の社会的責任（CSR）や，コンプライアンス（法令遵守）意識が高ま

るにつれ，より迅速かつ慎重な経営判断が迫られるなか，法律意見書を求めることによって，適切な判断をしたことの根拠の証明という必要も加わってくると考えられます（ビジネス・ジャッジメント・ルール：経営判断の原則）。また，そういった要請から予防法務の役割として，企業においても，裁判等の法的紛争が起こる前に，事前にその紛争が起こらないように，あるいは起こったとしてもリスクを最小限に抑えるという意味において法律意見書の利用増加の動きは，今後もとどまることはないと考えられます。

弁護士証明（会社法33条10項3号）のように，弁護士が重い責任を課される場合などの責任の軽重と，企業が「意見書」をどのような目的に利用するかの両者から，報酬の幅を考える必要が出てくるものと考えられます。

（小笠原耕司・伊東　孝）

Q27　契約書作成

❶ 企業法務において弁護士に契約書作成や契約書のレビューを依頼するケースが増えていると聞きますが，その実情を説明してください。
❷ 契約書作成や契約書のレビューに係る弁護士報酬の実情は，どのようになっていますか。

A ❶ 近時，会社組織の変更，結合等に関する契約や複雑な仕組みの金融商品，知的財産，電子化された取引等に関する契約，その他従来の契約類型に当てはまらない特殊な契約，外国法が適用される契約など，作成やチェックに高度かつ専門的な法的知識・知見，緻密かつ多量な作業等を要する契約が増加しており，専門家である弁護士に契約書作成や契約書のレビューを依頼するケースが増えています。
❷ ❶のような契約における契約書作成や契約書のレビューについては，タイムチャージで報酬が決定されているケースが多いように思われます。

解説

❶ 企業法務における契約内容の複雑化，専門化

従来，企業法務において締結される契約は，売買契約や請負契約，賃貸借契約や消費貸借契約といった典型契約が多かったといえます。これらの契約は締結頻度が高く，法的な注意点が経験的にほぼ明らかであったことから，企業がそれぞれの業種に応じた契約書書式のひな型を有していることが多く，具体的な契約締結事案にあって，企業はこうした書式を基に，事案に応じた修正をなして利用していました。そのため，契約書の作成，レビューについて弁護士が関与する場面としては，新規事業に関するものや法令の改正

等に伴う見直しなど，企業において経験のないイレギュラーな場面での契約や，念のための定型的なチェックが多かったといえるでしょう。

しかし，近年の社会経済情勢の著しい変化，たとえば企業の戦略的組織再編，他企業との事業提携や組織結合等の頻繁化，複雑な仕組みの金融商品の開発・販売，企業戦略上の知的財産の重要性の増大，IT化に伴うシステム開発や電子化された取引の発生，国際的な取引機会の増加等の事象は，企業法務において従来型のひな型による契約対応では対処しきれない場面を生み出しています。事業譲渡契約や合併契約，会社分割契約に始まり，信託スキームや証券化を利用した新たな金融商品に関する契約，プロジェクトファイナンスやノンリコース等，従来の融資形態と異なる融資契約，事業再生のための劣後債権化やデットとエクイティのスワップ等に関する契約，知的財産の譲渡・利用に関する契約，ネット上の取引に関する契約，外国企業との取引契約等々，企業が日常的に経験しない取引に関する契約や過去に経験したことのないさまざまな内容の契約においては，民商法，会社法はもとより，金融商品取引法や独禁法，倒産関連法や知的財産関連法，労働関連法，信託法，その他特別法，外国法など，さまざまな法令の知識や専門的知見を駆使して契約の体系を作りあげたり，当該契約に内在する法的問題点を緻密に抽出，検討する作業が必要となります。さらに，こうした契約は扱う金額が多額であったり，大きなリスクを伴うケースも多く，法的なミスが許されない場合が多いともいえるでしょう。そのため，近時，企業法務において，法律の専門家である弁護士に契約書作成や契約書のレビューに関与させ，契約書の作成・内容のチェックに万全を期するケースが増えてきているわけです。

❷ 弁護士報酬の実情

契約書作成や契約書のレビューに係る弁護士報酬の実情ですが，上述した新たな契約類型の契約書作成やレビューについては，タイムチャージによる算定がなされるケースが多いと思われます。旧規程では，経済的利益に応じて，定額ないしは経済的利益に対する割合で弁護士報酬が決められており，現在でも旧来型の契約書の作成についてはこれに類した報酬の定めがなされ

るケースも多いと思われます。しかし、一般に契約書の作成において経済的利益を算定するのが難しい場合も多いこと、上述のような新たな契約類型の契約書の作成ないしレビューには複数の弁護士が関与し、それぞれの専門知識と時間、労力を分担して費やして作業することが多いところ、どの程度の時間と労力が必要か実際にやってみないとわからず、弁護士側としてタイムチャージで報酬を定めるほうが便利であること、また、企業側としても経済的利益を基準とすると報酬が巨額になる可能性があり、ローコストで抑えたい要請があることなどから、最近では、タイムチャージによる報酬の定め方も増加してきているものと思われます。

　なお、タイムチャージでは、一般に、関与した複数の弁護士のそれぞれの時間単価が設定され、これに実際に費やされた時間を乗じて、その合計金額で算出されることになりますが、その内容や作業量によっては、弁護士報酬がかさむ場合があり、企業として、当該契約に基づく総事業の予算のうち、契約書の作成に予定している予算の上限を超えてしまう場合があります。そのような場合には、弁護士事務所と企業とのあらかじめの協議により、当該予算を上限としてタイムチャージを併用するケースや、契約書作成やレビューの費用を定額とし、その報酬の範囲内の労力で弁護士が作業を行うケースもみられるようです。

（川村英二）

Q28 企業の訴訟

❶ 企業の訴訟に係る弁護士報酬は，一般の場合と相違がありますか。
❷ 訴訟の態様による相違を含め，企業関係訴訟の弁護士報酬の実情について説明してください。

A ❶ 企業，とくに大企業の訴訟に係る弁護士報酬は，基本的な考え方において一般の場合と相違はないものの，大企業の訴訟に特有の問題があって，現実には，個人一般や中小企業の場合と相違があるということができます。

❷ 企業の訴訟の態様を大別すれば，①その業務に伴って，大量かつ定型的に発生する訴訟と，②そうでない非定型的な訴訟に分類することができます。

①の大量かつ定型的な訴訟については，あらかじめ顧問契約等を締結した弁護士と一律の基準に従った低額かつ定額の弁護士報酬が定められることが多いのが実情です。

②の非定型的な訴訟については，ケースバイケースと考えられますが，大企業の権限分配に基づき，弁護士の選任および報酬の決定について，相応の社内手続を経ることが多いのが実情です。その結果として，㋐タイムチャージ制で行われる場合，㋑一般と同じく旧規程を参考にした着手金と報酬金とで約定される場合，㋒訴額の大きさと解決に要する労力および手間とを勘案して細かく約定される場合などがあります。

解説

❶ 企業における訴訟の諸相

弁護士報酬の構成要素は，①経済的利益，②事案の難易，③時間および労

Q28 企業の訴訟

力が大きな要素であり，これらに④その他の事情が加わって決定されるべきものとされています（Q4参照。また，企業法務における弁護士報酬の構成要素につき，Q20参照）。この原則は，企業，とくに大企業の訴訟であっても，変わることはありません。

しかし，大企業の訴訟は，一般市民や中小企業の訴訟とは，実情において異なるところがあります。その相違を受けて，ほかの訴訟における弁護士報酬と相違するという現実があります。また，大企業は，弁護士情報を収集して弁護士を選別する力を持っていますから，専門性等当該弁護士の競争力との相関で，弁護士報酬が決まっていくという特色も有しています。

まず，大企業の訴訟にあっては，その態様として，前述のとおり，大量かつ定型的な訴訟と，非定型的なものとに大別することができます。また，その中間的なものとして，大量かつ定型的に発生しないまでも，業務遂行に伴って必然的に発生する訴訟の類型もあります。以下では，その3つの態様の相違に従って，大企業の訴訟における弁護士報酬の実情を説明します。

❷ **大量かつ定型的な訴訟**

たとえば，損害保険会社における交通事故の保険金請求に係る被告事件や，クレジット会社や消費者金融会社の立替金や貸金請求原告事件等は，その企業の業務遂行に伴って，定型的かつ大量に発生します。クレジット会社や消費者金融会社の事件の場合は，会社の支配人や担当者の簡易裁判所における許可代理（民事訴訟法54条1項ただし書）によって，訴訟を担当する場合も多くみられますが，少なくとも地方裁判所以上の訴訟では，訴訟代理人は弁護士がこれを行う例が多いと思われます。

そこで，これらの大量かつ定型的に発生する事件の交渉や訴訟については，企業は，これを依頼する弁護士とあらかじめその種訴訟の弁護士報酬基準を約定しておくことが行われています。全国展開をする大企業にあっては，各地方に，その種訴訟を担当する弁護士を置いているところが多くなっています。

この種の事件の場合は，着手金をたとえば1件10万円等と一律に低額かつ

定額とし，報酬金も経済的利益の1割にするなど，定型的な約定がなされます。弁護士の側からすれば，案件によって報酬の効率に善し悪しがあっても，大量に受任することからその平準化が図られます。また，旧規程の報酬基準によると低額であったとしても，同種の事件を大量にこなすことによって，効率的な事務処理と収入の安定を得ることができます。なお，近時の弁護士人口の増加によって，かかる大量かつ定型的事件の弁護士報酬は，低下傾向にあるものと考えられます。

❸ 通常業務から生じる訴訟

なお，大量かつ定型的に発生する事件ではなくても，通常の業務遂行に伴って，必然的に生じる事件があります。この類型にあっては，たとえば，顧問契約を締結している法律事務所との間で，上記のように低額かつ定額ではなく，もう少し緩やかな弁護士報酬基準を約定し，それによる処理をする例も多くみられます。

大企業にあっては，顧問契約を締結する法律事務所にも，専門性を求めることが多くなっています。複数の専門性のある法律事務所と顧問契約を締結している例も珍しくありません。また，顧問契約を締結していなくても，案件の種類や専門分野ごとに，依頼する事務所が決まっているというケースも多々みられます。そこで，その専門分野に係る訴訟が生じた場合には，その専門分野ごとに決めている法律事務所の弁護士に，あらかじめ約定した弁護士報酬基準に従い，依頼するケースが多くみられます。

❹ 非定型的で重要な訴訟

以上の類型とは異なり，非定型的で企業が重要と考える訴訟については，通常業務から生じる訴訟と異なる取扱いをする例が多くみられます。この類型にあっては，専門性の高い訴訟である場合，当該企業の弁護士選任および報酬決定の基準が確立されていない場合，その企業にとってきわめて重要な訴訟である場合などが考えられます。

このような非定型的な大企業の訴訟の場合にあっては，弁護士の選任，弁護士報酬の決定，訴訟管理等について，一定の手順が取られることが通常で

す。すなわち，企業経営にあっては，経営学の成果が実務に取り入れられ，訴訟管理もそのような手順に従って行われることが多くなっているからです。

　①まず，その事案の特殊性を勘案し，弁護士情報を調査して，適任と思われる弁護士または法律事務所をリストアップします。②そして，依頼する候補の弁護士にサウンド（受任の意向打診）をして，目的を達する前向きな回答を確認します。③次に（多くの場合は，その回答をいったん会社で検討し，権限者から委任可との稟議（りんぎ）等の決定が出たところで），弁護士に弁護士報酬の見積書の提出を求めます。ときに，複数の法律事務所から相見積りをとって，委任する事務所を決める場合もあります。④以上のような手順を経て，弁護士に訴訟代理を委任することが行われます。

　そこで，このような場合の大企業の訴訟における弁護士報酬の約定ですが，結局，ケースバイケースで決まり，まだ，わが国では，標準的なものはないのが実情であると考えられます。

　大企業の予防法務は，英米の影響も受けて，タイムチャージ制で行われることが多くなってきています。しかし，訴訟は，相手もあることで，先々の展開が読み切れないこともあり，企業の側としても，タイムチャージ制で訴訟を委任すると，将来どこまで弁護士費用が膨らむかの予測がつかず，キャップ（上限）をはめるなどをしたいとのニーズがあります。他方，訴額の大きい事件で旧規程のような金額に応じた着手金と報酬金の約定にすると，所要時間および労力に比して，不相当に高額な弁護士費用となって，許容しがたいという場合もあります。そこで，結局，①経済的利益を勘案しつつ，②事案の難易，③時間および労力を勘案して，個別の事案ごとに弁護士報酬を約定するということになります。そのため，弁護士が見積書を出す場合にも，上記弁護士報酬の構成要素を勘案しつつ，訴訟の各段階で解決した場合の目安を記載するなど（Q11参照）の実務が求められるようになってきています。

（片岡義広）

第2部 各 論

第1章　金融事件等

第2章　不動産関連事件

第3章　個人事業に関する事件

第4章　損害賠償事件等

第5章　労働事件

第6章　家事事件

第7章　刑事事件

第8章　行政関連事件

第9章　企業法務に関する事件

第2部　各論

　第1部では，市民および企業を問わず，弁護士報酬の一般的，総論的な問題をとりあげました。この第2部では，さまざまな法律問題について，紛争類型別に固有の弁護士報酬の実情や問題を採りあげます。

　ところで，従前，東京弁護士会等の各単位会は，日弁連の報酬等基準規程に従って弁護士報酬会規を定めており，弁護士報酬はこの会規に基づいて算定していました。ところが2004年4月1日に弁護士報酬規程の制度が廃止されて，弁護士報酬は，各弁護士が個別に基準を定め，依頼者と個別に締結すべきことになりました。しかし，現在も個別に基準を定めるのではなく，改正前の弁護士報酬会規によることとしている弁護士も多いと考えられます。したがって，執筆者の各弁護士には，この日弁連の報酬等基準規程の内容をもって「旧規程」とし，本章の解説にあたってなるべく「旧規程」による弁護士報酬がどうなるのかを示していただくことにしました。

　また，質問によって事情は異なるものの，実際の通常の弁護士報酬は，旧会規下においても，旧報酬等基準規程よりもやや安いのが実情でした。すなわち，旧会規下では，旧報酬等基準規程の標準額の3分の2に減額することができるという下限規定がありましたが，日弁連の実態調査では，その下限寄りか，下限以下とする回答が80％近くになっていました（『2000年度　弁護士業務の経済的基盤に関する実態調査報告書（臨時増刊号）』自由と正義53巻13号（2002）153頁。以下「業務実態調査報告書」）。また，2002年には，日弁連で弁護士報酬の実情についてのアンケート調査が実施され，「アンケート結果にもとづく市民のための弁護士報酬の目安」という冊子にまとめられていましたが，その後，2008年度にも調査が行われ，その結果はウェブサイトで公開されています。そこで，執筆者の各弁護士には，これを「2008年版アンケート結果」として，比較引用して示していただくことにしました。

　以上により，多くの弁護士が依拠するであろう基準と，一般の場合の実情すなわち弁護士報酬の相場を示すことになります。しかし，これは，あくまで，一般的なものにすぎません。そこで，紛争類型別の特殊事情を加え，また，執筆者の経験および個性も含めて書かれたものがこの第2部の解説です。

　しかし，さらには，紛争類型別の事案もその紛争解決手続や問題はさまざまな展開をみせます。その点については，総論の第1部の解説があります。そ

こで，織物にたとえれば，第1部の解説がいわば縦糸であり，第2部の解説が横糸ともいうべき位置づけになります。そこで，第1部と第2部とを併せてお考えいただき，それぞれの事案における弁護士報酬をご検討いただければ幸甚です。

（片岡義広）

第1章　金融事件等

Q29　貸金請求（原告）

事業をしている友人に懇請されて，300万円を返済期限1年後，金利年6％の約定で貸しました。しかし，期限が過ぎても，返してもらえないまま1年が経ちました。

訴えを提起して債権回収をしてもらう場合の弁護士報酬は，どうなりますか。

❶　本質問の貸金請求についての着手金の相場は，20万円程度が多いと思われます。

❷　また，300万円を回収できた場合の成功報酬（謝金）の相場は，一般には，30万円程度と思われます。

❸　ただし，事件の難易，解決に要する労力のほか，地域や弁護士によって差が生じることに留意してください。また，訴えを提起する場合，貼用印紙代20,000円および数千円の予納郵券代（裁判所によって異なります）が別途かかります。

解説

❶　貸金請求の弁護士報酬の相場

貸金請求事件は，その多くの事件について争いがないことが多く，事件の難易という観点からすると，通常の場合，弁護士にとって難しい事件というわけではありません。

すなわち，借用書等があって金銭を貸し付けたことの証拠があり，他方，

債務者の代理権が争われたりするような事情がない限り，法律上の問題や立証に困難は伴いません。したがって，通常予想される労力を勘案し，報酬額が約定されることになると考えられます。

旧規程17条1項では，訴訟事件等の報酬額を次（図表）のとおり定め（最低額は，10万円，同条4項），30％増減することができると定めていました（同条2項）。

図表 訴訟事件等の報酬額

経済的利益の額	着手金	報酬金
300万円以下の部分	8％	16％
300万円を超え3,000万円以下の部分	5％	10％
3,000万円を超え3億円以下の部分	3％	6％
3億円を超える部分	2％	4％

この旧規程から，300万円を経済的利益とすると，着手金の標準額は，8％で24万円，300万円回収できたとすると，報酬金の標準額は，16％で48万円ということになります。

2008年版アンケート調査によると，着手金は，20万円，報酬金は，民事執行による回収ではなく任意回収を前提として，30万円が最も多い回答になっています。

❷ 金利の取扱い

なお，着手金を計算する際に，金利（このような主たる請求に付随する請求を，付帯請求といいます）のような付帯請求については，これをカウントしないのが通常と考えられます。

他方，報酬金については，たとえば，1年後に元本300万円に加え，2年分の金利を併せて336万円を回収できたときは，その実回収金額を基準に経済的利益を算定することが多いと思われます。そうすると，この場合の旧規

程による標準の報酬金は，(300万×16％) + (36万×10％) ＝51万6千円ということになります。

❸ 手続の相違と弁護士報酬

なお，貸金の回収についても，さまざまな方法によることが考えられます。

(1) 督促手続

貸金請求のように「金銭その他の代替物又は有価証券の一定の数量の給付を目的とする請求」については，簡易な督促手続により請求を行うことができます。これによるときの弁護士報酬の旧規程の標準着手金額は，300万円以下の部分から前記の図表の順に，2％，1％，0.5％，0.3％となっており（同20条1項），また，裁判所書記官から支払督促を得たときの報酬金は，前記の図表の2分の1となっていました（同条5項）。したがって，この方法によるときは，弁護士報酬は，訴訟によるときより安くなります。ただし，相手方から異議が出て通常訴訟に移行したときは，元の金額に戻ることになります。ただし，この場合は，通常の金額から督促手続の弁護士報酬を控除することとされていました（同条3項）。

(2) 仮差押え

訴訟等の裁判上の請求をするに先立って，債務者が財産を隠匿するなどして，将来の強制執行ができなくなるおそれがあるときは，債務者の財産を仮差押えをして，その保全を図ることになります（民事保全法20条1項）。この手続を経るときは，別途弁護士報酬がかかります。旧規程では，訴訟の着手金額の2分の1とされていました。

(3) 上訴

一審判決が出て，上訴を引き続き同じ弁護士に上訴を委任する場合には，あらためて着手金を要することになるのが通常です。この場合の着手金は，旧規程では，上記の図表によって算出した着手金額を適正妥当な範囲内で減額することができるとされていました（同17条3項）。

(4) 民事執行

勝訴判決が確定して債務名義（強制執行をすることができる確定判決等を債

務名義といいます）になっても，そのままでは，絵に描いた餅です。そこで，強制執行を依頼するには，なお，別途，弁護士費用がかかります。旧規程では，着手金については，前掲図表の2分の1，報酬金については，4分の1とされていました。

(5) まとめ

以上のように，比較的簡単な貸金請求訴訟といえども，仮差押えをし，上訴もして，強制執行もするとなると，相当の弁護士報酬を要することになります。また，以上(1)～(4)の手続をするには，それぞれ弁護士報酬以外の裁判実費が別途かかります。

本質問では，債務者の事業が思わしくなく，資産が乏しくて債権回収が困難であることも考えられますから，それをふまえた手続と弁護士報酬の約定をすることが望まれます。

（片岡義広）

Q30 貸金請求（被告）

脱サラで事業を起こした際，友人から300万円の融資を受けました。ところが，事業の経過が思わしくなく，2年が経ったところで，貸金返還請求の訴状が送られてきました。

少しずつの分割返済なら可能ですが，一括して返済するのは無理なので，応訴してもらう場合の弁護士報酬の相場および実情は，どうなっていますか。

A 本質問の貸金返還請求についての着手金の相場は，貸金返還請求権の有無について争う余地がない場合を前提にすると，20万円～30万円，事件終了時の成功報酬は，無しとするか，あるいは分割返済の和解が成立した場合に数万円とするという場合が多いと思われます。

ただし，依頼者の債務全体の状況などによって差が生じます。

解説

❶ 貸金返還請求について被告側の対応方法

貸金返還請求が提起された場合，被告側の対応は，貸金返還請求権の有無について争う余地があるかどうかで大きく異なります。

原告の請求を争う余地がある場合には，原告の請求を争い，判決を得ることにより解決するということになります。原告の請求を争う余地がない場合には，支払義務は免れないわけですから，即時に支払う資力がなければ分割返済の和解の成立を目指して対応するということになります。

❷ 被告側の報酬基準──争う余地がある場合（経済的利益による）

提起された訴訟に応訴する訴訟被告側の着手金は，経済的利益で算出されます。貸金返還請求であれば，請求される金額そのものを経済的利益として

Q30　貸金請求（被告）

みることになります。請求金額そのものを経済的利益の基準とすることは原告も被告も同様です。

　成功報酬額については，貸金返還請求の被告の場合，当初の請求額からみて支払わずに済んだ額を経済的利益として考えます。

　旧規程17条1項では，訴訟事件等の報酬額は，経済的利益の額が300万円以下の部分着手金は8％，報酬金は16％（最低額は，10万円（同4項）），30％増減することができると定めていました（同2項）。

　この旧規程からすると，300万円の請求の場合，着手金の標準額は8％で24万円，判決により終了して300万円を支払わずに済んだとすると，報酬額の標準額は，16％で48万円ということになります。

　しかし，実際には，原告側の事案と同様，着手金は20万円程度，成功報酬は，30万円程度と思われます。

❸　被告側の報酬基準──争う余地がない場合（基準はない）

　貸金返還請求権の有無について争う余地がなく，請求総額について分割返済の内容の和解により解決しようとする場合，経済的利益の算定は困難であり，旧規程にも基準はありませんでした。

　この場合，被告にとっては，支払総額は変わらなくても和解により分割返済の内容で解決できることは大変に有利ですが，原告にとっては，判決を得られる状況にあるのに，和解に応じることは，強制執行が困難である，あるいは破産されるよりも得策であるといった状況が必要です。

　ということは，和解が成立するかどうかは，被告（債務者）の財産状態や，他の債務の有無，支払状況，今後の事業の見通し，債権者の種類，状況などによって異なるということです。本質問のように債権者が友人であるという場合，訴訟にまで発展していると感情的な対立もあり，和解による解決を困難にする場合もあります。事件の難易度は事案により異なり，弁護士報酬の額についても同様のことがいえます。

　具体的には，答弁書は作成するけれども，第1回期日で被告側の和解案を提出して和解の成立を目指す，あるいは，その内容では和解が不可であれば，

判決でかまわないという案件であれば，報酬は低額になります。しかし和解成立のために何度も期日を重ね，その間に被告の事業計画や他の債務も含めた返済案などの提出も求められることが予想される場合などには，報酬も高額になります。

また，2008年版アンケート結果では（貸金請求事件の被告の場合は行われておりません），無断で連帯保証人にされていた場合の500万円の連帯保証債務について，債務不履行の交渉を行ったケースでは，交渉のみで解決した場合，着手金は20万円前後，報酬は30万円とする回答が一番多数でした。交渉では解決せず訴訟で解決した場合，着手金30万円，報酬金50万円とする回答が多数でした。

また，200万円を一括返済する方法により任意整理を行ったケースでは，着手金は20万円前後，報酬金は10万円前後か無しとする回答が多数でした。

本質問の案件では貸金返還請求権の有無を争う余地がない場合ですが，この2つのアンケートの結果と，訴訟が提起されている以上応訴をするためには手続の準備が必要であることを勘案すると，本質問の場合の弁護士報酬は，着手金については，争いがある場合と同様の金額ですが，成功報酬については，無しとするか，分割返済の和解が成立した場合に10万円以下とするという場合が多いと思われます。

なお，原告がどうしても和解に応じてくれない場合，判決手続に進まざるを得ませんが，判決確定後，分割返済を提案して強制執行を猶予してもらう合意をするなどの方法もあります。判決確定後このような交渉をする場合，弁護士報酬については，よく話をして約定する必要があります。

❹ 報酬決定についてのその他の要素

ところで，債権者の1人に対して支払いが滞るという場合には，ほかの債務の支払いもできない場合がほとんどですから，そのような場合，ほかの債務の処理状況なども影響します。債権者1人に対する処理では全体の問題が解決しないからです。そのような場合には，債務整理として，清算なのか再生なのかなどの方針決定が必要になり，全体処理に必要な報酬額も勘案し

て，提起された貸金返還請求訴訟の報酬を決めることになります。
　さらに被告側からの依頼の事案では，債務者は和解金の支払いを行わなければならず，時間が経過すると徐々に報酬の支払いが困難になったり，債務者に支払いの意思がなくなってくるという状況もあるようですので，着手金が高めになるという傾向もあるようです。

（秋山知文）

第2部　各論　第1章　金融事件等

Q31　金融機関に対する請求

　ある銀行に預金をしていたところ，キャッシュカードが偽造されたようで，預金のほぼ全額の600万円が何者かによって引き下ろされてしまいました。
　銀行を相手に預金払戻しの訴訟をする場合の弁護士報酬の相場および実情は，どうなっていますか。

---

❶　本質問の預金払戻請求についての着手金の相場は，40万円～50万円程度と思われます。
❷　また，600万円を回収できた場合の成功報酬の相場は，80万円～100万円程度と思われます。

解説

❶　偽造キャッシュカードと預金者保護

　偽造キャッシュカードによる預金の不正払戻しは，2003年頃から多発し，社会問題になりました。その頃は，これに対処するための特別の法律がなく，民法の一般原則のなかで，銀行に責任が認められるかどうかが争われていました。そして，民法の一般原則のなかでは，立証が困難なことなどがあって，銀行の責任を認めさせることは容易ではありませんでした。
　そのため，預金者側が訴訟を提起したとしても，勝訴に至るまでにはかなりの困難が予想されることが多かったことから，同様の被害者が一度に訴訟を提起する集団訴訟の形をとって，弁護団を組んでの訴訟が提起されたこともありました。

❷　預金者保護法の制定

　しかし，2005年8月に，「偽造カード等及び盗難カード等を用いて行われ

る不正な機械式預貯金払戻し等からの預貯金者の保護等に関する法律」（以下「預金者保護法」）が成立し，2006年2月10日から施行されたことにより，預金者保護の観点から，銀行が損害を負担し，預金者には払戻しに応じる場合が増えました。

　預金者保護法では，偽造カードによる被害の場合は，預金者に軽過失があっても預金者が損害を負担することはなく，銀行が100％負担することになっています。つまり，預金者は預金の全額の払戻しが受けられるということです。ちなみに，盗難カードの場合には，預金者に軽過失があることを金融機関側が立証した場合には，金融機関が75％の負担をするものの，残り25％は預金者も損害を負担することになります。なお，いずれの場合も，預金者に故意や重過失がある場合には，銀行は責任を負わず，払戻しに応じる必要はありません。

　一方，全国銀行協会は，預金者保護法施行に先立ち，2005年10月に，偽造カードによる不正払戻しは原則として無効として，金融機関が損害を負担するという自主ルールを定めました。

　また，本質問とは直接関係ありませんが，預金者保護法では対象とされていないインターネットバンキングによる不正引出しに関しても，全国銀行協会は，預金者に過失がない場合には原則として銀行が損害を補償するという自主ルールを定めています。

❸　訴訟提起に至る場合

　そのため，偽造キャッシュカードによる預金の不正払戻しについて，弁護士に依頼しなければ解決しないような事案は，自主ルール制定以前より大きく減っています。したがって，本質問のようなケースでも，多くはご自分で銀行に払戻しの請求をすれば，銀行が請求に応じると思われます。

　にもかかわらず，銀行が払戻しを拒否してきたために訴訟を提起せざるを得ない事態というのは，預金者に故意や重過失があると銀行が判断しているような，特別の事情がある場合ということになります。その場合は，銀行も全面的に争ってくることになると思われ，それに反論・反証していくことは

簡単ではないと考えられます。すなわち，弁護士として事件を引き受ける場合に，勝訴判決を得るのが難しく労力がかかる事案といえるでしょう。

　そこで，本質問で裁判を提起せざるを得なくなった場合の弁護士費用についてみてみましょう。

　旧規程によると，金銭を請求する事案の弁護士費用は，請求する金額の多寡によって決まっていました。具体的には，600万円を請求する裁判を起こす場合の着手金額は，

　　　600万円×5％＋9万円＝39万円

となり，600万円全額の支払いを命ずる判決が得られたときの報酬金額は，

　　　600万円×10％＋18万円＝78万円

となります。現在でも旧規程の報酬額に準じた報酬基準を定めている弁護士は少なくないでしょう。ただ，本質問と同様の事件についての実際の報酬額の相場は，アンケートをとっていないのでわかりません。

　なお，前述のとおり，被告が全面的に争ってくるような裁判の場合は，その労力の大きさに鑑み，これを3割程度増額することも十分に合理性があるといえ，そのような報酬の決め方をすることもあるでしょう。

　　　　　　　　　　　　　　　　　　　　　　　　　　（川村百合）

Q32　クレ・サラ負債整理・破産

クレジット会社および消費者金融会社5社から合計600万円の負債を負ってしまいました。年収が400万円でやりくりがつきませんので，話合いで減額して分割返済に応じてもらうか，破産するか等の方法しかありません。

この場合の弁護士報酬の相場および実情はどうなっていますか。

A

❶　本質問のような多重債務事件の処理としては，①任意整理，②自己破産，③個人再生手続があり，本質問の規模の場合，それぞれの着手金・報酬金の相場は下記の金額が多いと考えられます。

	着手金	報酬金
①　任意整理	10万円	10万円＋法律上の残元本と和解額の差額の10％
②　自己破産	20万円	20万円
③　個人再生	30万円	20万円

❷　多重債務事件は，事件の性質上，ただちに依頼を受けて着手を要する場合が多いのですが，一方，依頼者の資力が乏しく上記着手金を準備できない場合も多いので，支払方法について，分割支払いに応じるなどの柔軟な対応が必要といえます。

解説

❶　多重債務事件の処理方針

多重債務事件の処理としては，①任意整理，②自己破産，③個人再生手続があります。各手続の選択は，債務の合計額，収入の状況，資産の有無，免

責許可の見通しなど，諸要素から総合的に判断して行われます。

　各手続は，多重債務者の救済および経済的更生の見地から行われる点では共通していますが，弁護士が行う業務の内容はかなり異なります。いずれも債権者に弁護士介入通知を送付して依頼者に対する取立てを停止させるところから始まりますが，①任意整理では，利息制限法での引直し計算とその債務額についての債権者との分割払い交渉を行い，②自己破産では，裁判所へ申立書の提出をして破産手続開始を受けるとともに，最終的には免責許可を得る手続を行い，③個人再生では，裁判所へ申立てをして，債務を圧縮のうえ分割で支払うという再生案の認可を得る手続を行うことになります。

　なお，特定調停の利用も考えられますが，弁護士が受任して交渉する場合に利用する実益は乏しいため，実際にも弁護士が代理して特定調停を行っている例はあまりありません。

　このような各手続の違いによる困難性や労力の多少によって，弁護士報酬も異なってくることになります。

❷　多重債務事件の着手金・報酬金

　旧規程では，非事業者の自己破産事件の着手金は20万円以上（同27条1項），非事業者の任意整理事件の着手金も20万円以上（同28条1項）などと定められていましたが，東京弁護士会の「クレジット・サラ金問題法律相談」では多重債務事件が急増するのに対応して，受任に際しての審査を不要とする基準が「クレジット・サラ金事件報酬基準」として定められました（したがって，この基準以下の金額での契約を妨げるものではありませんし，他方，事件の事情によってはこの基準を上回る金額で契約をしたうえで審査を求めることも否定されていません）。

　現在の基準は，以下（図表）のとおりです。

図表1 任意整理事件

着手金	2万円×債権者数。最低5万円 違法高利業者の場合，相手方が11名以上の部分については1名×1万円，51名以上の部分については1名×5,000円
報酬金	1債権者について2万円に利息制限法の制限利率により引き直し計算した残元金と和解金額との差額の1割 違法高利業者の場合，不当利得金の返還を受けた場合に限り，その返還額の2割相当額のみ

図表2 自己破産事件

着手金	20万円
報酬金	免責決定を得た場合に20万円

図表3 個人再生事件

着手金	30万円
報酬金	30万円。事案簡明な場合は20万円

　上記基準は，長年の実務経験に培われてきめ細かく定められており，合理的な基準であるため，弁護士会の法律相談に限らず一般にも標準的な基準として定着していますが，他方で，近時ではこの基準と差別化を図ろうとする動きも見られます。

　ちなみに，2008年版アンケート結果では，着手金については概ね上記基準に従った金額が最も多い回答となっていますが，報酬については上記基準に従った金額を下回る金額が多数となっています。

　なお，特定調停については弁護士が利用することがほとんどないため，上記基準でも定めはありませんが，任意整理の一環であることから任意整理の基準で受任している例がほとんどであると思われます。

❸　**多重債務事件の報酬の留意点**

　多重債務事件の報酬について特記すべき点をいくつか挙げておきます。

(1) 支払方法

多重債務事件では，相談者が債権者の過酷な取立てに悩まされている場合が多いため，ただちに受任して弁護士介入通知を出し，取立てを止めさせて相談者にまず落ち着いた生活を取り戻させる必要がある事件がほとんどです。一方，相談者は一般に資力に乏しく，上記着手金をすぐに準備できない場合も少なくありません。

したがって，多重債務事件を扱う弁護士としては，着手金については分割払いに応じるなどして，とりあえず着手するという姿勢が重要です。また，依頼者の資力によっては，法律扶助を利用して事件を受任することも考える必要があります。

(2) 金額の相当性

旧規程の廃止後は，弁護士報酬は依頼者と弁護士の間で自由に決められるのが原則です。

しかし，弁護士報酬の適正に関し，任意整理事件の報酬については日弁連が「債務整理事件処理の規律を定める規程」（平成23年2月9日会規第93号）を定めて一定の規制をしていますし，不相当な弁護士報酬は破産事件では管財人によって否認されたり，個人再生事件では手続不開始の理由となったりするおそれがあります。

実際，申立代理人の弁護士費用が不相当に高額であるとして破産管財人による詐害行為否認が認められ，相当額を超える部分の返還を認めた裁判例も存在します（東京地判平成22年10月14日判タ1340号83頁）ので，弁護士報酬を定める際には不相当なものとならないよう注意が必要です。

（平澤慎一・付岡透）

Q33　過払金返還請求

　30歳のときから15年間，クレ・サラに手を出して年利29.2％の借入れをし，今回，親の援助を得て3社合計300万円の借入全額を完済しました。しかし，聞くところによると，利息制限法超過の借入れなので，過払金の返還を請求できるとのことです。
　この場合の弁護士報酬の相場および実情はどうなっていますか。

A　過払金返還請求事件は，任意整理を受任して業者から取引履歴の開示を受ける過程で具体的に判明することが通常であり，その場合は任意整理事件の一環として処理し，過払金回収分について報酬で過払額の2割程度を上乗せするという扱いが一般に行われています。
　この点は，本質問のように業者に対してすでに完済してしまっており，過払いが生じていることが明らかな事案であっても同様です。

解説

❶　過払金返還請求権

　サラ金業者やクレジット会社からの借入れは，遅い場合で貸金業法施行日である平成22年6月18日より前のものは，利息制限法の制限利率を大幅に超えた利率で行われていたのが通常であり，超過利率部分の債務は無効であって存在せず，支払金は利息に充当されずに元本に充当されることとなります。そこで，利息制限法に引直し計算をした元利金完済後の支払いは，原則として貸金業者の不当利得となって過払分についての返還請求ができます（最判昭和39年11月18日民集18巻9号1868頁，最判昭和43年11月13日民集22巻12号2526頁）。
　利息制限法超過利率に対する支払いでも有効なものとみなされる場合とし

て，改正前の貸金業法43条の「みなし弁済」制度がありましたが，現行の貸金業法では廃止されていますし，廃止前の事案であっても，要件が厳格であり，判例も要件についてきわめて厳しい解釈を行っています（最判平成16年2月20日民集58巻2号475頁，最判平成18年1月13日民集60巻1号1頁）ので，このみなし弁済規定が適用になるケースは事実上ないと思われます。

❷ 過払金返還請求の前提としての取引履歴開示

このように過払金額を把握するためには，利息制限法の制限利率による引直し計算が必要であり，そのためには業者からの取引開始当初からの取引履歴開示が不可欠です。支払期間が長期間であればあるほど過払金額が多くなる傾向にあるので業者は当初からの取引履歴開示に難色を示すことが多かったのですが，最判平成17年7月19日金判1221号2頁が業者の取引履歴開示義務を認めたことから，取引履歴の開示は概ねスムーズになされています。

❸ 過払金返還請求の特殊性

(1) 契約時における金額の不透明性

過払請求については，任意整理を受任して手続を進める過程で業者に対する過払金が判明するという場合が通常です。受任時にいつごろから取引をしているかについて事情聴取をしますから，取引が長い業者との間では過払いになっていることがある程度予想できますが，途中で大きな借増しをしている場合もあり，過払いになっているかどうか，および具体的な過払金額は，正確な取引履歴の開示を待たないと把握できません。

(2) 過払金返還請求事件の着手金・報酬金

そこで，任意整理事件として受任し，弁護士介入通知を発送してまず業者からの取立てを止めさせることが重要です。着手金・報酬金は，相談者が借入れが残っているとする業者すべてを「債権者」と考えて，任意整理事件の基準で設定することになります（Q32参照）。

東京弁護士会の「クレジット・サラ金事件報酬基準」では，任意整理の報酬金は債権者ごとに，2万円に利息制限法の制限利率により引直し計算をした残元金と和解金額との差額の1割相当額を加算した金額となっています

が，過払金を回収した場合は，この報酬金にさらに過払金の2割相当額を加算できるとされています。

また，本質問のような完済事案であっても，任意整理事件の処理の過程で完済事案の存在が認識されることが通常であること，具体的な過払金額は正確な取引履歴の開示を待たないと把握できないことは同様であることから，上記と同じ基準を用いることとされています。

上記基準は，長年の実務経験によって培われてきたものであり，かつ合理的な基準であるため，弁護士会の法律相談に限らず一般にも標準的な基準として定着していますが，他方で，近時ではこの基準と差別化を図ろうとする動きもみられます。とくに，本質問のような完済事案で，相手方が大手業者の場合では，着手金をゼロ円として報酬をその分上乗せして取得するという契約をする例も少なくないようです。

(3) 報酬の上限規制

過払事件の報酬については，不相当に多額の報酬を得ている例が少なくないとの批判を受けて，日弁連が任意整理事件の報酬について「債務整理事件処理の規律を定める規程」を定めて一定の規制をしています。

上記規程では，任意整理事件の報酬は，2万円に相手方から請求された金額と和解金額との差額の1割相当額を加算した金額に，さらに交渉の場合は過払金の2割相当額，訴訟の場合は過払金の2割5分相当額を加算した金額を超えることができないとされています。他方で，着手金については，この規程には具体的な上限規制は定められていません。また，ここにいう任意整理事件の債務者には，債務総額が5,000万円を超える者や一定規模以上の事業者・法人は含まれません。

なお，この規程は5年間の時限的なもので，2016年3月31日までに失効することとされています。ただし，過払金返還請求事案が依然多くみられる情勢に鑑み，延長をするべきであるとの意見もあり，事後の動向にご注意ください。

（平澤慎一・付岡透）

Q34　プロバイダー等に対する請求

友人がブログで私のことを誹謗中傷する内容を書いています。しかし，事実とまったく異なりますし，そのブログは一般公開されており，共通の友人も見ていますので，一刻も早く削除してもらいたいです。また，名誉が傷つけられましたので，損害賠償請求もしたいと思います。
この場合の弁護士報酬の相場および実情は，どうなっていますか。

A　❶　友人からネット上のブログなどで名誉を毀損された場合，友人やブログを設営しているプロバイダーに対して削除要求と損害賠償請求をすることが考えられます。この場合，名誉毀損であることが明らかであることを前提として，内容証明を作成し郵送するなど任意の交渉を依頼すると，弁護士報酬は数万円，別途訴訟を提起する必要があった場合の着手金の相場は30万円程度と思われます。

❷　また，削除要求については，仮処分という手続を取ることも可能であり，その場合の着手金相場は本訴と同額と思われます。本訴や仮処分などの裁判手続で削除や損害賠償請求が認められた場合の成功報酬の相場は，認められた損害賠償の額に応じてスライドしますが，最低でも30万円程度と思われます。

❸　ただし，いずれも情報発信者や相手が実在し，所在も明らかになっていることが前提です。匿名者による書き込みの場合などでは発信者情報の開示が必要になり，別途発信者情報の開示の手続費用が必要になりますし，場合によっては，発信者を特定できない場合もあり，その場合には損害賠償請求はできません。

Q34 プロバイダー等に対する請求

> 解説

❶ ネット上での誹謗中傷に対する対応方法

　ブログで自分のことを誹謗中傷する内容の表現行為がなされた場合，内容によっては不法行為に該当し，名誉毀損として損害賠償請求ができるほか，人格権侵害として削除を要求することができます。

　本件の事案では，個人を誹謗中傷する表現行為がなされ，その内容が事実とまったく異なるし，ブログが一般公開されているということからすると名誉毀損に該当し，不法行為責任を生じさせます。

　これは，ネット上での表現行為であろうと，実社会の出版・放送などのメディアを利用した表現行為であろうと異なるところはありません。

　したがって，表現の発信者に対して名誉毀損に基づく損害賠償の請求手続と削除を要求することになります。この場合，表現が名誉毀損に該当することが明らかであれば，それほど困難な手続ではありません。名誉毀損の損害額は慰謝料の一般的な基準で算定されますが，表現行為の内容・表現方法・回数・前後のやりとりなどさまざまな事情が考慮されます。依頼者が，名誉が傷つけられたことにより多額の請求を望んだとしても，裁判所の名誉毀損行為の損害額の認定額としては，最大限認定されても100万円～数百万円程度です。近時，名誉毀損の損害額の認定が高額になる傾向にあるようですが，特殊な事情がなければ，自ずと請求額も制限されることになります。

❷ 任意交渉の場合

　相手の住所氏名が判明しているのであれば，内容証明等を作成して，削除要求をするとともに，たとえば50万円程度の損害賠償請求を求めて，内容証明を作成して発送することがまず考えられます。この場合の着手金は3万円～5万円程度ではないかと思われます。交渉相手としては，表現の発信者自身を相手として，発信者が削除に応じなかった場合はプロバイダーを相手とするということになります。名誉毀損行為が明らかであれば，プロバイダーは任意の交渉で削除に応じる傾向にあるようです。

本質問の事案については、ブログでの誹謗中傷表現の書き込みの回数や期間、内容により損害額は変動すると思われますが、1回だけの書き込みだとした場合、裁判により認定される損害額は高くても数十万円だろうと思われます。そうなりますと、任意の交渉で削除と損害賠償金が支払われて解決した場合、報酬は無しか数万円程度でしょう。

また、裁判で損害賠償が認められたとしても、相手が私人の場合、支払能力がなかったり、賠償金回収に別途手続が必要になるなど、解決に困難な場合があります。したがって、そのような名誉毀損事案については、削除要求を主眼として手続を進めることが必要になるということになります。

名誉毀損表現に対し削除要求をしても、無視されたか、放置された場合、プロバイダーにも損害賠償請求が認められる場合もありますが、一般的には、削除要求をして合理的期間内に削除されれば、プロバイダーの責任は生じないでしょう。特定電気通信役務提供者の損害賠償責任の制限および発信者情報の開示に関する法律では、権利侵害の被害が発生した場合であっても、その事実を知らなければプロバイダーは賠償責任を負わないとしています。

❸ 本訴の提起

任意の交渉で解決しない場合は、表現の発信者を相手として、削除と損害賠償請求の本訴の裁判の提起が必要になります。裁判を提起した場合は2つの請求を合わせても着手金の相場は30万円程度でしょう。

ただし、名誉毀損に該当するか否かが微妙な案件、たとえば被害者側の表示が実名に対する誹謗中傷ではなく、あだ名やハンドルネームであるとか、1つの表現行為だけでは誰のことをいっているのか特定できず、複数の表現行為をつなぎ合わせたり参照したりすることによって誰かが判明するような場合など、事案の複雑さによって着手金も増額されることになります。

また、名誉毀損とされた場合でも、公益性・公共性の要件がある場合は免責されることもあります。このような反論が予想される案件では、名誉毀損をめぐる紛争は長期化・複雑化する可能性もありますので費用も高額になり

ます。

削除と損害賠償が裁判で認められた場合の報酬は，認められた損害額にスライドすると思われますが，損害賠償の部分については，旧規程では，貸金の場合，回収額の16％程度とされていたのが参考になります。削除が認められていれば，報酬は最低でも30万円程度でしょう。

❹ 仮処分の利用

ネットの利用により情報発信が簡単になりましたし，いったん情報発信されてしまうと拡散や複製も容易ですので，名誉毀損表現は被害が拡大する傾向にあります。そのため，本訴とは別に削除の仮処分手続の申立てを考慮する必要があります。

迅速な被害の回復という意味からすると，本訴の提起よりも削除の仮処分を申し立てることが有益です。この場合，削除という本案の解決と同様の解決が得られるため，依頼者の満足も高くなります。

本来，暫定的な手続である民事保全手続が紛争の終局的解決機能を有することを，仮処分の本案代替化機能などといいますが，本案と同様の主張立証の準備行為が必要であり，期間も短い間に相当の労力を必要とすることから，本案と同等の弁護士費用（着手金と報酬）が必要になると思われます。

❺ 発信者が不明な場合

相手が実在し，氏名も住所も判明している場合は以上のとおりですが，友人とはいってもネット上の友人であり，実際の氏名や住所を知らなかったり，ハンドルネームしかわからない場合には，内容証明の発送や裁判等の法的手続は起こせません。

このような場合，表現行為が行われたコンテンツのプロバイダーに対して，削除要求や，特定電気通信役務提供者の損害賠償責任の制限および発信者情報の開示に関する法律に基づいて，発信者情報の開示を求めることになります。

削除要求については，プロバイダーは，名誉毀損行為であることが明らかである場合には容易に認めるようですが，発信者情報の開示には，通信の秘

密等の観点から情報発信者の同意がない限りは慎重です。

　そのため，発信者情報の開示を求める裁判が必要になる場合がほとんどであり，これは別途手続費用が必要になります。この手続は経由しているプロバイダーに対して行う必要がある場合もあります。また，プロバイダーの発信履歴等の保存期間等の問題もありますし，ネットカフェ等を利用した書き込みでは，発信者情報を特定できない場合もあります。このような場合には損害賠償請求はなし得ないことになります。

（秋山知文）

【編者注】
　本項が「第1章　金融事件等」の中にあるのは，必ずしも適当とはいえませんが，他に適当な場所もなく，便宜上，ここに配置をしたものです。

第2章　不動産関連事件

Q35　建物明渡し

　賃料各月5万円，敷金10万円で，6室あるアパートを持っていますが，そのうちの1室の賃借人が賃料を6か月分以上滞納しています。
　延滞賃料を取り立てるとともに，その賃借人を立ち退かせてほしいのですが，この場合の弁護士報酬の相場および実情は，どうなっていますか。

❶　着手金は，交渉段階では20万円～40万円程度，交渉が効を奏さず訴えを提起する場合は，これに10万円～20万円程度が加算されるでしょう。

❷　報酬金は，交渉による任意の明渡しである場合は20万円～40万円，勝訴判決後の任意の明渡しである場合は30万円～50万円だと思われます。強制執行手続によって明渡しを実現せざるを得なかった場合の報酬金は，勝訴判決取得も含めて50万円～80万円程度と思われます。

解説

❶　建物賃貸借契約の解除と明渡し

　賃料を6か月分以上滞納している場合，建物賃貸借契約の解除は通例認められます。したがって，契約を解除した後はその賃借人には当該建物を使用する権限がなくなるので，賃貸人からの任意の明渡請求に応じる場合が多いといえます。しかし，他方で，賃借人にとっては，当該建物は起居寝食している住居の場合もあり，そこから退去するためには引越費用など相応の経済

的負担を伴うことなどから，たとえ判決で命令されたとしても明渡しが行なわれないという場合も少なくありません。

このように，建物明渡請求というのは，任意の交渉で簡単に実現する場合もあれば，勝訴判決の取得とその後の強制執行という手続を経なければならず，時間と手数を要する場合もあります。

❷ 旧規程

旧規程14条7号では，賃貸借契約終了に基づく建物明渡請求の経済的利益は，建物の時価の2分の1の額にその敷地の時価の3分の1の額を加算した額とされていました。

仮に，建物の時価が1,000万円，土地の時価が3,000万円とすると，500万＋1,000万＝1,500万円が建物全室の経済的利益であり，6室のうちの1室ということになると，通常その6分の1である250万円が当該貸室明渡請求の経済的利益になります。その場合の着手金標準額は20万円，報酬金標準額は40万円です（旧規程17条1項）。

そして，判決取得に引き続き強制執行手続を要する場合は，その着手金が上記20万円の3分の1相当額（旧規程26条3項），その報酬金が上記40万円の4分の1相当額（同26条2項）とされ，これらが上記費用に加算されます。

❸ 2008年版アンケート結果

2008年版アンケート結果では，1戸建て建物（建物の時価1,000万円，土地の時価1,500万円）における月額10万円の賃料不払いによる建物明渡請求事案となっています。この事例で回答の多かった弁護士報酬の額は次のとおりです。

(1) 訴訟を提起して全面勝訴し，任意の明渡しがあったとき

| 着手金 | 30万円前後〜50万円前後 |
| 報酬金 | 60万円前後〜100万円前後 |

(2) 賃貸人が本人訴訟により勝訴判決を得たが、任意に明け渡さなかったので、強制執行の依頼を受けて建物明渡しが完了したとき

着手金	10万円前後～20万円前後
報酬金	10万円前後～30万円前後

❹ 留意点

賃貸借契約の終了に基づく建物明渡請求について、旧規程および2008年版アンケート結果から導かれる弁護士報酬は上記のとおりですが、次の諸点に留意すべきです。

(1) 賃料

本質問は、アパート（6室）の1室で月額賃料5万円ですが、2008年版アンケート結果では、1戸建て建物で月額賃料10万円という差があります。この場合、土地建物の価額だけでなく賃料の額も加味した経済的利益は後者のほうが大きいわけですから、弁護士報酬も後者のほうがより高くなるといえます。

(2) 任意交渉か裁判手続か

任意交渉ではなく裁判手続、とりわけ強制執行手続を要した場合は、弁護士側からみると時間および労力を要しているので、弁護士報酬も任意の明渡しの場合に比べ高くなります。

(3) 報酬金の請求

依頼者側からすると、どれだけ早く、現実の明渡しがなされるかが重要です。したがって、明渡しが完了していないにもかかわらず、勝訴判決の取得のみをもって報酬金を請求すると、依頼者とトラブルになる可能性もあります。弁護士は、事前に手続との関係での報酬金の額とその支払時期を依頼者に明確に説明する必要があります。

❺ 延滞賃料の取扱い

　延滞賃料の支払請求は，建物明渡請求からみると付随的な側面があるので，通常着手金授受の段階では，未払賃料額を建物明渡請求の経済的利益に加算するようなことはしません。

　しかし，現実に延滞賃料まで回収できた場合には，その額を経済的利益とした一定割合を報酬金とする旨定めておくことも考えられます。

　　　　　　　　　　　　　　　　　　　　　　（野辺　博・田中慎也）

Q36 建築紛争

1,500万円をかけて自宅を新築しましたが，1年経ったところで，雨漏りがし，壁面のモルタルに複数ひびが入り，また壁が結露するなどの欠陥があることが判明しました。

工務店に完全な補修をさせるか，補修費を払わせるかをさせたいと思うのですが，この場合の弁護士報酬の相場および実情は，どうなっていますか。

A

❶ 建築士に現地調査を依頼して補修に要する費用を調査したうえで，補修に要する費用の額を基準として着手金，報酬金を定めることが多いと考えられます。着手金と報酬金の額は，補修に要する費用を基準として，着手金については5％〜8％程度，報酬金については10％〜16％程度と定めることが多いと考えられます。

❷ 事案によって，事件の難易，解決に要する労力に差がありますので，事案ごとに弁護士報酬の額に差が生じることが予想されます。

解説

❶ 建築紛争の解決の手順

建物の欠陥の有無が争点となる建築紛争を解決するに際しては，建築の専門家である建築士の協力が不可欠です。本質問の事案にみられる建物の雨漏り，壁面のひび，結露などの現象について，工務店と交渉を行うに際しては，建築士に現地調査を依頼し，その現象が生じている原因を明らかにする必要があります。また，補修工事の費用を算出するにあたっても建築士に必要な補修工事の内容について意見を出してもらう必要があります。

このように建築紛争に関する交渉や訴訟を弁護士に委任する場合には，弁

護士に加え，建築士の協力が必要となりますので，建築士に支払う費用も必要となります。

弁護士にとって，建築紛争は建物の欠陥の原因を把握するために建築士との打合わせを行う必要があるなど相当の時間と労力を必要とする類型の事件であり，この点は報酬額の決定にあたって考慮される要素となり得ます。また，建物の欠陥の原因および程度，相手方の対応によって，解決までに要する時間や労力に大きな差が生じますので，事案によって，弁護士の報酬額に差が生じることが予想されます。

❷ 旧規程の定め

旧規程17条1項は，訴訟事件等の報酬額を次（図表）のとおり定め（最低額は，10万円（同条4項）），30％増減することができると定めていました（同条2項）。

図表 旧規程17条1項

経済的利益の額	着手金	報酬金
300万円以下の部分	8％	16％
300万円を超え3,000万円以下の部分	5％	10％

また，旧規程18条1項は，調停事件，示談交渉（裁判外の和解交渉）事件等の報酬額について，旧規程17条1項を準用すると定めたうえ，3分の2に減額することができると定めていました。

❸ 2008年版アンケート結果

2008年版アンケート結果では欠陥住宅紛争に関する以下の設例に対する着手金と報酬金についてアンケートが行われました。

設例 欠陥住宅紛争

> 土地付新築住宅を2,000万円で購入したが，建物自体が傾く，欠陥住宅であることが判明した。売主および建築会社に対し，補修費用700万円，補修期間のレンタル住宅費用70万円，宿替え引越費用30万円，慰謝料100万円，合計900万円を請求する訴訟を提起したところ，全面勝訴し，任意に全額回収した。

この設例に関する2008年版アンケート結果は以下のとおりです。

着手金	①	50万円前後	50.1%
	②	40万円前後	18.0%
	③	30万円前後	18.0%
報酬金	①	90万円前後	37.1%
	②	100万円前後	31.6%
	③	70万円前後	10.1%

上記のアンケート結果によると，上記設例における着手金の額は，40万円～50万円という回答が約7割を占めており，報酬金の額は，90万円～100万円という回答が約7割を占めています。

❹ **本質問事案の弁護士報酬**

本質問事案について弁護士に交渉あるいは訴訟を委任する場合，旧規程によれば，補修に要する費用の額を基準にして，旧規程17条1項の割合に従って，着手金と報酬が算出されることになります。

たとえば補修に要する費用が500万円とした場合，旧規程による着手金の標準額は，300万円以下の部分について8％，300万円を超える部分について5％ですので，

　　　（300万円×8％）＋（200万円×5％）＝34万円

ということになります。

第2部　各論　第2章　不動産関連事件

　2008年版アンケート結果をみると，900万円の請求に対して最も多い回答である着手金50万円前後という金額は請求額の約5.5％，報酬金90万円～100万円前後という金額は回収額の約10％～11％にあたり，旧規程の基準よりやや低いものの，旧規程による標準額に近い金額であるといえます。
　建築紛争の場合，建築士の現地調査を経ないと，補修に要する費用の額が判明せず，したがって弁護士報酬の基準となる経済的利益の額も判明しないことになります。建築士による調査が行われる以前の段階から弁護士が協力する場合，建築士との打合せや現地調査への立会いなどの調査段階における弁護士の業務に対する弁護士報酬の決め方としては，たとえば，依頼者との間であらかじめ1時間当たりの弁護士報酬の金額を決める方法や，1日当たりの弁護士の日当の額を決める方法などが考えられます。
　建築士の調査を経て，建物に生じている欠陥の原因，補修に要する費用などが判明した時点で，補修に要する費用の額を基準として着手金，報酬金の額を決めることが多いと考えられます。

（廣瀬健一郎）

Q37 近隣関係

自宅と隣地の境界には，幅約60cm長さ10mにわたって生け垣があります。この生け垣は自宅側のものであると先代からも聞いていたのですが，今回，自宅をマンションに建て替えるのに伴いこれを撤去しようとしたところ，隣地所有者から反対に隣地所有者のものであるといわれました。

隣地との境界を確定させたいのですが，この場合の弁護士報酬の相場および実情は，どうなっていますか。

A 本質問について，境界確定訴訟を提起した場合の着手金の相場は20万円～30万円で，境界が確定して紛争が解決した場合の成功報酬（謝金）の相場も，着手金とほぼ同額と思われます。しかし，事案が複雑な場合には弁護士報酬額が増額されます。

なお，境界確定訴訟を提起する場合，係争土地の面積に応じた貼用印紙代（土地の固定資産税評価額上の価格）および数千円の予納郵便切手代（裁判所によって異なります）が別途かかりますし，境界が確定しても連動して自動的に公図や不動産登記簿の面積の記載は変更されませんから，このために地図（公図）の訂正など別の手続が必要になります。

解説

❶ 境界確定訴訟の特殊性

境界は，個々の土地を区画する公法上の区分線です。境界については，土地の所有権の範囲と一致するのが望ましいのですが，土地の一部の譲渡や時効取得などにより，境界と所有権の範囲が常に一致するとは限りません。所有権の範囲とは別に公法上の区分線としての境界自体を確定するための手続

が境界確定訴訟です。

　境界確定訴訟では，所有権確認の争いとは異なり，裁判所は当事者が主張する境界線に拘束されることなく境界を確定することができ，境界が証拠上明らかにならない場合でも必ず境界を確定しなければなりません。境界確定訴訟においては和解や請求の放棄はできませんが，不利益な境界を認定された場合には控訴することができます。

　境界が決まることにより，自ずと所有権の範囲の争いも決着が着くこともありますが，境界の争いと所有権の範囲の争いは別な紛争であるため，境界が定まることとは別に，土地所有権の範囲の争いが残ることがあり得ます。実際の紛争では，境界自体の争いよりも所有権の範囲の争いであることがほとんどです。

　いずれにしても境界に関する紛争は，隣地所有者を相手とするため，感情的な面や従前の紛争の経緯から解決を困難にしている側面がありますし，境界確定訴訟についても当事者が境界に関する資料を有していないことが多いことなどから，解決まで長期間かかり，解決に労力を要する事案が大半を占めます。

❷ 境界確定訴訟の報酬

　境界確定訴訟についての報酬も，着手金と成功報酬が必要です。境界確定訴訟については，係争土地の面積と事案の難易度とは結びつかず，係争土地の面積や価格では報酬額の算出はできません。

　旧規程23条1項では，境界に関する事件（境界確定，境界確定を含む所有権に関するもの）は，着手金・報酬金いずれも40万円以上60万円以下とされ，同条3項では，「境界に関する調停事件及び示談交渉事件の着手金及び報酬金は，事件の内容により，第1項の規定による額又は前項の規定により算定された額の，それぞれ3分の2に減額することができる」とされていました。また，同条6項では，「前各項の規定にかかわらず，弁護士は，依頼者と協議のうえ，境界に関する事件の着手金及び報酬金の額を，依頼者の経済的資力，事案の複雑さ及び事件処理に要する手数の繁簡等を考慮し，適

正妥当な範囲内で増減額することができる」とされていました。

　この旧規程23条1項の規程は，境界確定訴訟に所有権の争いを含むことが前提ですが，土地所有権の範囲に争いがあり，そちらの問題解決のために所有権確認等の別訴が必要となり事案処理が複雑になる場合には，報酬は同条6項により増額されていました。

　2008年版アンケート結果によると，時価30万円相当の土地（1坪）に関し境界確定訴訟で勝訴した場合については，着手金，報酬ともに20万円前後が多数でした。このアンケートの事案は，対象が1坪の土地であることと，境界確定訴訟の判決により，所有権についての紛争が解決することなどが前提です。

　境界確定訴訟については旧規程が廃止された後も，弁護士報酬は従前と同様の基準で決定されていると思われます。

❸ その他の制度

(1) 境界紛争解決センター

　2002年から裁判外紛争解決機関として土地家屋調査士会が運営する境界紛争解決センターが全国に順次開設されました。この制度は，土地家屋調査士と弁護士が調停人として和解や仲裁判断（当事者が仲裁の合意をした場合）により，境界に関する紛争を早期に解決する制度です。利用状況は公開されておりませんが，各地域とも年間数件の申立てにとどまるようです。

　この場合，費用は地域によって異なるようですが，概ね申立て・調査費用として合計4万円，期日費用として合計1万円，成立した場合には，経済的利益に応じた成立費用が必要です。手続を弁護士に依頼した場合には，旧規程23条3項を参考にすると着手金・報酬額としてそれぞれ26万円程度必要になると思われます。

(2) 筆界特定制度

　また，2008年1月から筆界特定制度が創設され施行されています。境界に争いのある当事者の申立てによって，筆界特定登記官が筆界調査委員の調査を経て筆界を特定するという制度です。筆界特定の申請がされてから筆界特

定登記官が筆界特定をするまでに，通常要すべき標準的な期間を9か月としています。2011年度までの統計では，全国で毎年2,000件程度申立てがなされており，制度開始当初の予測の2倍以上利用されています。

　一方，従来の境界確定訴訟も存置されますので，最終的に筆界を法的に確定する必要があるときは，従来どおり境界確定訴訟によることとなりますが，境界確定訴訟を前提に境界を確定する手段として利用することが可能です。この手続を弁護士に依頼した場合には，境界紛争解決センター利用の場合と同程度の報酬額が必要になると思われます。

（秋山知文）

Q38　マンション管理組合

マンションの管理組合の理事長をしていますが，最近，組合員間でのトラブルが増えており，対応について定期的に弁護士に相談したいと考えています。この場合の弁護士費用はどうなりますか。

A　弁護士と顧問契約を締結し，顧問料として弁護士費用を支払うことになります。顧問料の相場は，マンションの規模や委任する事務の範囲などに応じて決定されるため一概にはいえませんが，一般的な顧問契約の顧問料は月額3万円～5万円程度とされることが多く，マンション管理組合を依頼者にする場合にも参考になると思われます。

解説

❶　マンション管理組合による弁護士の活用

国土交通省が実施した「平成25年度マンション総合調査結果」(2014)（全国のマンション管理業協会会員各社を通じ配布およびマンション管理センター登録管理組合名簿より無作為に抽出した3,643管理組合が対象。有効回答数2,324)によれば，約65.6％のマンションが，過去1年間に，何らかのトラブルを抱えているとされています。トラブルの内容も，建物の不具合や管理費滞納に関わる問題のほか，生活音やペットに関するものなどの居住者のマナーに関わる問題など，多様化かつ複雑化している傾向にあり，管理組合および管理会社のみによる解決が難しい事案も増えてきています。

一方で，近年では，マンション管理の自治について，各区分所有者の意識が高まってきています。2000年には，マンション管理の適正化を図る必要性から「マンションの管理の適正化の推進に関する法律」が制定されました。同法は，管理業者の規制などを目的とするものですが，適正なマンション管

理の在り方について社会一般の意識が高められました。

　また，国土交通省が定める標準的なモデル規約では，管理組合が専門的知識を有する者に相談することができる旨が定められるなど（国土交通省「マンション標準管理規約（単棟型）」34条参照），行政も，漫然と管理会社に管理を一任するのではなく，マンション管理組合による主体的な管理を推奨していることがうかがえます。

　以上のような立法や行政の影響もあり，近年，マンション管理組合が，トラブルを解決するために弁護士を活用するニーズが高まっています。実際に，マンション管理組合が弁護士と顧問契約を締結し，マンション管理組合の役員が定期的に弁護士に相談を行う事例も増えてきています。

❷　**顧問料の相場**

　マンション管理組合を依頼者とする顧問契約の顧問料は，企業を依頼者とする場合と同じく，規模や受任事務の内容によって異なります（企業を依頼者とする場合についてはQ21参照）。

　特に，マンション管理組合を依頼者とする場合には，企業と異なり日常生活に密接に関連するトラブルが多いだけに，居住者の数に単純比例してトラブルの数が増加する傾向が顕著であるといえます。したがって，マンションの戸数が多いほど顧問料も高く設定されるのが一般的と思われます。

　受任事務の範囲については，マンション管理に関する一般的な法律相談のほか，総会および理事会の運営，規約および細則の改正対応，管理費等の滞納者に対する請求などのマンション管理特有の業務のなかから，事案に応じて決めることになります。

　具体的な金額の相場についてですが，顧問料についての2008年版アンケート結果によれば，金額は幅広く分布しているものの，件数としては月額3万円～5万円に設定される事案が多いことがわかります。この点，2008年版アンケート結果は，依頼者の属性を問うものではなく，基本的には一般企業を依頼者とする事例が占める割合が大きいと思われる点に留意すべきです。ただ，依頼者がマンション管理組合であるか否かによって，顧問料の相場が

Q38 マンション管理組合

大きく変わるものではないと考えられますので，上記の金額は，マンション管理組合の顧問料を検討するにあたっても参考になる統計資料と考えられます。

　個別の案件では，2008年版アンケート結果を念頭に置きつつも，前述したマンションの規模や受任事務の範囲を考慮して，当該事案にふさわしい顧問料を決定することになろうかと思います。

（名藤朝気）

第3章　個人事業に関する事件

Q39　事業承継

高齢になったので創業者会社を長男に譲りたいと考えています。ただ，長男のほかに会社の経営にまったく関与していない長女，次女，次男の3名がいるため，スムーズに事業を譲渡するため，弁護士に依頼した場合の弁護士報酬はどうなりますか？

事業承継の弁護士費用についてですが，事業承継の弁護士費用の算出方式として，着手金・報酬金方式，時間制（タイムチャージ），手数料，顧問契約の締結等があります。

なお，具体的な金額としては，承継対象の企業規模，資産・負債の状況，後継者の存否，現経営者の相続人間の関係等具体的な事情により異なってきますので，前述の方式の選択を含めて，現状の概略の把握を行ったうえで見積額を提示し，依頼者と協議のうえ，決定することになります。

解説

❶ 事業承継の必要性

せっかく創業して大きくした会社であっても，いつまでも同じ経営者が経営を続けることはできません。中小企業経営者の高齢化が進むなかで，後継者の確保が困難となり，十分な事業承継対策をしていないために，相続問題などにより会社の業績が悪化するケースもあります。中小企業にとり事業承継は非常に重要な問題ですが，そのためには事前の準備が必要です。

❷ 事業承継の手順

(1) 現状の把握

まずは，現状の把握，すなわち会社概要（従業員の数，年齢等の現状，資産の額および内容やキャッシュフロー等の現状と将来の見込み等）の把握，経営者自身の状況（保有自社株式の現状，個人名義の土地・建物の現状，個人の負債・個人保証等の現状等）の把握，会社の経営リスクの状況（会社の負債の現状，会社の競争力の現状と将来見込み等）の把握をする必要があります。

(2) 承継の方法・後継者の確定

次に，承継方法・後継者の確定をする必要があります。親族内承継が可能か，親族がいなければ社内に後継者候補がいるか，仮に親族あるいは社内に後継者候補がいる場合には，その能力，適性を検討する必要があります。

なお，親族にも社内にも後継者候補がいない場合には，外部から第三者を招へいして承継するか，M&Aを検討する必要があります。

また，親族内承継を検討する場合，相続発生時に予想される問題点（法定相続人および相互の人間関係・株式保有状況等の確認，相続財産の特定・相続税額の試算・納税方法の検討等）も検討する必要があります。

(3) 事業計画の作成

そして，現状の把握，承継方法・後継者の確定を受けて，事業計画の作成をします。具体的には，中長期の経営計画に，事業承継の時期，具体的な対策を盛り込んだ「事業承継計画」の作成を行います。その事業承継計画をもとに具体的対策を実行しますが，親族内承継の場合には，①関係者の理解（後継者候補との意思疎通，社内や取引先・金融機関への事業承継計画の公表，将来の経営陣の構成を視野に入れて，役員・従業員の世代交代を準備），②後継者教育，③株式・財産の分配（保有自社株式を含めた財産分配方針の決定，生前贈与の検討，遺言の活用，会社法の活用等）を行うことになります。

また，従業員への承継・外部からの承継者の招へいという場合には，親族内承継と内容が異なる部分もありますが，①関係者の理解（事業承継計画の公表，現経営者の親族の理解，経営体制の整備），②後継者教育，③株式・財産

の分配（後継者への経営権集中，種類株式の活用，MBOの検討）を実施していくことになります。

M&Aの場合には，①専門家への相談，選定，②会社売却価格の算定と会社の実力の磨上げ，③M&Aの実行の流れになります。

❸ 事業承継にかかる弁護士費用

事業承継の弁護士費用についてですが，2009年度の「中小企業のための弁護士報酬の目安」によると，事業承継の弁護士費用の算出方式として，着手金・報酬金方式，時間制（タイムチャージ），手数料がほぼ同じ割合で約25％となっています。前述のように，事業承継においては事前に準備・検討すべき事項が多岐にわたり，またその実行についてもすぐに完成するものではなく中長期的に行うべきものが多くあるため，顧問契約を締結するという回答も16.8％もあります。

具体的な金額としては，承継対象の企業規模，資産・負債の状況，後継者の存否，現経営者の相続人間の関係等具体的な事情により異なってきますので，前述の方式の選択を含めて，現状の概略の把握を行ったうえで見積額を提示し，依頼者と協議のうえ，決定することになります。

（中井陽子）

Q40　税務事件

　3人の店員とともにソバ屋を営んでいますが，申告所得額が少ないとして税務調査を受けました。修正申告に応じなかったら，3年分で3,000万円を支払えとの更正処分が出されてしまいました。
　担当官がいうような過少申告はしていないので，争いたいのですが，この場合の弁護士報酬の相場および実情は，どうなっていますか。

A　課税処分に疑義がある場合には，課税庁への異議申立て，国税不服審判所への審査請求，それに地方裁判所への税務訴訟の提起との順番で手続を進めることになります。どの段階で依頼を受けるのか，また，継続して依頼を受けるのかによって着手金などは異なってきますが，異議申立てと審査請求の段階での着手金なら50万円～100万円程度，訴訟段階で引き受ける場合は200万円程度と予想されます。
　成功報酬は，地方税も含めた還付税額の10％程度になると思われます。

解説

❶　税務訴訟の特徴

　税務訴訟は，非常に勝訴率の低い訴訟で，一部勝訴まで含めても5％～10％程度の勝訴率にとどまっています。さらに，争われるのが複数の事業年度についての収支計算であり，帳簿の分析や，大量の会計資料についての検討が必要になることから，訴訟の準備や，証拠の提出について，多大の手間と時間を要し，判決までに長期間の日時を要するのが一般的です。また，和解がない訴訟であることも期間を要する理由になっています。このため，相当の覚悟をしないと税務訴訟は提起できないのが実情です。ただ，勝訴すれば，執行手続を要せずに納税額が取り戻せる点は他の訴訟に比して有利なと

第2部 各論 第3章 個人事業に関する事件

ころです。

❷ **訴訟前の2つの手続**

　課税事件については，税務訴訟に先立って，異議申立てと審査請求の手続が準備されており，その利用が可能です。異議申立ては課税庁自身に対して再調査を依頼する手続であり，審査請求は国税不服審判所に判断してもらう手続です。

　異議申立てや審査請求では，裁判のような厳格な手続は要求されず，課税庁，あるいは審判所の担当者から事実関係の質問を受け，それに答えるとともに帳簿や関係書類を提出するという，形式にこだわらない対応が可能です。

　さらに，異議申立てや審査請求では，訴訟提起についての手数料（貼用印紙）の納付が不要で，異議申立書，あるいは審査請求書の提出だけで手続の開始を求めることができます。調査の担当者は，帳簿や数字の検討についてはプロなので，相互の意思の疎通は迅速で，国税通則法も，これらの手続について3か月以内の結論を出すように要求しています。

　したがって，課税事件については，まず異議申立てによって課税処分を取り消してもらうことにエネルギーを注ぎ，それが認められない場合には審査請求に進むという手続になります。そして，この段階での処理であれば，口頭での主張の提出や事情の説明が可能ですし，常に書面の作成が必要になる訴訟手続に比較して，大幅に手間と時間を節約することができますので，一般の民事訴訟と同程度の着手金，あるいは成功報酬で対応できます。本質問の例で考えれば50万円～100万円程度の着手金が想定されます。

　異議申立て，あるいは審査請求では納税者の主張が認められなかった場合に，次に，訴訟手続に進むことになりますが，その場合でも，異議決定，あるいは裁決という書面によって，課税庁，あるいは国税不服審判所の見解が示されますので，さらに訴訟へと手続を進めるか否かの判断に役立ちます。

❸ **税務訴訟**

　課税事件には，訴訟手続が必要なことが最初から明らかな事案があります。事実認定の問題よりも，理論的な問題で，最終的には裁判所の判断を必

要とする事案です。このような事案では裁判手続が活動の場面になります。

　税務訴訟では主張の提出と証拠の準備に多大の手間と時間を費やすことになりますので，一般事件に比較し，難易度の高い事件として3割増しの着手金が請求される場合が多いと思います。つまり，質問の例で考えれば，地方税も含めたところで計算した争いの価額約4,500万円に対して200万円程度の着手金です。

　成功報酬は，どの段階で終了しても，地方税を含めた税額の10％程度でしょう。ただし，異議申立段階で解決できた場合や，さらに，課税額が多額の事件では，5％，あるいは3％という成功報酬の場合もあります。

　なお，課税処分を受けた場合は，先に納税をしてから異議申立て，審査請求，税務訴訟と手続を進めることになり，その後，課税処分が取り消された場合は，納付した税額に還付加算金（利息相当）が加算されて還付されることになりますが，税務訴訟になった場合の弁護士報酬は，通常の場合なら，この還付加算金で十分に賄うことが可能なはずです。

❹ 税務上のトラブルについての考え方

　税務調査の段階なら，検察手続における起訴便宜主義と同様の多様な取引が可能です。一部について過少申告を認め，他の事項については指摘を撤回してもらうなどの取引です。さらに，異議申立ての段階であれば，異議申立ての取下げと引換えにする課税処分の一部取消しという取引も可能です。異議申立ては「担当者を変更しての再調査手続」と位置づけられます。

　しかし，審査請求や，税務訴訟になってしまった場合は，すべて，法律の建前に沿った議論しか行えません。本質問のような売上高の存否という事実に関する争いでは，調査の現場，遅くとも異議申立ての段階で，一部について妥協しても，結論を出すべきであり，税務訴訟にまで進めてしまうのは得策とは思えません。その意味で，税務調査の段階から，税理士に相談するのはもちろん，さらに税務訴訟になってしまった場合の対応などを弁護士に相談することが必要です。

（関根　稔）

第2部　各論　第3章　個人事業に関する事件

Q41　クレーマー対応

　スーパーを経営していますが，最近，些細なことでクレームを入れ，必要以上の謝罪や金品を求めるクレーマーが増えており，大変困っています。その対応を弁護士に依頼した場合の弁護士費用はどうなりますか。

---

❶　弁護士の関与の度合いによって変わってきますが，弁護士が代理人として内容証明郵便を送付し，事実上クレームが止んだ場合には，3万円～5万円程度となる場合が多いでしょう。

❷　これに対し，クレーマーと弁護士が面談をしなければならなかったり，書面でのやりとりを繰返し行わなければならない場合，一般の債務不存在確認訴訟と同様に着手金として10万円～20万円程度，解決時に20万円～30万円程度の報酬金となるものと考えられます。ただし，クレーマーに対する対応で通常以上に手間がかかることも考えられ，そうするときは割増しになることもあると思われます。

解説

❶　クレーマー対応の概要

　悪質なクレーマーへの対応としては，①内容証明郵便で請求に根拠がないことを説明し，これ以上のクレームを止めるよう求める段階，②クレーマーと弁護士が面談し，何らかの合意ができないか交渉する段階，③裁判でクレーマーの主張に理由がないことを明らかにするよう求める段階の3段階が考えられます。経験上，ほとんどのケースにおいては，①または②の段階で収束することが多いように思われます。

❷ クレーマーに対する内容証明郵便

まず，弁護士が代理人として内容証明郵便を送付するという場合，旧規程38条2号では，基本として「3万円以上5万円以内」となっており，2008年版アンケート結果においても，事案は異なりますが，貸金の返還を督促する内容証明郵便の作成手数料として，3万円（41.7%），5万円（17.2%）とする回答が過半数を超えていることから，同程度の金額となる場合が多いでしょう。

❸ クレーマーとの交渉

さらに，クレーマー本人と弁護士が面談したり，頻繁に書面のやりとりをしたりするなどの交渉が必要となった場合ですが，着手金として10万円～20万円程度，解決時の報酬金として20万円～30万円程度となるものと思われます。先ほどと同じように事案は異なりますが，2008年版アンケート結果において，いわゆる消費者問題について弁護士が交渉で解決する場合の着手金として10万円（51.1%）または20万円（23.8%），解決時の報酬金として20万円（39.5%）または30万円（25.6%）とする回答が多いことからも裏づけられると思います。

❹ クレーマーとの訴訟

最後に，債務不存在確認訴訟を提起する場合，このような案件では着手金や報酬金の算定の前提となる経済的利益の計算が困難といえますが，旧規程16条1項では，経済的利益の算定ができないときは，その額を「800万円」とすると規定していることから，同額を前提に着手金と報酬金が算定されることも考えられます。そして，旧規程の着手金・報酬金の計算方法に従えば，着手金については約50万円，報酬金については約100万円となりますが，クレーマーの主張が明らかに不当であるという場合，比較的容易に勝訴判決を得られることが予想されますので，着手金・報酬金のいずれも相当の減額がなされる場合が多いと思われます。

なお，クレーマーへの対応につきましては，前述のとおり段階を経ていくことになりますので，弁護士と委任契約を締結する際には，たとえば内容証

明郵便の作成段階で要した弁護士報酬について，交渉段階の弁護士報酬を算定する際に考慮されるのか（減額されるのか）などは弁護士によって取扱いが異なりますので，十分確認したほうがよいと思います。

(篠原一廣)

Q42　民暴事件

飲食店を経営していますが，暴力団関係者からのみかじめ料の要求に悩まされています。解決を弁護士に依頼した場合の弁護士費用はどうなりますか。

　　みかじめ料の要求を拒絶するときは，要求されている金額が，その事件の経済的利益の額になります。

暴力団関係者からのさまざまな嫌がらせに対し，架電・面談強要・立入禁止の仮処分命令を申し立てるときは，別途費用が発生します。

暴力団関係者の恐喝行為や威力業務妨害行為に対し，刑事告訴するときは，別途費用が発生します。

すでに支払ってしまったみかじめ料の返還を求めるときは，返還を請求する額が，その事件の経済的利益の額になります。

解説

❶ みかじめ料の要求拒絶

飲食店がみかじめ料の要求を拒絶するときは，弁護士が受任通知を暴力団関係者に送付し，飲食店の代理人として支払いを拒絶する意思を通知します。

みかじめ料の要求を拒絶するときは，要求されている金額が，その事件の経済的利益の額になります。

たとえば，月５万円のみかじめ料を要求されている場合，どのぐらいの期間の支払いを要求されているか不明ですが，仮に１か月分を要求されているとすると，旧規程によれば，その事件の経済的利益の額は５万円となり，着手金額は最低額の10万円，報酬金額は５万円の16％である8,000円となる理屈です（旧規程17条）。なお，要求期間が将来も続くと考えれば，賃料増減額

第2部　各論　第3章　個人事業に関する事件

請求の場合の経済的利益の算定方法に準じて7年分とすることも考えられますが（旧規程14条1項4号），もともとが不当な要求であることから，必ずしも妥当であるとはいえないでしょう。

一般の訴訟事件と同様に，着手金10万〜20万円，報酬金額20万〜30万円に危険度や事案を照らして，増減額を協議して決めるのが相場ではないかと考えます。

なお，みかじめ料は，おしぼり・植栽・芳香剤・フロアマットといった商品の購入ないしリース代金に仮装して請求されることが多いのですが，飲食店からすればそもそも必要のない商品の代金を求められることになりますので，要求額の全額を経済的利益の額として差し支えないと思われます。

❷　嫌がらせに対する仮処分命令申立て

飲食店がみかじめ料を要求されるときは，暴力団関係者が，電話で繰り返し要求する，会って話をするように要求する，飲食店に押しかけたり居座ったりして要求するなど，さまざまな嫌がらせを行うことがあります。

こうした暴力団関係者からの嫌がらせ行為に対し，架電・面談強要・立入禁止の仮処分を申し立てるときは，別途費用が発生します。

この場合の被保全権利は，飲食店の平穏に影響活動を営む権利であり，経済的利益の額は算定不能なので800万円となり（旧規程16条1項），着手金額は24万5,000円，報酬金額は49万円となります。

❸　恐喝や威力業務妨害に対する刑事告訴

飲食店がみかじめ料を要求されるときは，暴力団関係者が，飲食店の経営者を恐喝する，威力業務妨害行為を行うなどの犯罪行為を行うことがあります。

暴力団関係者の恐喝行為や威力業務妨害行為に対し，刑事告訴するときは，別途費用が発生します。

この場合は，着手金額は20万円以上，報酬金額は20万円以上となります（旧規程30条1項，31条1項）。

❹ みかじめ料の返還や損害賠償請求

　暴力団関係者の脅しに屈して，すでにみかじめ料を支払ってしまった飲食店は，不法行為に基づく損害賠償請求または不当利得返還請求として，支払ったみかじめ料を返還するよう請求することができます。

　すでに支払ってしまったみかじめ料の返還を求めるときは，返還を請求する額が，その事件の経済的利益の額になります。

　たとえば，月5万円のみかじめ料を5年間支払わされていた場合，返還を請求する額は300万円ですから，その事件の経済的利益の額は300万円となり，着手金額は24万円，報酬金額は48万円となります（基準書式16条）。

（竹内　朗）

第4章　損害賠償事件等

Q43　交通事故

　交通事故に遭って入院1か月，通院2か月を要する大怪我をし，若干の後遺症も残りました。相手方の保険会社は，いろいろ併せて500万円なら支払うといっているのですが，訴訟を依頼してでも1,000万円はもらいたいと思います。
　この場合の弁護士報酬の相場および実情は，どうなっていますか。

A

❶　交通事故の損害賠償請求の場合，訴訟に至らず，保険会社との交渉だけで解決できる場合と，裁判外紛争処理機構や調停，訴訟等による解決の場合とで報酬が異なります。

❷　また，紛争の内容によっても報酬額が異なります。本質問のような事例では，弁護士を依頼したことによる実質的な利益に鑑み，着手金の相場は20万円～30万円程度が多いと思われます。

❸　総額1,000万円の支払いを受けた場合の成功報酬（謝金）の相場は，50万円～70万円程度と思われます。

解説

❶　実質的利益

　交通事故の損害賠償請求事件は，自賠責保険（共済を含む），任意保険（共済を含む）が絡むことが多く，他の損害賠償請求事件とは様子が異なります。たとえば，7級の後遺障害を負ったときは，自賠責保険から傷害の保険金として120万円，後遺障害保険金として1,051万円が支払われます。これらは，

被害者の直接請求によっても支払いが受けられるものですから，後に弁護士に依頼して総損害が3,000万円となっても，実質的な利益は，自賠責保険金との差額である1,829万円ということになります。

そして，本質問の例のように，保険会社がすでに500万円の支払いを提示している場合は，500万円を超える額が依頼者の実質的利益となります。

❷ **過失相殺と自賠責保険**

ところが，交通事故の場合，過失相殺が大きな問題となります。自賠責保険では過失相殺がなく，過失が70％以上あるときでも2割，80％で3割，90％でも5割の「重過失減額」に止まるため，任意保険との関係が複雑になります。

仮に，死亡した被害者がセンターラインオーバーをしており，総損害が1億円とします。保険会社が「被害者に100％過失があるから免責」と主張し，支払いを拒絶した場合，たとえ5割の減額をされても自賠責保険金から1,500万円の支払いが受けられれば，そのまま利益となります。しかし，保険会社が「過失が80％あるから，本来は2,000万円しか支払えないが，自賠責保険なら3割減額で2,100万円の支払いを受けられるから，自賠責保険金請求をしたらどうか」といってくるケースもあります。

このような場合，過失割合を争い，70％以下に抑えることができれば，自賠責保険金以上の利益を得ることができますから（※），それに応じた報酬を受け取ることができます。

(※) 過失が70％のときは，保険会社から総損害1億円の30％，すなわち3,000万円の支払いを受けることができるが，これは過失が70％の場合の自賠責保険金の2割減額（2,400万円）以上となる。

❸ **被害者からの要望**

重過失減額が適用されるような場合，遺族は，親族である被害者が，そのような無謀な運転や歩行をするはずはないとして，いわば被害者の名誉回復のために訴訟等を提起してほしいという依頼をすることが珍しくありません。このような場合は，勝訴の可能性がきわめて低いことを詳しく説明し，

そのうえで，訴訟の難易などを勘案し，報酬金額を明示して合意をするべきです。事故後の興奮状態のなかで，「何はともあれ訴えを起こしてほしい」と依頼され，結局，見込んだ利益が得られなかったために紛議に至るケースがありますので注意してください。

❹ **文書による事前の合意**

交通事故損害賠償の場合，当初から保険会社との交渉になることが多く，数回の交渉でまとまることもよくあります。過失割合等についても大きな相違がなく，金額的な交渉のみで解決に至るときは，着手金を受けず，報酬のみで支払いを受けることがあります。

これは，交通事故のために収入が途絶えている被害者の経済的状況と，金額はともかく，いずれ保険金等の支払いを受けることが確実であることから，事前に明確な取決めをしておけば，被害者（依頼者）も現実的な支出を避けることができ，助かるという理由からです。後日の紛争を避けるため，必ず文書による合意をしてください。

❺ **東京弁護士会法律相談センター弁護士報酬審査基準**

東京弁護士会法律相談センター弁護士報酬審査基準が定めている弁護士着手金および報酬金は，次のとおりです。

(1) 訴訟事件の着手金および報酬金

経済的利益	基準着手金	基準報酬金
300万円以下の部分	8%	16%
300万円を超え3,000万円以下の部分	5%	10%
3,000万円を超え3億円以下の部分	3%	6%
3億円を超える部分	2%	4%

(2) 調停事件および示談交渉事件報酬金

・原則として(1)の3分の2に減額するものとする
・示談交渉から引き続き訴訟その他の事件を受任するときの着手金は(1)の

2分の1とする。

　なお，交通事故の場合，被害者の身体の状況あるいは後遺障害等につき，医学的知識が必要であったり，争点を絞った工学的鑑定の依頼，読解能力など，高度な専門知識が必要となることがあります。

　また，事故状況の解明による過失割合の検討，損害賠償の範囲など専門性が必要とされることが多く，このように弁護士の格別の努力により依頼者の受けた経済的利益が増大したと認められるときは，着手金や報酬金を増額することがありますが，事前にわかる場合はもちろん，事件処理の途中で事件の難度が明らかになってきたときなどは，納得できる説明をしたうえ，書面で総額の理由と増額する金額を明示しておくことが必要です。

　最近では，自動車保険に「弁護士費用特約」(以下「弁特」)が付いていることが多く，被害者として請求する際の弁護士費用が保険金として支払われることがあります。

　この場合，判決で弁護士費用が認容される際に，弁特により支払われた分が控除されるかにつき，裁判例はほとんど否定的です(東京地判平成24年1月27日交民45巻1号85頁)。弁特による弁護士費用の支払いは保険契約に基づくものであって，損害賠償ではないという理由です。

　これらの考えをもとに本質問をあてはめると，利益は500万円ですから，示談交渉のみで解決したときは，着手金22万円，報酬金68万円となり，とくに手間がかからず解決したときは45万円程度に減額できます。また訴訟に至って解決したときは，着手金が30万円となり，報酬金68万円となります。

　2008年版アンケート結果によると，訴訟に至った場合の着手金は20万円〜30万円，報酬金は50万円〜70万円前後という回答が多くなっています。

（羽成　守）

Q44 医療過誤

　入院をして手術を受けたのですが，縫合ミスと投薬ミスとが重なったようで，片足がしびれて歩行障害となる後遺症が残ってしまいました。ほかの病院で相談しても回復は困難とのことです。
　せめて金銭補償を請求したいと思うのですが，この場合の弁護士報酬の相場および実情は，どうなっていますか。

---

❶　まず，訴訟の前提としての証拠保全の手数料の相場は30万円が多いと思われます。
❷　仮に，請求額1,000万円として訴訟を提起し，回収も1,000万円であったとした場合の着手金は60万円〜65万円，報酬金は120万円〜130万円が相場であると思われます。

解説

❶　調査

　医療過誤事件においては，医療機関との交渉，医療機関への訴訟の前に，医療機関の法的責任を追及できるか否かの調査を受任しなければなりません。この調査には，証拠保全（民事訴訟法234条〜242条），医療記録の検討，医学文献や判例の調査，協力医にコメントをもらうこと，医療機関との交渉などが含まれます。証拠保全は，医療機関が作成した医療記録（診療録〔カルテ〕，看護記録，検査記録，X線写真など）に対する証拠調べ（検証）の一種でありますが，医療過誤があったと予想される医療機関側が医療記録を改ざん，廃棄するのを防止するためにも必要といえるでしょう。

❷　費用

　証拠保全にかかる費用は，大きく分けて，弁護士報酬と実費です。なお，

弁護士の受任する調査は，前述したように，証拠保全のほかに医療記録や医療文献の検討なども含みますが，実際上は，それらをすべて含めて，証拠保全に関するものとして報酬を決めています。

(1) 弁護士報酬（手数料）

証拠保全の報酬額（手数料）については，旧規程38条１項では，「20万円に第17条１項の着手金の規定により算定された額の10％を加算した額」となっています。証拠保全の段階では，経済的利益は不明ですから，これを旧規程16条１項に従って算定不能により800万円とすると，これにより算定された着手金の額の10％は４万9,000円となります。結局，合計して，24万9,000円となります。

しかし，医療過誤の証拠保全は，時間や労力の点からみてもかなり大変ですから（証拠保全の前には，ある程度，当該事件の関連文献を調べておく必要があります。また，協力医との話合い，医療機関との交渉も含めるとなおさら大変です），通常は30万円と考えてよいと思います（旧規程38条１項にも，手数料につき，とくに複雑または特殊な事情がある場合には，弁護士と依頼者の協議により定めるとなっていました）。ただ，証拠保全として現実に要する労力と時間を考えると，率直にいって，費用的には割に合わないともいえますが，依頼者にとっては，法的責任追及不可との結論が出るかもしれず，それとの兼ね合いからすれば，30万円が適当ともいえます。ただ，事情によっては（入院期間が相当長く，医療記録も膨大なものになる場合など），40万円くらいになることもあると思われます。

2008年版アンケート結果によると，証拠保全の報酬は10万円前後〜30万円前後の回答が多いようですが，この報酬に協力医との話合い，医療機関との交渉なども含まれているかどうかは不明です。

なお，証拠保全の報酬については，実質は手数料ですから，証拠保全終了後の報酬金はありません。また，複数弁護士受任の場合も合計で30万円です。

(2) 実費

証拠保全の実費については，証拠保全の手続費用（印紙代500円と執行官送

第2部　各論　第4章　損害賠償事件等

達の費用），カメラマンの謄写費用（証拠保全は，弁護士の知合いのカメラマンが医療機関で医療記録を写真撮影することによって行われます。医療記録の量にもよりますが，謄写費用は数万円～十数万円かかります。ただし，最近は電子カルテが増えており，プリントアウトが可能なものはプリントアウトしますが，その場合，その費用が数千円～数万円かかります），翻訳費用（診療記録などは英語で書いてあるため，これを日本語に翻訳しなければなりません），協力医への謝礼（医療記録を弁護士の知合いの協力医に見てもらって医療過誤があるか否かの意見を聞きます。通常3万円～5万円かかります），文献検索費用，コピー代などがあります。

❸　**訴訟提起**

証拠保全も終わり，調査の結果，医療機関の医療過誤が疑われ，医療機関と交渉もしたが，うまくいかなかった場合は，医療機関に対する訴訟の提起となります。

(1)　弁護士報酬

訴訟の場合の弁護士報酬は，経済的利益，事案の難易，時間および労力，その他の事情に照らして決定されるわけですので，以下，分けて説明します。

①　経済的利益

本質問では，治療費，入院雑費，付添看護費，休業損害，入院慰謝料，後遺障害逸失利益，後遺障害慰謝料，弁護士報酬などが損害となります。仮に本質問でこの損害を1,000万円とし，訴訟で1,000万円を請求した場合，1,000万円が経済的利益になります。

旧規程17条1項によりますと，経済的利益が1,000万円の場合の着手金の標準額は59万円となっております。また，仮に1,000万円回収できたとしますと，旧規程17条1項では報酬金の標準額は118万円となります（いずれも30％の範囲内で増減が可能）。

2008年版アンケート結果によりますと，1,000万円の場合，着手金は50万円前後，報酬金は100万円前後が最も多くなっています。

② 事案の難易

事案の難易ですが，医療過誤事件は専門的な分野であり，弁護士自身が医学的勉強を相当する必要があり，勝訴率も通常訴訟が85%なのに対し，40%と低く，難しい事案といえます。

③ 時間および労力

時間および労力ですが，2001年から東京地裁など全国10の地方裁判所で医療集中部が発足したため，2年未満で終了する事件も増えていますが，2年を超える事件が40%以上あり，通常訴訟と比べて長いといえます。とくに，裁判所の判断が困難な場合は，鑑定が行われることがありますが，そうなるとかかる時間と労力は一層増します。

④ 報酬の相場

したがって，1,000万円の場合の着手金は59万円，報酬金は118万円が標準とはなりますが，事案の難易や時間，労力を考えると，10%以下の増加として，着手金は60万円～65万円，報酬金は120万円～130万円が相場と考えます。ただ，経済的事情などのため，着手金の増額分が支払えない依頼者については，その分報酬金にまわすということも考えられます。

今後，医療集中部の充実とともに，原告勝訴の判決が増えることが予想され，そうなれば弁護士の受け取る報酬も多くなっていくと思われます。

(2) 実費

実費としては，印紙代，郵券代，交通通信費，文献調査費，コピー代などがあります。これらは事件の依頼時に概算額で預かって後で清算するか，支出のつど支払ってもらうことになります。

また，鑑定を行う場合は鑑定を申し出た側があらかじめ鑑定費用を納めることになっていますが（双方の申出による場合は半額ずつとなります），1件の鑑定につき数十万円はかかります。その他，実費ではありませんが，出張の場合は日当がかかります。額は依頼者と協議のうえ，そのつどもらうことになると思います。旧規程41条では，半日の日当（往復2時間を超え4時間まで）は3万円以上5万円以下，1日の日当（往復4時間を超える場合）は5万

円以上10万円以下となっていますが，実際上は，1日でも5万円を超えることは稀だと思います。

いずれにしても，いろいろな費用がかかることが多いので報酬について定めた書面を作成し，委任契約書を作っておくのがよいでしょう。

❹ 訴訟以外の解決方法

訴訟以外の解決方法としては以下のものが考えられます。

(1) 示談

まず，示談があります。

前述した医療機関との交渉の結果，示談となる場合です。証拠保全を終え，協力医のコメントを得て，医療記録と医学文献に裏づけられた一応の過失構成ができたら，医療機関に対して「説明会」の開催を要求することが望ましいといえます（もっとも，当事者への従前における医療機関からの説明の内容，過失の明白さの程度，医療機関の態度などからみて，このステップを踏むことなく提訴すべき場合もあります）。問題となる医療行為を担当した担当医の出席を求めて，医療行為の経過とその根拠となった医学的判断について詳細な説明をするよう求めます。説明会の後，責任追及の方針に変更がなければ，損害賠償金支払いの催告書を医療機関または医療機関の代理人弁護士宛てに送付します。そして，これに対して医療機関側が責任を認める回答をした場合は示談で解決することになります。

示談交渉の弁護士報酬については，訴訟の例によりますが，次の調停と同じく，3分の2に減額することができるとされていました。

(2) 民事調停

次に，民事調停があります。

医療機関側が事故発生の責任を認めていて損害額について争っているにすぎない場合や訴訟では患者側の勝訴が期待できないが，さりとてそのまま引き下がるのは不本意であるといった場合，また，請求金額が少額の場合などは民事調停を利用することが考えられます。民事調停事件の報酬について，旧規程18条1項では，17条1項・2項に準ずる（ただし，3分の2の減額が

可能）ことになっていました。したがって，1,000万円の請求，1,000万円の回収の場合，着手金は40万円〜50万円，報酬金は80万円〜100万円が適当だと思います。

(3) **医療ADR**

次に，裁判外紛争解決機関（ADR）として，弁護士会が設置・運営する，あっせん・仲裁センターがあります。医療機関側が責任を認めていて主に損害額が問題となっているような場合に利用されます。弁護士や専門家があっせん・仲裁人となって問題解決を行います。調停や訴訟に比べ，手続が簡便で，解決までの期間が短く，経費が安いなどのメリットがあります。東京三会の医療ADRは2007年9月に創設され，2011年3月末までに合計143件の申立てがなされています。ADR利用の場合，申立手数料1万円，期日手数料5,000円のほか，成立手数料として，100万円で解決した場合は8万円，1,000万円で解決した場合は45万円がかかります。なお，弁護士を代理人に選任して医療ADRを利用する場合は，(2)の民事調停に準じた弁護士報酬が別途かかることになります。

（鐘築　優）

第2部　各論　第4章　損害賠償事件等

Q45　原発事故の賠償請求

　東京電力福島第一原子力発電所の事故により，自宅からの避難を余儀なくされ，現在も自宅に帰ることができません。東京電力への賠償請求を弁護士に依頼した場合の弁護士費用はどうなりますか。

A　本質問のように個人の被害者が，原子力損害賠償紛争解決センターのADR申立てによる損害賠償請求を依頼する場合の費用は概ね下記のとおりです。

①	着手実費	1人1万円
②	着手金	無料
③	報酬金	原則：東電からの支払額の5％ 例外：東電に対する直接請求によってすでに賠償金を受領している場合 　　・直接請求により賠償を受けた損害項目に関してはADRでの東電支払額の10％ 　　・その他の損害項目に関しては東電支払額の5％

解説

❶　原発事故の概要

　2011年3月11日に発生した東日本大震災により東京電力福島第一原子力発電所では全電源喪失という事態となり，炉心溶融や水素爆発など一連の放射性物質の放出を伴った原子力事故が起きました。大量の放射性物質の拡散に伴い，同発電所を起点とした近接地域に避難指示が次々と出され，その地域の住民は避難を余儀なくされ，自宅に戻れなくなりました（2013年3月の時

点での福島県民の避難者は15.4万人に及びます(環境省発表))。

避難区域の範囲はその後何度かの変遷を経て，①帰還困難区域，②居住制限区域，③避難指示解除準備区域等の区域となり，一部では避難指示が解除された区域もあります。しかし，多くの区域はいまだに避難区域に指定されており，放射線の線量が高い区域では解除の目処がまったく立たない状況になっています。

❷ 原発事故による損害の発生

このように避難を余儀なくされた住民たちは，避難のために各地を転々とした後，不自由な仮設住宅や故郷と遠く離れた慣れない土地で，見通しも立たない避難生活を強いられることになりました。

この避難に伴って避難費用（交通費・宿泊費）のほか，新生活を始めるための家財購入費・被服費・日用品購入費，生活費増加分などが損害として発生することになります。また，避難に伴う精神的損害も深刻なものとなりました。その他，放射線汚染によって大きく財産的価値を失った自宅不動産や家財などの財物の損害も発生することになりました。

❸ 損害賠償請求の根拠と基準

本質問事故のような原子力事故による損害の賠償については，原子力損害の賠償に関する法律（以下「原子力損害賠償法」）が民法の不法行為の特則を定めており，原子力事業者（本質問では東京電力）が無過失責任を負うことになっています（原子力損害賠償法3条）。したがって，避難者は事故と損害の因果関係を立証して，東京電力に対して損害賠償請求を行うことになります。

この損害は，わが国が今まで経験したことのない規模と深刻さであり，しかも継続しているものであるため，その賠償については迅速かつ適切な措置が講じられる必要があります。そこで，原子力損害賠償法18条に基づいて設置された「原子力損害賠償紛争審査会」が審議を重ね，賠償基準について「中間指針」を策定し，これを基準としながら賠償が行われることになって

います。

❹ 損害賠償請求の方法

ところで，損害賠償を求める方法としては，①東京電力への直接請求，②原子力損害賠償紛争解決センターへのADR申立て，③訴訟提起があります。

①は賠償義務者である東京電力自らが請求書式を被害者に交付し，被害者から直接請求を受けて賠償額を支払うものです。これは東京電力が上記「中間指針」を基準としながら同社の方針に基づいて支払いが行われることになります。

一方，東京電力による提案では十分な賠償を得られない場合には，②か③によることになりますが，③の訴訟は時間を要するため，②のADR申立てが多く利用されています。このADRは，原子力損害賠償紛争解決センターが和解をあっせんすることで，妥当な賠償を迅速に実現することを目的としています。

❺ 弁護士費用の目安

ADRを利用する場合の着手金・報酬金については標記基準がだいたいの目安であり，これは多くのADR案件を処理している東京の原発被災者弁護団が採用しているものです。

本質問のような原子力損害賠償事件の特徴は，被害者が本件原発事故によって経済的にも精神的にも大変厳しい状況に置かれている点にあります。したがって，着手金には格別な配慮が必要であり，法テラスの利用も積極的に行うこととなります。また，報酬金についても，通常の損害賠償請求事件に比べて低廉となっています。

なお，ADR事件の場合，通常は損害額の3％を弁護士費用として上乗せする和解案が提示されることが多く，被害者の弁護士費用の負担の軽減になっています。一方，訴訟を提起する場合の弁護士費用は一般的な不法行為訴訟の例が参考になりますが，やはり着手金については十分な配慮が必要です。

(平澤慎一)

Q46　消費者事件

❶　英会話教室を受講していますが，契約期間の途中で解約することになりました。しかしながら，教室側が解約や返金を認めません。交渉や裁判を弁護士に依頼した場合の弁護士費用はどうなりますか。

❷　ある商品を購入したところ，その不具合のため怪我をしてしまいました。ところが，販売した業者は契約書に免責規定があるとのことで賠償に応じません。交渉や裁判を弁護士に依頼した場合の弁護士費用はどうなりますか。

A　❶　本質問のような，英会話教室に対して解約や返金を求める場合，返還を求める金額や支払いを免れようとする金額を経済的利益として，通常の金銭請求事件と同様に一定の割合を乗じて，着手金・報酬金を計算することになります（300万円以下の部分について8％，報酬金16％など）。

　　また，訴えを提起する場合は，実費として，貼用印紙代や予納郵券代が別途かかります。

　　ただ，後述のように，事件の難易，解決に要する労力，また，依頼者の資力によって金額を増減額することもあると思います。

❷　本質問のような，販売業者に損害賠償を求める場合，支払いを求める金額や支払いを免れようとする金額を経済的利益として，通常の金銭請求事件と同様に一定の割合を乗じて，着手金・報酬金を計算することになります。

　　また，訴えを提起する場合は，実費として，貼用印紙代や予納郵券代が別途かかります。

第2部　各論　第4章　損害賠償事件等

解説

❶　英会話教室に対して解約や返金を求める場合

本質問のような，英会話教室との間で受講契約を結んだ場合，その契約は，特定商取引法に定められている「継続的役務提供契約」に該当することが多いと思われます。

「継続的役務提供契約」に該当する場合，英会話教室側には法律で定められた書面を交付する義務があり，受講者としては，書面の交付を受けてから8日間以内にクーリング・オフすることを記載した書面を発送することによって，無条件に契約を解除することが可能です（特定商取引に関する法律48条1項。以下「特商法」）。そこで，書面の交付を受けてから8日間以内に，弁護士に依頼してクーリング・オフの書面を送ってもらうような場合，弁護士にとっては，それほど難しい事件というわけではないといえます。また，法定書面を受領してから8日間を経過した後であっても，将来に向かって契約を解除することができ（特商法49条1項），違約金の定めがあっても，法定の範囲内の負担で済ませることができます。

したがって，弁護士とよく相談をして解決を求めるのが適当です。

なお，依頼者の中には学生など資力に乏しい人もいるかと思います。

そこで，旧会規17条2項が「前項及報酬金は，事件の内容により，30％の範囲内で増減額することができる」と定めていたことを勘案し，通常の報酬金から30％減額して，たとえば，120万円を回収した場合は，下記の計算式によって，報酬金額を12万8,000円とする場合もあると思います。

$$1,200,000 \times 0.16 \times (2/3) = 128,000$$

もっとも，前述の「30％の範囲内で増減額すること」については，事件を委任する際に弁護士とよく相談したうえで，契約を結ぶようにしてください。

❷　販売業者に損害賠償を求める場合

本質問のような，契約書に免責規定がある場合には，販売した業者は責任を負わないのが原則です。

しかし、買主が消費者である場合であって、目的物の欠陥による消費者の損害賠償責任の全部を免責するとの規定は、消費者契約法8条1項5号の適用によって、免責規定が無効であると主張することが可能となります。

また、消費者のなかには、資力が乏しい人もいるかと思います。

そこで、❶（英会話教室に対して解約や返金を求める場合）に記載したとおり、依頼者の資力を勘案して、着手金を30％減額するということもあると思います。

また、たとえば、販売した業者に対して、1,000万円の損害賠償請求訴訟を提起する場合の着手金は、一般的には、59万円（300万円×0.08＋700万円×0.05）となることが多いと思われます。ただ、依頼者がそのようなお金を準備できないという場合は、着手金を低い金額に設定して、最終的に販売した業者から賠償金を回収した時に報酬金を計算する際、着手金を低い金額に設定したことを考慮して、報酬金を増額するという方法もあると思います。

このような着手金、報酬金の計算方法については、事件を委任する際に弁護士とよく相談したうえで、契約を結ぶようにしてください。

（平澤慎一・小森貴之）

第5章　労働事件

Q47　労働紛争（労働者側）

　大企業に20年勤めていましたが，デモ行進に参加したところ，それが会社の知るところとなり，無断欠勤，成績不良等の理由を付けられて1,000万円になる退職金も支払われず，懲戒解雇されてしまいました。

　不当解雇なので，復職するか，それが困難だとしても，退職金その他十分な金銭の補償を受けたいと思うのですが，この場合の弁護士報酬の相場および実情は，どうなっていますか。

A　本質問は，場合分けが必要と考えられます。

❶　まず復職を求めて，懲戒解雇無効を理由とし，地位保全・賃金仮払いの仮処分申請をする場合の着手金の相場は，依頼者の勤務年数・給与額にもよりますが，20万円〜30万円程度が多いと思われます。

❷　上記仮処分申請の結果，職場復帰が叶った場合の報酬金の相場は，30万円〜50万円程度と思われます。

❸　上記について労働審判手続によった場合の着手金と報酬金の相場は，上記仮処分申請の場合と概ね同程度ですが，仮処分申請のほうがやや高額になる傾向があると思われます。

❹　会社都合による退職を前提として，退職金1,000万円の支払いを請求し訴訟を提起する場合の着手金は，50万円程度と思われます。

❺　上記訴訟の結果，退職金1,000万円が支払われた場合の報酬の相場は，100万円程度と思われます。

解説

❶ はじめに

本質問のような労働事件にあっては、上記回答のようにその請求の内容によって弁護士の着手金・報酬金の額は異なってきます。

すなわち、労働者が職場復帰を求め、地位保全・賃金支払い（仮払い）の仮処分申請ないし労働審判手続をする場合と、会社都合による退職を前提として退職金の支払いを請求する場合とでは、着手金・報酬金の算定根拠が異なります。

❷ 地位保全・賃金支払い（仮払い）を求める場合

これを個々にみていくと、まず前者の仮処分等を求める場合、労働者の勤続年数、給与額、そして事件の難度にもよりますが、一般的にいって多額の金銭の交付を求めるものではなく（仮払い仮処分は月々の賃金の支払いを求めるに止まる）、また労働者は職を失う状況にあって経済的に困窮している場合も少なくないので、着手金および報酬金の額については十分な配慮が必要となると思われます。

これが退職金規程の存しない場合であればなおさらです。本質問のような事例においては、労働者にとって職場復帰を目指すことが事実上困難な例も多く、そのような場合で退職金規程が存しないような場合にあっては、仮処分手続内ないし労働審判手続内で、給与額の３、４か月分程度での和解がなされることも多いといえます。そうすると、そのような場合には、事件の難度からして、着手金としてある程度の額を請求するべきものとしても、事件解決時にさらに報酬金を請求することは困難な事例も多くあると思われます。

2008年版アンケート結果によると、10年間勤務し、30万円の月額賃金を得ていた労働者に関し、懲戒解雇無効を理由とした地位保全の仮処分を申請し、これが叶ったという事例における着手金の額は20万円前後、報酬金の額は30万円前後〜50万円前後が最も多い回答となっています。職場復帰が叶わず、上記程度の内容の和解での解決がなされた場合には、報酬金額にとく

に配慮を要することになるでしょう（労働審判手続の場合も概ね同じ金額ですが，仮処分申請のほうがやや高額になる傾向があると思われます）。

ちなみに，長く勤めていた会社を退職した労働者に関し，会社が経営難を理由として支払わない退職金300万円と未払い残業代100万円の支払いを求めて訴訟を提起した結果，任意に全額受け取ることができたという未払い金請求の事例における着手金の額は20万円前後〜30万円前後，報酬金の額は50万円前後が最も多く30万円前後と合わせると4分の3を占める回答となっています。

❸ 退職金の支払いを求める場合

また，本件のような事例においては，懲戒解雇の無効を主張しつつも，会社都合による退職を前提として，あるいは仮に懲戒解雇を前提としても，退職金の不支給が許されない事例として，退職金の支払いを請求する場合があります。

これは基本的には，金銭の交付を請求するものですから，請求額を経済的利益として，これに対応する着手金を要するものといえますが，加えて，このような事例では，会社側も手続上，懲戒解雇とした以上，その正当性を相当争ってくることが予想され，すでに就労していない状態の労働者側としては，証拠収集に困難を生ずる場合も考えられるので，着手金の算定にあたっては，これら事件の難度等の事情も斟酌されることになるでしょう。

報酬金も同様であり，基本的には，認容額・和解金額を経済的利益として，これに対応した金額を算定しますが，内容の複雑さや困難さも報酬金額に影響することになります。

ちなみに旧規程に基づき，経済的利益を1,000万円として計算すると，着手金の標準額は，その請求額の5％＋9万円で59万円，報酬金の標準は，裁判による1,000万円の認容の場合，その認容額の10％＋18万円の118万円になります（そして，旧規程では，事件の内容により，ここから30％の範囲内で増減額されるものとされています）。

❹ まとめ

　このように，労働事件において，労働者側の依頼を受けた場合には，単に請求金額に応じて費用額を算定するだけでなく，労働者の勤続年数や給与額等の個別事情，そして何よりも労働者の現在の経済的事情を考慮に入れる必要があります。

　その意味で，2008年版アンケート結果においてコメントされているとおり，懲戒解雇の理由に合理性があるか否か，証拠の有無，労働者の解雇されてからの生活状況，事案の複雑さ，裁判に要した手数や労力，労働者の事情などによって，幅があるといえますので，依頼にあたってはあらかじめ弁護士に確認しておくことがとくに必要であると考えられます。

（菅谷公彦）

Q48 労働紛争（使用者側）

労働者から，未払残業代請求や，労働契約上の地位確認（解雇無効）が主張されました。弁護士に交渉を依頼した場合の報酬の相場や実情を教えてください。また，労働審判が申し立てられた場合の，弁護士報酬についても教えてください。

A 地位確認請求の場合の未払給与額や未払残業代請求額を考慮する必要があるものの，未払残業代請求および地位確認請求ともに，概ね以下のようにいえると考えます。

❶ 任意交渉の場合，着手金は20万円〜30万円が多く，報酬金については，顧問契約の有無，解決までの期間や作業量をふまえる必要がありますが，0〜20万円程度が多いと思われます。

❷ 労働審判が申し立てられた場合，着手金は30万円〜50万円，報酬金は20万円〜30万円が多いと思われます。

❸ なお，審判に異議が出されて本訴に移行した場合，追加で請求する着手金は10万円〜20万円，報酬金は，労働審判分を含めて30万〜50万円が多いと思われます。

なお，地位確認（解雇無効）と未払残業代は併せて請求されるケースも多いですが，そのような場合でも，上記❶〜❸の報酬額が合算されるというよりは，上記報酬額幅のうち高めか多少超える金額になるのが実情と思われます。

解説

❶ **任意交渉の場合**
(1) 任意交渉期間の短期化——労働審判手続利用の増加

近年の傾向としては，実務上は任意交渉にさほど時間がかけられることはなく，話合いでまとまる余地がないと判断された場合には，早々に労働審判が申し立てられることが多いように思われます。また，労働者側弁護士の判断にもよりますが，任意交渉を経ることなく労働審判が申し立てられるケースも珍しくありません。

この点，2006年4月1日にスタートした労働審判制度は，解雇や残業代未払いなどの労使間トラブルを，迅速，適正かつ実効的に解決することを目的としています。実際上も，通常訴訟よりも迅速な手続で一定の金銭解決が図られる結果となることが多いため，特に労働者側にとっては利用しやすい制度として利用件数は増加の一途にあります。

(2) 弁護士報酬（着手金・報酬金）の傾向

これらをふまえ，任意交渉の場合の弁護士報酬を検討すると，作業量としては，書面作成および面談交渉ともに1，2回と合意書の作成程度のイメージで，紛争解決までの期間も比較的短期間であることを前提に，着手金・報酬金併せて20万円〜30万円程度が多いように思われます。

この点本来，報酬金は，任意交渉に要した期間や作業量，請求された額からの減額額（経済的利益）をふまえる必要があります。しかしながら，通常，使用者側は，紛争解決のための解決金の支払いが避けられないのが実情であるため報酬金を請求するとしても低額になる傾向があり，顧問契約の有無など依頼者との関係により，報酬金は請求しない判断もあるかと考えます。

❷ 労働審判が申し立てられた場合

(1) 労働審判手続

労働審判手続の平均審理期間は75日程度，期日は原則3回以内で終了します。

一般的な手続の流れとしては，第1回期日の前半に書面や証拠に基づき審理がなされ，後半の時間で和解の試みが始まり，調停が成立しない場合には，遅くとも第3回期日までに審判がなされます。審判に対して2週間以内に異議の申立てがあれば，労働審判は失効して通常訴訟に移行します。

(2) 使用者側弁護士に求められる対応——通常訴訟に準じた負担

労働審判を申し立てられた場合，相手方（通常は使用者側）は，呼出しから1か月程度で指定される第1回期日の1週間前までに，答弁書および証拠等の提出を行わなければならず，この提出期限は非常に厳格です。

また，上記(1)で述べたとおり，第1回期日において概ねの審理が終了し，和解の試みが始まるため，これらの答弁および証拠は結果に直結します。よって，労働審判を申し立てられた使用者側弁護士は，短い場合は2～3週間程度で予想される争点についての反論を含めた答弁書を作成，証拠を提出しなければならず，かなりタイトなスケジュールで通常訴訟の2，3回期日くらいまでのボリューム感の準備を進めなければならない感覚です。

さらに，審判に異議が出されて訴訟移行する場合には，労働審判申立書が訴状とみなされますので，この点からも答弁書および証拠については通常訴訟を念頭においた対応が必要です。

よって，労働審判手続は，訴訟に先行する迅速な紛争解決手続ではありますが，上記のスケジュール感および作業量に鑑みれば，使用者側弁護士としては，通常訴訟と比較して必ずしも手続上の負担が軽いとはいえないと考えます。

(3) 弁護士報酬（着手金・報酬金）の傾向

上記をふまえると，労働審判の申立てを受けた使用者側弁護士の弁護士報酬を検討する場合には，訴訟事件を前提とする旧規程17条（民事事件の着手金及び報酬金）の規定を基準とすることにも十分理由があると考えます。解雇無効を前提とした未払賃金（バックペイ）請求額や請求された未払残業代請求額を前提に経済的利益を算出し，着手金および報酬金を算出することになります。

この点，ご承知のとおり個別労使紛争自体が増加傾向にあるため，労働者側弁護士のみならず，使用者側弁護士も労働審判については明確に報酬体系をホームページ等で示していることが多く，着手金・報酬金については，上記旧規程17条に近い設定が多い印象です。

Q48 労働紛争（使用者側）

図表 民事事件の着手金および報酬金

経済的利益の額	着手金	報酬金
300万円以下の部分	8％	16％
300万円を超え3,000万円以下の部分	5％	10％
3,000万円を超え3億円以下の部分	3％	6％
3億円を超える部分	2％	4％

　なお，労働審判制度における解決率は8割を超えるといわれ，多くの場合，使用者側（企業）が一定の解決金を支払うことにより終了します。

　これは，相当数の案件において，法的には使用者側の主張に理由があるいわゆる「勝ち筋」の事案であっても，使用者側が，紛争継続に伴う物心両面のコストを考えて解決金を支払う和解案を受け入れている実情を示していると考えます。

　かかる実情を前提とすると，(1)で述べたとおり，使用者側弁護士としては，事案終了時に別途報酬金を請求するには難しい要素があることは否定できないため，報酬金よりも着手金を高めに設定したり，場合によっては別途報酬金は請求せず，50万円程度の着手金のみで受任する報酬設定も見受けられます。

❸ まとめ

　労務関係全般にいえることですが，労働紛争は，多くのケースにおいて紛争解決のために使用者側に一定の金銭支払いが求められるのが実情です。

　弁護士報酬を決定する際の作業量単価は各弁護士の事情によるところも大きいですが，依頼者との関係では上記の特殊性をふまえることが1つの要素となると考えます。

（義経百合子）

第6章 家事事件

Q49 離婚

婚姻をして10年が経ち，夫は40歳，その妻で専業主婦の私が35歳で，8歳になる子供1人がいる夫婦です。夫の帰りが毎晩遅く，また，浮気をしている様子で，私としては離婚をしたいと思います。

離婚請求をする場合の弁護士報酬の相場および実情は，どうなっていますか。

---

❶ 本質問の離婚請求についての着手金の相場は，30万円程度が多いと思われます。

❷ また，離婚ができた場合の成功報酬（謝金）の相場は，一般的には，30万円程度と思われます。

❸ ただし，離婚の場合は，調停から訴訟まで継続して弁護士を依頼する場合や，離婚と併せて，親権や養育費，財産分与や慰謝料を請求する場合が多く，事件の難易，解決までに要する労力にかなりの差があること，地域や弁護士によって差が出ることに留意してください。また，調停の場合は，印紙代は，1,200円ですが，訴訟の場合は，離婚のみの場合は，13,000円，財産分与は，1,200円，慰謝料については，一般の民事事件と同様の印紙代が併せて必要になります（ただし，慰謝料の請求が160万円を超える場合は，離婚のみの場合の印紙代13,000円は不要で，慰謝料の請求が160万円以下の場合は，離婚のみの場合の印紙代13,000円です）。

解説

❶ 旧規程における離婚請求事件の報酬

　離婚請求事件は，離婚原因の有無，子の親権の帰属，養育費，財産分与，慰謝料等多面的な解決を必要とし，しかも感情的な対立を含むことによる解決の困難性を伴います。

　そのうえ，法手続上も調停前置主義により，まず家庭裁判所の調停を経ないと訴訟が提起できないことになっています。

　旧規程22条1項では，離婚事件の報酬額を次のとおり定め，適正妥当な範囲内で増減することができると定めていました（同条5項）。

図表 離婚事件の報酬額

離婚事件の内容	着手金および報酬金
離婚調停事件，離婚仲裁センター事件または離婚交渉事件	30万円以上50万円以下
離婚訴訟事件	40万円以上60万円以下

　また，旧規程22条3項で離婚調停事件から引き続き離婚訴訟事件を受任するときの着手金は，同条1項の離婚訴訟事件の着手金の額の2分の1とすると定めていました。

　さらに，財産分与，慰謝料など財産給付を伴うときは，旧規程22条1項の金額に同17条，18条に定める民事事件の着手金，報酬金の額以下の適正妥当な額を加算して請求することができると定めていました。

❷ 離婚請求事件の各手続

　離婚請求事件については，調停，審判，訴訟手続による解決があり，離婚のみではなく，親権，養育費，財産分与，慰謝料の請求も併せて申し立てられる場合が多いことから手続が多岐にわたっています。

第2部　各論　第6章　家事事件

(1) 調停手続

　離婚請求は，調停前置の原則からまず家庭裁判所に調停を申し立てる必要があります。ここでは，親権，養育費，財産分与，慰謝料も併せて申立ての対象となります。申立ての内容について合意ができると調停が成立します。調停の成立が見込めない場合にも，家裁が相当と認めるときは調停に代わる審判で離婚を含む申立ての内容を認めることがあります（家事事件手続法284条）。2008年版アンケート結果によると，調停の着手金は20万円が45.1％，30万円が41.5％，報酬金は30万円が39.6％，20万円が30.3％，40万円が14.2％となっています。

(2) 審判手続

　離婚調停で離婚，親権について調停が成立し，養育費，財産分与，慰謝料について合意ができなかった場合，養育費，財産分与については審判に移行し，慰謝料については，訴訟に移行します。離婚のみ合意し，親権の合意ができない場合，離婚のみを調停で成立させ，親権について審判に移行する場合もあります（家事事件手続法272条4項）。

(3) 訴訟手続

　離婚について合意ができなかった場合は，審判に移行する場合を除き，親権，養育費，財産分与，慰謝料についても離婚請求と併せて訴訟に移行します。離婚訴訟から弁護士が受任する場合と離婚調停から離婚訴訟を引き続き受任する場合があります。

❸ 2008年版アンケート結果における離婚請求事件の報酬

　2008年版アンケート結果によると離婚訴訟から受任する場合の着手金は，30万円が52.7％，20万円が26.4％，40万円が11.7％となっており，調停事件から引き続き受任する場合は，10万円が42.5％と最も多く，着手金の追加をしないとの回答も26.3％となっています。

　また，2008年版アンケート結果によると，離婚訴訟から受任し，離婚が成立した場合の報酬金は，30万円が37.1％，20万円が20.1％，50万円が17.1％，40万円が16.5％となっており，離婚調停から引き続き受任した場合

の報酬金は，30万円が36.2％，20万円が19.6％，40万円が17.8％，50万円が16.9％となっており，調停で離婚が成立した場合に比べ，金額が大きくなっています。

❹ まとめ

以上のように離婚と併せて親権，養育費，財産分与，慰謝料を請求すると，調停の合意の内容により，審判に移行したり，訴訟に移行したりするため，あらかじめ弁護士報酬の約定をする際それぞれの場合の報酬をきちんと取り決めておくことが望まれます。

❺ 渉外離婚

なお，近年では，渉外離婚が増加しています。国境を越えた子の連れ去りに関し，2013年5月の通常国会においてハーグ条約の締結が承認され，2014年4月に発効しました。国内法である，いわゆるハーグ条約実施法も2014年4月に施行されました。

今後は，渉外離婚事件についての相談も増加すると思われます。その場合の弁護士費用としては，これまで述べた弁護士報酬のほかに，準拠法等の調査に要する費用や，翻訳・通訳費用，場合によっては現地の弁護士に対する法律調査費用・意見書作成費用等が発生することが考えられます。依頼者にはあらかじめ，このような費用が発生することを伝えておくことが望まれます。

（大塚孝子・安齋瑠美）

Q50　子との面会交流

私には3歳の子どもがいますが，妻と離婚した際に，子どもとも別居することになってしまいました。離婚の際，月に1回子どもと面会させてもらえることを妻と約束しましたが，もう半年も会わせてもらっていません。

子どもと面会できるよう，妻に請求したいのですが，この場合の弁護士報酬の相場および実情はどうなっていますか。

---

❶　調停・審判の申立てをする場合，着手金として，20万円～30万円程度が多いと思われます。

❷　報酬金は，着手金と同程度のことが多いと思われますが，とくに支払いを求めないこともあると思われ，かなりの幅があるでしょう。相場といえるほどの情報はありません。

解説

❶　面会交流の申立て

「月に1回子どもと面会させてもらえること」を約束したとのことですが，これが協議離婚の際の約束だったという前提でお答えします。もし，調停離婚をして，その際に面会交流についての約束も「調書」という形の裁判所での約束になっていれば，強制執行の可否の問題となりますが，ここでは割愛します。

離婚の際の面会交流の約束が，離婚調停で作成された調書で調停条項として明記されていないとすれば，あらためて，面会交流についての約束をする必要が出てきます。まずは弁護士を立てて交渉するところから始め，うまくいかない場合には，家庭裁判所に，面会交流を求める調停・審判の申立てを

することになります。

❷ **幅がある報酬金額**

　一口に調停・審判といっても，事件の種類によって，労力やかかる時間にも差があり，報酬の決め方も異なってきます。

　2008年版アンケート結果では，家事事件のなかでは離婚調停と遺産分割調停についての調査しかありませんので，本件のような面会交流を求める調停・審判の報酬額の実態をアンケート結果から知ることはできません。

　参考のために，離婚調停（親権と慰謝料200万円の請求が争点となる事案）の場合，着手金額としては20万円と30万円で拮抗しており，その合計で87％に達します。また，報酬は，調停で終わった場合には，20万円が約30％，30万円が約40％ですが，40万円以上も30％程度あります（詳細はQ49参照）。

　同じ調停でも，遺産分割調停の場合には，遺産額が多くなるほど着手金・報酬とも高額になる傾向があり，2008年版アンケート結果では，遺産1億円について相続人3人で争っている事案について，着手金は50万円が約40％で多く，次に30万円が30％と続いています。報酬も離婚に比べてかなり高額です（詳細はQ55参照）。

　これらとの比較でいうと，面会交流を求める調停・審判の弁護士費用は，離婚調停と同程度ではないかと思われます。というのは，面会交流を求める調停・審判は，相手方から金銭の支払いを受けられる類の事件ではないので，依頼者の金銭的負担を考えると報酬金を高額に設定しにくい，という事情があるからです。

　一般論として，いきなり調停の申立てをするのではなく，まずは任意の交渉の可能性を探ると思いますが，その際も，調停申立てに準じた着手金を受領し，調停申立てをすることに決めた段階で，若干の追加着手金を受領するということもあるでしょう。さらには，調停のみで終わる場合と審判に移行した場合とで，弁護士の労力は変わってくるので，初めに調停のみを前提として着手金額を決め，審判に移行した場合には追加着手金を支払うという約束の仕方をする場合もあるでしょう。

また、報酬については、本質問の場合の成功とは、面会交流が実現することであって、これに対する報酬を受領することは弁護士からみると合理的なのですが、依頼者の資力によっては、報酬は請求しないという弁護士もいると思われます。このあたりは、かなり幅があると思われ、相場として記述できるほどの資料がありません。

❸ 子どもの手続代理人制度

なお、本質問のような面会交流や、親権変更・監護者指定など、子どもに関わる紛争の場合、子ども自身が代理人弁護士を選任したり（私選）、裁判所が選任してくれたり（国選）する「子どもの手続代理人制度」もできました。子どもの手続代理人の報酬額や、誰が費用を負担するかということは、まだ実務が確定していません。そもそも、資力がない子どもが弁護士を依頼する権利を実質的に保障するためには、本来、弁護士費用を国費で賄う制度が必要なはずですが、今のところ、実現していません。

しかし、子ども自身の代理人弁護士が選任されることによって、子どもの最善の利益に適う解決に近づくことが期待できますので、本質問のような事案でも、ご自分の代理人弁護士と相談して、子どもの手続代理人選任の要否・可否を検討してみるとよいでしょう。

（川村百合）

Q51　DV・ストーカー対応

❶　夫の日常的な暴力に悩んでおり，その解決を弁護士に依頼した場合の弁護士報酬はどうなりますか？

❷　ストーカー被害に悩まされており，警察への相談や民事の賠償を一括して弁護士に依頼したいと考えていますが，この場合の弁護士費用はどうなりますか？

A　❶　「配偶者からの暴力の防止及び被害者の保護等に関する法律」（以下「DV防止法」）に基づく保護命令の申立てを行う場合には，着手金，報酬金ともにそれぞれ10万円～30万円程度となることが多いと思われますが，DV事件の特殊性に鑑み，保護命令の申立てのみについては，10万円～30万円程度の着手金あるいは手数料のみという場合もあります。

❷　ストーカー行為に対する対応の依頼を受ける場合には，一般的には個々の対応策について着手金，報酬金を定めてその合計額を前提に弁護士報酬を定め，刑事事件としての対応については，旧規程35条の告訴，告発等を行う場合を参考に，民事事件たる損害賠償請求は，旧規程17条の民事事件の着手金および報酬金の定めをもとに，決定することが多いものと思われます。

解説

❶　DV事件の対応

（1）　DVとは

DV（ドメスティック・バイオレンス）とは，夫婦（法律婚，事実婚を問いません）の一方たる配偶者が他の配偶者に対して行う暴力をいいます。この「暴力」は，殴ったり物を投げつけたりする物理的な暴力だけでなく，侮辱，

恫喝，無視，不保護といった精神的暴力，虐待も含まれます。

(2) DV防止法

　DV防止法では，被害者の生命または身体に危害を加えられることを防ぐため，裁判所が，被害者の申立てにより，身体に対する暴力や生命等に対する脅迫を行った配偶者に対し，一定期間，被害者または被害者の子や親族等へのつきまとい等の禁止や，被害者とともに生活の本拠地としている住居からの退去等を命じる裁判である「保護命令」をなすことができる旨を定めています（DV防止法第4章）。

　暴力は犯罪であり，重大な人権侵害であり，何よりも被害者の生命，身体の安全を確保することが大事です。そのために，DV被害の相談を受けた場合に，この保護命令の申立てを行うことが多いと思われます。

(3) 保護命令申立て

　この場合の弁護士業務としては，その被害の性質上，できるだけ早く申し立てを行う必要があるため，短期間に保護命令申立書を作成し，必要な書証を準備して，申立後は審尋期日の出頭を行う必要があります。それに加えて，DV加害者は，攻撃性が高いことが多く，逆恨みをされて業務妨害を受ける可能性もあり，そのリスク対応への準備も必要となります。

(4) 弁護士報酬

　他方，DV被害者は，多くが女性であり，その場合経済的弱者であるということが一般的ですので，弁護士報酬の負担がDV被害からの回避を遅らせることにもなりかねません。そして，保護命令を申し立てる場合，離婚請求をすることが多く，その弁護士報酬も追加されることになります。

　着手金，報酬金ともにそれぞれ10万円～30万円程度となることが多いと思われますが，DV事件の特殊性に鑑み，保護命令の申立てのみについては，10万円～30万円程度の着手金あるいは手数料のみという場合もあります。

❷　ストーカー事件の対応

(1) ストーカー規制法

　被害者が，交際相手や元配偶者からのつきまといを恐れている場合には，

「ストーカー行為等の規制等に関する法律」（以下「ストーカー規制法」）等における対応策を検討することになります。

ストーカー規制法は，「何人も，つきまとい等をして」（ストーカー規制法3条）とあるように，現につきまとい等で悩まされていれば利用できます。

(2) つきまとい等

そして「つきまとい等」とは，「特定の者に対する恋愛感情その他の好意の感情又はそれが満たされなかったことに対する怨恨の感情を充足する目的で，当該特定の者又はその配偶者，直系若しくは同居の親族その他当該特定の者と社会生活において密接な関係を有する者に対し，」ストーカー規制法2条1項各号のいずれかに掲げる行為（待ち伏せ，監視，面会の要求，著しく粗野または乱暴な言動，無言電話等）をすることをいいます。

警察本部長等は「つきまとい等」をした者に対し警告をすることができると定め（ストーカー規制法4条1項），さらに都道府県公安委員会は，警告に従わずに，さらに反復して「つきまとい等」をするおそれがある者に対し，当該行為を禁止する命令（禁止命令）を発することができる旨定め（同法5条1項），禁止命令に違反した者には罰則（50万円以下の罰金）を科することにしています（同法15条）。

(3) ストーカー行為

また，ストーカー規制法では，同一の者に対し，「つきまとい等」を反復してすることを「ストーカー行為」と定義し（同法2条2項），ストーカー行為をした者は，6か月以下の懲役または50万円以下の罰金に処するとしています（同法13条1項）。

なお，ストーカー行為罪は親告罪にあたります。

さらに，禁止命令に違反してストーカー行為をした者および禁止命令等に違反してつきまとい行為等をすることにより，ストーカー行為をした者に対しては，1年以下の懲役または100万円以下の罰金に処することになります（ストーカー規制法14条）。

(4) 損害賠償請求

そして，つきまとい等により，被害者の法的利益が侵害されたという場合には，被害者は加害者に対し損害賠償請求を行うことができます（民法709条等）。

(5) 弁護士報酬

ストーカー行為に対しては，行政的規制による対応のほか，刑事責任および民事責任の追及による対応策が考えられます。弁護士によっては一括対応そのものについて弁護士報酬を定めていることも考えられますが，一般的には個々の対応策について着手金，報酬金を定めてその合計額を前提に弁護士報酬を定めることが多いものと思われます。

前述のように，ストーカー行為に対しては大きく，警察に対する対応を含む刑事事件と損害賠償請求たる民事事件が考えられますが，前者については，旧規程35条の告訴，告発等を行う場合を参考に，後者は，旧規程17条の民事事件の着手金および報酬金の定めをもとにしつつ決定することが多いものと思われます。

（中井陽子）

Q52　成年後見人

❶　最近，高齢の母の認知症が進んでいるようで，同じものをいくつも買ってしまうのでとても心配です。娘の私が成年後見人となって財産管理をしてあげたいのですが，この場合の弁護士費用はどうなりますか

❷　また，弁護士に成年後見人になってもらう場合は，どのくらいの費用がかかりますか。

---

❶　成年後見開始審判の申立代理についての弁護士の手数料の相場は，20万円程度が多いと思われます。

　なお，このほかに，裁判所に提出する書類（本人の判断能力の程度を示す診断書，戸籍謄本，住民票，登記されていないことの証明書，財産関係を示す不動産登記簿謄本など）の取得費用，裁判所に納付する申立手数料，後見登記費用，送達費用，鑑定費用がかかります。これらの費用は，原則として申立人となる家族が負担することになります。

❷　成年後見人の報酬は，家庭裁判所が公正な立場から金額を決定したうえで，本人の財産の中から支払われます。具体的には，成年後見人等として働いた期間，被後見人の財産の額や内容，成年後見人等の行った事務の内容などを考慮して決定されます。

解説

❶　成年後見等開始審判の申立代理費用

　成年後見開始審判申立事件は，多くの場合は本人保護の必要性について争いがないことが多く，その場合には，旧規程における簡易な家事審判事件として，手数料方式を採る場合が多いと思われます。

他方，近時，相続の前哨戦ともいうべき親族間の対立がみられる事案が目につきます。認知症が始まった本人を親族の一部が囲い込み，判断能力に関する資料や財産に関する資料が容易に入手できない場合に，本人の財産保護の目的で対立親族から申立代理の委任を受けるなどの場合です。このような熾烈な争いがある事案では，成年後見開始審判申立事件といえども着手金・報酬方式による場合もあります。

2008年版アンケート結果では，弁護士報酬を10万円前後とする者が30.7％，20万円前後とする者が42.0％，30万円前後とする者が14.9％という結果が出ています。先に述べた争いのない事件としての手数料は10万円～20万円がボリュームゾーン，熾烈な争いのある事案で着手金・報酬方式を採る場合に合計で30万円前後となるのがボリュームゾーンと思われます。

本質問では，本人の娘が親族後見人になることが想定されています。この場合，近時，成年後見人による不祥事防止の観点から，家庭裁判所が後見制度支援信託の利用または成年後見監督人を付すことを求める場面が増えています。

後見制度支援信託は，三菱東京UFJ信託銀行，三井住友信託銀行，みずほ信託銀行，りそな銀行が取り扱っています。各信託銀行によって，信託設定時の手数料，ランニングコストとしての管理手数料の有無，額が異なります。

成年後見監督人の報酬については，次の項目で述べます。

❷ 後見人等の報酬

(1) 報酬の決定方法

後見人の報酬は，家庭裁判所の審判事項であり（民法862条，家事事件手続法39条，別表一13（成年後見人，成年後見監督人），同31（保佐人，保佐監督人），同50（補助人，補助監督人），同119（任意後見監督人）），後見人が被後見人の財産から勝手に受領することはできません。保佐人（民法876条の5），補助人（同法876条の10），後見監督人（同法852条），保佐監督人（同法876条の3），補助監督人（同法876条の8）にも準用があります。

具体的には，後見人等が，被後見人等の住所地を管轄する家庭裁判所に対

し，概ね年1回の後見事務報告と併せて，報酬付与審判の申立てをします（家事事件手続法117条，128条，136条）。

申立てを受け，家庭裁判所は，①被後見人等の資力，②後見人等の管理する財産の内容，③後見人等と被後見人等との関係，④対象期間中の後見等事務の内容（財産管理および身上監護）などを総合勘案し，家庭裁判所の裁量により，各事案における適正妥当な金額を算定して審判をします。

(2)「報酬額のめやす」

東京家庭裁判所が公表した，これまでの審判例等，実務の算定実例をふまえた標準的な「報酬額のめやす」によれば，報酬は，基本報酬と付加報酬の2本立てです。

基本報酬は，管理財産の額により後見人・保佐人・補助人と各監督人の別に標準額が定められています。成年後見人，保佐人，補助人が通常の後見事務を行った場合の「報酬額のめやす」は月額2万円です。管理財産額（預貯金および有価証券等の流動資産の合計額）が高額な場合には，財産管理額が1,000万円を超え5,000万円以下の場合には基本報酬額を月額3万円～4万円，管理財産額が5,000万円を超える場合には基本報酬額を月額5万円～6万円となります。各監督人の基本報酬は，管理財産額が5,000万円以下の場合には月額1万円～2万円，管理財産額が5,000万円を超える場合には月額2万5,000円～3万円となります。

付加報酬は，身上監護等に特別困難な事情があった場合の基本報酬に対する割増しと，訴訟行為や遺産分割協議など特別の行為をした場合の相当額の報酬が考慮されます。

平成25年1月1日

成年後見人等の報酬額のめやす

東 京 家 庭 裁 判 所
東京家庭裁判所立川支部

1 報酬の性質

　家庭裁判所は，後見人及び被後見人の資力その他の事情によって，被後見人の財産の中から，相当な報酬を後見人に与えることができるものとされています（民法862条）。成年後見監督人，保佐人，保佐監督人，補助人，補助監督人及び任意後見監督人についても，同様です。

　成年後見人等に対する報酬は，申立てがあったときに審判で決定されます。報酬額の基準は法律で決まっているわけではありませんので，裁判官が，対象期間中の後見等の事務内容（財産管理及び身上監護），成年後見人等が管理する被後見人等の財産の内容等を総合考慮して，裁量により，各事案における適正妥当な金額を算定し，審判をしています。

　専門職が成年後見人等に選任された場合について，これまでの審判例等，実務の算定実例を踏まえた標準的な報酬額のめやすは次のとおりです。

　なお，親族の成年後見人等は，親族であることから申立てがないことが多いのですが，申立てがあった場合は，これを参考に事案に応じて減額されることがあります。

2 基本報酬

(1) 成年後見人

　　成年後見人が，通常の後見事務を行った場合の報酬（これを「基本報酬」と呼びます。）のめやすとなる額は，月額2万円です。

　　ただし，管理財産額（預貯金及び有価証券等の流動資産の合計額）が高額な場合には，財産管理事務が複雑，困難になる場合が多いので，管理財産額が1000万円を超え5000万円以下の場合には基本報酬額を月額3万円～4万円，管理財産額が5000万円を超える場合には基本報酬額を月額5万円～6万円とします。

　　なお，保佐人，補助人も同様です。

(2) 成年後見監督人

　　成年後見監督人が，通常の後見監督事務を行った場合の報酬（基本報酬）のめやすとなる額は，管理財産額が5000万円以下の場合には月額1万円～2万円，管理財産額が5000万円を超える場合には月額2万5000円～3万円とします。

　　なお，保佐監督人，補助監督人，任意後見監督人も同様です。

3　付加報酬
　成年後見人等の後見等事務において，身上監護等に特別困難な事情があった場合には，上記基本報酬額の50パーセントの範囲内で相当額の報酬を付加するものとします。
　また，成年後見人等が，例えば，報酬付与申立事情説明書に記載されているような特別の行為をした場合には，相当額の報酬を付加することがあります（これらを「付加報酬」と呼びます。）。
4　複数成年後見人等
　成年後見人等が複数の場合には，上記2及び3の報酬額を，分掌事務の内容に応じて，適宜の割合で按分します。

以上

出典：http://www.courts.go.jp/tokyo-f/vcms_lf/130131seinenkoukennintounohoshugakunomeyasu.pdf

（寺町東子）

Q53 遺言

自宅1軒とアパート1棟を所有し，その他に現金があります。妻と長男と長女がいますが，長男と長女の折り合いがよくないので，私の死後は，長男に自宅をやるなど長男に厚くする公正証書遺言を作成し，弁護士に遺言執行者になってもらいたいと思います。
この場合の弁護士報酬の相場および実情はどうなっていますか。

---

❶ 遺言書作成に必要な手数料としては，定型的な遺言であれば10万円～20万円の間となることが多いと思われます。

❷ 遺言執行報酬は上記財産の価額により異なりますが，遺産総額が5,000万円を超えるような場合は100万円程度を考えておいてください。

解説

❶ 遺言書作成事件

(1) 旧規程における遺言書作成事件の報酬

遺言書作成は，作成すれば終了するので，1回の手数料となります。旧規程38条2号によれば，遺言書作成につき，定型の場合は10万円～20万円の範囲内の額，非定型の場合は，経済的利益の価額を基準にして以下（図表1）のとおりであり，特に複雑または特殊な事情がある場合は協議によって定め，公正証書遺言ではこれに3万円を加えることになるものとされていました。

図表1　遺言書作成の手数料

300万円以下の部分	20万円

300万円を超え3,000万円以下の部分	1%
3,000万円を超え3億円以下の部分	0.3%
3億円を超える部分	0.1%

(2) 遺言書作成事件の経済的利益

　遺言の場合，経済的利益は，遺言書に記載される財産の額ということになります。本質問の遺言書の記載事項は，おそらく，全遺産ということになるでしょう。経済的利益の価額は通常の民事事件と同様時価で算出します。土地については時価というのはなかなか算出しにくいものですので，便宜上路線価を時価とすることもよく行われています。建物については固定資産評価額が一応の基準となりますが，アパートについては，収益還元法による額を加味することになるものと思われます。

(3) 定型・非定型の区別

　定型と非定型との区別は明確ではありません。定型とされる遺言書作成費用が低額であるのは，手数があまりかからないことを理由とするものです。その趣旨からすると，定型とされるのは，内容の複雑ではない遺言および相続財産が多くない場合の相続させる旨の遺言を指すと解することができます。

　本質問は，遺産のうち，自宅を長男に相続させ，長男に厚くするというのですから，おそらく，全遺産を割り付けるいわゆる「割付遺言」になるでしょう。割付遺言も定型的といえますので，原則的には定型に分類されます。しかし，どのような遺言にすべきかの相談から始まり，全遺産およびその額を調査し，誰にどのように割り付けるのかを遺言者に確かめて，相談に乗るなどして手数がかかる場合は，定型のうちの高額の金額となります。

　負担付であったり，自分が先に死亡したら妻に，妻が先に死亡していたら長男に，という内容のもの，割付先に相続人でないものがある場合，法人に対する遺贈，債務について記載したものなどは，非定型遺言ということにな

るものと思われます。

(4) 2008年版アンケート結果における遺言書作成事件の報酬

2008年版アンケート結果によれば、遺産評価額総額5,000万円、定型事例で、10万円前後が50.7％、20万円前後が30.2％、30万円前後が12.7％となっています。

なお、単位は、遺言書１通と解して差し支えありません。夫婦で作成する場合には、別々に作成しなければならない（民法975条）ので２通になりますが、同時に作成する場合は、旧規程６条２項の趣旨に則って減額する場合もあります。遺言執行費用、遺言書検認事件は別に手数料が必要です。

❷ 遺言執行事件

(1) 旧規程における遺言執行事件の報酬

弁護士を遺言執行者に指定して、遺言が執行された場合は、遺言執行手数料を支払うことになります。遺言執行の重要部分は、不動産に関する登記移転、預金等の名義変更、株式の名義変更などです。なお、特定資産を特定の相続人に「相続させる」と記載した遺言は、被相続人の死亡によって効力が生じますので、当該遺言書があればその相続人単独で名義書換えができて、「遺言執行」の余地を生じません。この点については、なお後述します。

遺言執行の手数はほとんど相続財産の数と金額および相続人の数に比例します。執行は金融機関を相手にすることが多いので、多くは手数のかかる事務といえます。旧規程（38条２号）では基本として以下（図表２）のとおり定めています。

図表２　遺言執行手数料

300万円以下の部分	30万円
300万円を超え3,000万円以下の部分	2％
3,000万円を超え３億円以下の部分	1％

3億円を超える部分	0.5%

(2) 2008年版アンケート結果における遺言執行事件の報酬

　2008年版アンケート結果によれば，遺産評価額総額5,000万円（不動産，預金，株券）であるとき，20万円前後が18.3％，40万円前後が27.1％，60万円前後が18.6％であり，100万円前後が19.6％となっています。

　この点，事案にもよりますが，原則として相続財産の額に応じて決めるのが合理的といえます。相続人に非協力的な人物がいて執行に手間がかかったり，遺言内容に不明確な点があって（遺言執行する弁護士が遺言書作成に関わっていない場合）執行に困難が生じた場合は，協議によりますが，上記基準より高額になることもやむを得ません。支払義務者は相続人ですが，相続財産から支払いを受けることができます。

(3) 遺言執行事務における諸問題

　遺言の多くは相続させる旨の遺言であり，判例によれば相続させる旨の遺言は原則として遺言執行が不要といわれていますが，遺言執行事務の範囲には多くの問題があります（最判平成7年1月24日判時1523号81頁，最判平成10年2月27日民集52巻1号299頁，最判平成11年12月16日民集53巻9号1989頁）。当該事務が，遺言執行として行われるべきか，相続人の代理人として行われるべきか，理論上の問題があるわけです。

　そこで遺言執行者の予定者としては，遺言執行事務を大まかに明らかにしておくなどの配慮が望ましいですし，受遺者となる相続人としては，遺言の内容がわかっている場合には，遺言の趣旨が実現されるための事務を遺言執行者となる者にあらかじめ依頼しておくとよいでしょう。

（大塚孝子・安齋瑠美）

Q54 遺言信託

信託を利用した遺言書の作成が増えていると聞きますが，これを弁護士に依頼した場合の弁護士報酬はどうなりますか。

A ❶ 信託とは，特定の者が一定の目的に従って財産の管理または処分およびその他の当該目的達成のために必要な行為をすべきことをいいますが（信託法2条1項），遺言書で信託することも可能で，「遺言信託」と呼ばれます。

遺言信託は，法定相続人や遺贈を受ける者のうち，適切に財産を管理することが難しい身体障害者や知的障害者などがいる場合に，後ほど説明する受託者がその者のために適切に財産を管理して生計の維持を図ることができますので，このような場合に非常に有効といえます。

❷ 遺言書で信託をする場合，弁護士の関与としては遺言書の内容を作成することが中心となりますが，その費用は30万円～80万円程度になることが予想されます。

解説

❶ 遺言信託の意義

たとえば，父親に一人息子がおり，すでに母親は死去しているという場合，父親の死後は息子のみが法定相続人ということになります。このため，たとえば父親がマンションを所有しているという場合，息子がマンションの所有権を相続するのが原則となります。

ところが，その息子に重度の知的障害があり，適切にマンションが管理できないという場合に問題が生じます。父親としては，マンションの賃借人から得る賃料を息子の生活費に充ててほしいと願っていても，自身の死後のこ

とについて契約などで取り決めることには限界もあります。このような場合に，遺言信託の大きなメリットが認められます。

❷ 遺言信託の内容

信託をする場合，「委託者」，「受託者」，「受益者」の三者が登場するのが大原則となります。「委託者」は，自身の財産を受託者に信託することにより，その財産は，委託者の所有物ではなくなりますが（この点で，「寄託」や「預託」などとは異なります），他方，信託を受けた「受託者」も，その財産の所有権を取得するわけではなく，受託者自身の所有物とは区別された財産となります。そして，受託者は，委託者からの信託の内容に従い，「受益者」のために当該財産の管理等を行う義務を負うことになります。

信託は，契約の方式でなされるのが一般的ですが，信託法では遺言書に記載する方式で行うことも規定されており，これを「遺言信託」と呼んでいます。

前述の例でいえば，父親の叔父で，父親と同様にマンションを所有・管理している者が息子のために受託者となり，息子が受益者となって，父親の死後，マンションの住民から得る賃料のうち息子の生活に必要な分を同人に渡し，残りを将来の修繕等や息子の臨時出費に備えて管理するという柔軟な対応が可能になります。

❸ 信託業法との関係

ただ，1点注意すべきこととして，信託業法との関係上，受託者となることを営業として行うためには，内閣総理大臣の免許を受けなければならないとされており（信託業法3条），成年後見人のように弁護士が就任し，業務に対する報酬を得ることは現状では不可能となっています。

このため，前述の例のとおり，受託者となるのは，委託者の親族などすでに信頼関係が構築されており，受益者のため誠実に財産の管理をしてくれる人が中心になります。このように，民間の家族等が信託の受託者になるものを「家族信託」と呼んでいます。

他方で，信託銀行が取り扱う遺言信託と呼ばれるサービスもあります。こ

れは,信託銀行が遺言書作成の相談から遺言書の保管,遺言執行者の就任に至る一連の業務を行うもので,必ずしも遺言によって信託を設定するものではありませんが,これも近時利用が増加する傾向にあります。相続財産の2％程度が信託銀行の手数料になります。

❹ 遺言信託と報酬

このように,遺言信託における弁護士の役割としては,信託について定めた遺言書の内容を作成することが中心となりますが,遺言書の作成費用については,旧規程（38条2号）においては以下（図表）のとおりとなっています。

図表 遺言書作成手数料

		経済的利益額	手数料額
定型			10万円～20万円の範囲内の額
非定型	基本	300万円以下の場合	20万円
		300万円を超え3,000万円以下の場合	1％＋17万円
		3,000万円を超え3億円以下の場合	0.3％＋38万円
		3億円を超える場合	0.1％＋98万円
	特に複雑または特殊な事情がある場合	弁護士と依頼者との協議により定める額	
公正証書にする場合			上記の手数料に＋3万円

遺言信託を盛り込んだ遺言書の場合,受益者のためにさまざまな配慮をした遺言書となるのが通常ですので,上記の「非定型の場合」に該当し,さらには遺言信託の内容や遺産の額によっても変動しますが,概ね30万円～80万円程度になることが見込まれます。

（篠原一廣）

Q55 遺産分割

父が死亡し，遺産として，自宅1軒とアパート1棟およびその他現預金が遺産として残りました。母と私は，父の家業を助け，遺産作りに貢献したと思いますが，妹は何の貢献もないのに，私と平等の分配を主張しています。

裁判所の手続によってでも妥当な遺産分割をしたいのですが，この場合の弁護士報酬はどうなりますか。

遺産総額が1億円とすればその4分の1の2,500万円を基準として，着手金は100万円前後，報酬金は200万円前後となるでしょう。

解説

❶ 遺産分割事件における弁護士報酬算定の基本的な考え方

相続人が妻と子2人とすると，妻の法定相続分は2分の1，子1人の法定相続分は各4分の1です。遺産分割の場合の経済的利益は，原則として全遺産の法定相続分相当額となります。遺産の価額は，時価で算出します。その算出方法はQ53を参照してください。

旧規程14条13号では，遺産分割請求事件の経済的利益は，「対象となる相続分の時価相当額です。ただし，分割の対象となる財産の範囲及び相続分について争いのない部分については，その相続分の時価相当額の3分の1の額」とされていました。これは，非訟事件であって，職権主義のもと，もともと存在する権利を当然に取得することができることが根拠となっていると考えられます（日弁連調査室編著『弁護士報酬規程コンメンタール』（全国弁護士協同組合連合会，1988）127頁）。しかし，①調停，審判ともに現在の当事者主義的運用のもとでは，弁護士の負担は訴訟と変わらないこと，②特別受益

や寄与分などの主張がなされることが多く，その解決には相当の労力を要すること，③その結果として法定相続分を当然に取得できるとは限らないこと，④遺産分割事件は，当事者も多く利害が対立しやすいこと，⑤仮に以上にまったく争いがなくても，分割方法の決定にあたっては，相続財産が少ないときは少ないなりに多いときは多いなりに問題が多く，依頼者の希望する分割方法とすることに経済的利益があること，などからすると，現在では合理的な算定方法とはいえないと思われます。

そこでこの点は，原則としては法定相続分の時価相当額ですが，紛争の実態に応じて，取得を希望する相続分の時価相当額を基準とするべきではないかと考えます。少なくとも，特別受益や寄与分の主張がなされ，具体的相続分に関して争いがあるときは，「分割の対象となる財産の範囲及び相続分について争いがある部分」と解釈できます。

旧規程（17条）によれば，上記のようにして算出した経済的利益を基準にして，調停事件，審判事件として，下記基準（図表参照）によって，着手金と報酬を定めることとなっていました。

図表 民事事件の着手金および報酬金

経済的利益の額	着手金	報酬金
300万円以下の部分	8％	16％
300万円を超え3,000万円以下の部分	5％	10％
3,000万円を超え3億円以下の部分	3％	6％
3億円を超える部分	2％	4％

❷ 遺産分割事件における経済的利益の考え方

(1) 基本的な考え方

さて，遺産分割事件にはさまざまな争点があります。相手方に特別受益がある，あるいは自己に寄与分があるから法定相続分より多額に取得したいと

いう場合は，法定相続分よりも多額となる部分は，経済的利益として算定されるべきであると考えます。

これに対し，相手方が相手方の寄与分を主張し，または依頼者の特別受益を主張して法定相続分より少ないはずだ，と主張して争いになっているときは，依頼者は法定相続分の取得を主張しているでしょうから，法定相続分時価相当額となります。

(2) 各種ケースにおける考え方

遺言があって，遺言どおりの分割を主張する相続人と，法定相続分どおりの取得を主張する相続人があるときは，依頼者が遺言に従うことを主張する場合は，遺言による取得財産時価相当額が経済的利益でしょうし，法定相続分どおりを主張する場合は，法定相続分時価相当額ということになります。遺言無効確認請求の訴え，または遺留分減殺請求の訴えを提起する場合は別個算定します。

相続人の範囲に争いがあるときは，各主張による法定相続分の時価相当額ということになります。相続人の範囲確認の訴えを提起する場合は，別途算定します。

相続財産の範囲に争いがあるときは，争われている相続財産が相続財産であるとして時価を算出し，その法定相続分相当額になるものと思われます。

(3) 本質問における考え方

本質問の場合，現在のところ母親と意見が一致しています。母と同じ代理人に委任することになると思いますが，1人の弁護士に委任する場合でも，各自が各自の相続分時価相当額に応じた着手金・報酬金を負担することになります。場合によっては旧規程6条2項と同趣旨によって減額される可能性があります。本質問でも，妹が「母の寄与分は認めるが，兄には絶対認めない」といったり，逆に審判になると裁判所から「長男分は認められるが妻（母）分は認めない」といわれて利害が対立することになる可能性が十分あります。そういう場合は両者の委任を継続することはできなくなります。

❸ 2008年版アンケート結果における遺産分割事件の報酬

　2008年版アンケート結果によれば，遺産総額1億円，妻から委任を受けた事例（法定相続分時価相当額は5,000万円）で，着手金の最多は50万円前後，報酬金は100万円前後となっています。

❹ 民法900条4号ただし書の改正

　なお，2013年9月4日の最高裁決定（最決平成25年9月4日民集67巻6号1320頁）を受け，民法900条4号ただし書が改正され，嫡出子でない子と嫡出子である子の相続分は同等となりました。改正後の法律は2013年9月5日以降に開始した相続について適用されますが，最高裁決定の判断に従い，2001年7月1日以降2013年9月4日までに相続が開始した事案のうち，確定的となった法律関係以外の事案についても，同様に扱われますので注意してください。

（大塚孝子・安齋瑠美）

第7章　刑事事件

Q56　刑事弁護（起訴前弁護）

　今朝の通勤電車内で痴漢をしたとして，逮捕され，今警察署に拘置されています。身に覚えがないのですが，接見に来て，釈放手続を取ってほしいと思います。

　当番弁護士に依頼する場合と私選で依頼する場合の違いと，それぞれの弁護士報酬がどうなるかを説明してください。

A ❶　当番弁護士の場合は，原則として着手金は20万円が上限です。これを超える場合は，当該弁護人は所属弁護士会に報告しないといけませんから，超える場合はお互いによく協議して決めましょう。もし，不起訴になったりした場合は成功報酬金の上限は30万円です。

　ただし，被疑者が資力不足でしたら，当番弁護士とよく協議し，上記の各報酬額を下げてもらったり，分割払いにしてもらうなどの措置も可能です。また，法律扶助協会の扶助を利用することも可能です。

❷　私選弁護人の場合は，着手金は，おおよそ50万円以上は必要でしょう。もし，不起訴になったりした場合の成功報酬金は，30万円～50万円くらいが相場でしょう。ただし，前述❶と同じく，資力にさほど余裕がない場合もあります。その場合は，前述❶と同じように考えてください。

解説

❶　弁護人の選任

　2009年5月からは，被疑者国選弁護制度が新たに導入されました（刑訴法

37条の2ほか)。しかし被疑者国選弁護は，死刑，無期または長期3年を超える懲役・禁固の事件ですから，本質問では利用できません。そこで，知人の弁護士を私選弁護人として依頼できる人はよいのですが，そうでない人は当番弁護士を活用することが妥当でしょう。

痴漢行為には，①強制わいせつ罪（刑法176条：6月以上10年以下の懲役）と，②各地方自治体で規制しているいわゆる「迷惑防止条例違反」（同8条）（「公衆に著しく迷惑をかける暴力的不良行為等の防止に関する条例違反」：6月以下の懲役または50万円以下の罰金）事件の2つがあります。

いずれにせよ，ご質問の場合は，被疑事実について争っておられますから（無実の主張をしていますから＝否認事件），弁護人は被疑者と何回も接見をし，被疑者から詳細に事実関係を聴取し（捜査段階では弁護人が収集できる捜査機関側証拠はほとんどないからです），場合によっては，目撃証人などが判明していれば，その証人とも会って協力を仰ぐなどの作業も必要です。

❷ 弁護人の活動

しかし，この種の痴漢事件では，目撃証人がいるケースは稀です。ほとんどは被疑者と被害者の間の水掛け論争（痴漢行為をやった・やっていない）になります。そうしますと，弁護人は，被疑者が逮捕されてから，起訴か否かが決まるまでの（つまり起訴前の）最大限23日間に，被疑者の家族とか職場の関係者等の協力を得て，身元引受書とか，上申書などを捜査担当の検察官等に提出し，担当検察官等とも面会し，争っていても早期の身体拘束（勾留）からの解放を要請することや，場合によっては，捜査のあり方として「繊維鑑定」等の要請も行うような上申をするとかの作業も必要になってきます。

したがって，短期間にこれだけの作業を行うわけですから，この期間は，担当した弁護人は，ほとんどこの痴漢被疑事件にかかりきりといっても過言ではない状態になります。しかも，被疑者段階の拘置場所は，圧倒的にいわゆる代用監獄である警察署（本質問も同じです）ですから，弁護人は，少し余裕のある土曜・日曜や平日の夜に，被疑者と接見することも多いのです。

Q56 刑事弁護（起訴前弁護）

❸ 報酬の目処

このように，無実を主張して争う刑事事件（否認事件）は，被疑事実を認めている自白事件とは，まったく異なり，捜査段階（起訴前段階）から弁護人の動き方が違うのです。しかも，捜査機関側が，被疑者側の言い分に耳を傾けてくれるということも，まずは稀です。

弁護人は，接見のつど，心身共に不安やストレスのある被疑者を励まして，捜査機関の取調べ等に負けずに否認を貫くように指導・激励することも必要です。したがって，弁護人は当番弁護士であろうと，私選弁護人であろうと，短期間に相当きつい労力を使います。

前述の回答は，A❶の当番弁護士の場合は別として，A❷の私選弁護人の場合は，ほぼ旧規程や，後記の2008年版アンケート結果も参考にしました。ちなみに，争いがない事件（自白事件・事案簡明な事件）でしたら，私選弁護の場合は着手金は20万円〜30万円程度で，不起訴や略式の罰金刑になった場合は，成功報酬金も同様な範囲が相場である（当番弁護に近い）と思います。

なお，2008年版アンケート結果では，事案が簡明な場合は着手金について，20万円前後が33％強，30万円前後が52％強でした。報酬金について，20万円前後が30％強，30万円前後が45％強でしたから，参考にしてください。

❹ 算定の難しさ

刑事事件の場合は，一般的に経済的利益というものが考えにくいので，本質的に算定が困難な面があることは否めません。この点は，日弁連調査室編著『弁護士報酬規程コンメンタール』（電気書院，1988）164頁以下にも指摘されています。前記のとおり2008年版アンケート結果もほぼ上記の解答に近いものです。

❺ タイムチャージ制

場合によっては，時間制（タイムチャージ制）という報酬の決め方もありましょう。旧規程では，時間制の場合は30分5,000円以上と規程（同11条）していました。時間制に関しては，前記の2008年版アンケート結果では1時間1万円が47％，2万円が19％強ですから，参考にしてください。

しかし，わが国では，刑事事件では時間制を取っている弁護士は少ないでしょう。当番弁護士の場合は，時間制はないのですから別としても，私選弁護の場合に時間制としますと，被疑者を含め報酬を支出する関係者の不安（いったい「いくらまでの報酬を覚悟していけばいいのか」の点が不明確で不安）があるからです。それに，報酬額も「割高」になる可能性が高いのです。むしろ，「特別の事情がない限り」最初からきちんと「確定額」を知っておきたいというのが，多くの被疑者および関係者側の気持ち（希望）であると思います。もちろん，被疑者等が納得されていれば，時間制も採用されてもいいでしょう。

（安田隆彦）

Q57　刑事弁護（被告事件）

　自動車を運転中に人身事故を起こしてしまい，2013年に制定された「自動車の運転により人を死傷させる行為等の処罰に関する法律」5条に該当するということで（旧業務上過失致死傷罪）起訴されました。
　国選弁護と私選弁護の違いと，それぞれの弁護士報酬がどうなるのか説明してください。

A　❶　国選弁護人の場合は，弁護人の報酬は，原則として国が支出します。したがって，被告人が負担することは，まずはありません。ただし，例外的に，もし訴訟費用の全部または一部（訴訟費用には国選弁護人の報酬も含まれます）として負担させられる判決が下された場合は，その執行の免除の申立てを検討すべきでしょう。
❷　私選弁護人の場合は，もし争いがない単純な事件でしたら，着手金は30万円～50万円で，執行猶予が取れたら成功報酬金として同範囲の金額でしょう。無罪を争う事件でしたら，着手金は50万円以上で，もし無罪になれば成功報酬は60万円以上，有罪であっても執行猶予でしたら，50万円以上というのが相場でしょう。ただし，被告人が資力不足でしたら，弁護士とよく協議し，上記の報酬額を下げてもらったり，分割払いにしてもらうなどの措置も可能です。また，法律扶助協会の扶助を利用することも可能です。この点はQ56と同じです。

解説

❶　自動車運転致死傷特別法の制定

　従来の自動車事故の業務上過失致傷事件（刑法211条1項：5年以下の懲役もしくは禁固または100万円以下の罰金，「重過失致死傷罪」も同じ）は，2013年

に制定された「自動車の運転により人を死傷させる行為等の処罰に関する法律」によって処理されることになります。本質問は同法の5条に該当するとのことですから，法定刑は7年以下の懲役もしくは禁固または100万円以下の罰金です。

なお，この法律には，アルコールや薬物の影響で危険な状態で運転して致傷させた行為なども含まれます。そこで，本質問でも，被告人側が，無罪を主張して争うか，そうでないかによって被告人側や弁護人の動き方はまったく変わってきます。

これはどの刑事事件でも一緒です。このことを被告人等の関係者には肝に銘じておいてください。刑事事件で争うということは，民事事件のような裁判上の和解などありませんから，民事事件以上に中途半端ではいけないのです。まずは，この点の被告人・親族等関係者の理解が先決です。刑事事件で争うということは，大変なことなのです。

本質問の私選弁護人のケースの各報酬金の回答（前述のA❷）については，旧規程を参考にしました。

❷ 自白事件と否認事件

わが国で起訴された刑事事件の被告人の有罪率は，世界一で，99.9％以上です。したがって，被告事件の起訴事実を認めている刑事事件（自白事件）と，争って無罪を主張する事件（否認事件）とでは，刑事裁判手続のうえでは，手続の過程・労力・時間等もまったく違います。統計的には，争う事件は例外的といっていいでしょう。それでも弁護士は，無罪を獲得するために，頑張ります。

起訴された被告事件が，自白事件の場合は，おおよそ2，3回の裁判所での審理で，刑事裁判は完了するでしょう。身体拘束（勾留）がある場合は，保釈請求等の手続を行うこともありますが，争いのない自白事件では，被害弁償の交渉とか，情状弁護が中心になりますから，起訴後おおよそ2か月～3か月の期間で終了し，被告人や弁護人にとっては，否認事件に比べて負担は少ないといえます。

Q57 刑事弁護（被告事件）

しかし、無罪を争う否認事件は、被告人・弁護人側の反証も必要で時間もかかります。証人尋問等も増えます。おそらく、平均しても1年半～2年くらいはかかるでしょう。

本質問のような自動車事故等の業務上過失致傷の案件ですと、場合によっては「現場検証」、「自動車事故工学鑑定」、「医学鑑定」などが必要なこともあります。被告人・弁護人側が、適切な鑑定人にお願いして鑑定依頼（私的鑑定）をすることもあります。目撃者捜しを実施するようなケースもあります。

❸ 方針の決定

刑事事件で大切なのは、①被告事件（起訴状記載の公訴事実）の「全部」または「一部」であっても争うのか、②全部認めるのかを明確にし、もし争うのでしたら、被告人や家族やその他の関係者には相当な覚悟や協力をしてもらえることが必要です。

このことを、刑事事件に遭遇してしまった依頼者である被告人（被疑者）をはじめとする関係者には、十分ご理解いただきたいと思います。

❹ 否認事件の報酬

もし、否認して争うことになりますと、少なくとも「私選弁護」の場合は、訴訟進行状態にもよりますが、前述の着手金（50万円程度）では、足りないでしょう。最初の着手金で当面の金額は決めておいても、中間の時点で状況をみて、中間金支払いの協議を被告人側と行うとか、方法はありましょう。その場合も被告人や関係者と協議するしかありません。また、Q56で説明しました2008年版アンケート結果（事案簡便な事例ですが）も参考にしてください。

❺ 国選弁護費用の負担

さて、国選弁護人の場合でも、例外的に「国選弁護人の報酬」の全部または一部を、「訴訟費用」として、判決で負担させられた場合（刑訴法181条以下）があります。その場合被告人が貧困で支払えない事情がありましたら、その訴訟費用の全部または一部の執行の免除の申立てをするべきでしょう。この申立ては、裁判確定後20日以内にしなければいけませんので注意が必

要です（同法500条）。その国選弁護人ともよく相談し，執行免除の申立手続を委任したほうが無難です（その国選弁護人には，当然には申立権限がありませんので，別途委任状の提出が必要です）。

❻ 被害者参加制度の制定

また，2007年度から被害者が刑事事件に参加する制度が導入されました（刑訴法316条の33以下）。一定の重罪に適用されますが，交通事故事案では，業務上・重過失致死傷罪（刑法211条）と，前述の「自動車の運転により人を死傷させる行為等の処罰に関する法律」によって処罰される致死傷行為にも，被害者の参加制度が適用されます（刑訴法316条の33第1項3号・4号）。この場合，被害者は検察官に，ご本人またはその代理人弁護士が参加の申出を行って，裁判所の了解を得て，（制約はありますが）意見を述べたり証人尋問・被告人質問なども可能になります。

被害者参加を希望し弁護士に依頼する場合の報酬は，刑事弁護人とは異なりますし，事案にもよりますが，私見では，回数も少なく1，2回の公判期日の出席で済むなら，20万円～30万円が一応の目安だと思います。

❼ 裁判員制度と公判前整理手続

なお，本質問とは関係ないのですが，一定の重罪事件の裁判では，2009年5月から裁判員裁判制度が新たに導入されましたから，その点も簡単に述べましょう。

裁判員裁判の場合は，公判前整理手続（刑訴法316条の2以下）が必ず実施されます（裁判員法49条）。裁判員裁判の場合は，争いのない自白事件では約3，4回くらい，否認事件ですと，10回以上は公判前整理手続が開かれることが多いでしょう。このような裁判員裁判の場合，私選弁護人の報酬は，普通の事件に比較し高額になるでしょう。

基準というほどのものはないのですが，通常事件の1.5倍～2倍の報酬は必要になってくると考えたほうが無難だと思います。ただし，これも当該私選弁護人との十分な協議により決めてください。

（安田隆彦）

Q58 刑事告訴

会社の経理担当者が3年間にわたって不正な伝票操作を行って、総額1,000万円を横領していることが発覚しました。
刑事告訴を依頼する場合の弁護士報酬は、どうなりますか。

---

❶ 簡易な事件を除き、告訴事件における弁護士報酬は、着手金と成功報酬について契約し、告訴が捜査機関に受理されることを依頼目的の成功とする例が多いように思われます。
❷ 難易度により差が出ることはありますが、本質問のような会社が被害者である業務上横領事件だとしますと、着手金は20万円〜50万円程度が多いでしょう。しかし、証拠資料が多数となる複雑困難な事件になりますと、それ以上になる場合があります。
❸ 報酬について契約する場合は、着手金と同額程度が多いのではないかと思われます。

解説

❶ 告訴と弁護士の役割

告訴は、犯罪の被害者が捜査機関に対して犯罪事実を申告して犯人の処罰を求める意思表示のことです。刑事訴訟法では、被害者が書面または口頭で検察官か司法警察員（警察官）に告訴することになっており、弁護士に告訴を依頼することが義務づけられているわけではありません。強制わいせつ事件などについては、被害者が最寄りの警察署に直接告訴をしたいとの趣旨を申し出れば、告訴状の書き方を指導してくれて、その指導に基づいて被害者が告訴状を作成提出すればそのまま受理されるのが一般的なので、弁護士に告訴を依頼する必要はないでしょう。

ところが，告訴を受理すると捜査機関に手続上の義務が生ずるためか，詐欺罪，背任罪，業務上横領罪等の事件の内容が複雑で関係証拠が多いという事案については，捜査機関が犯罪性，立証の可能性，処罰価値などを審査する例がほとんどであり，このような捜査機関の対応に対処するため弁護士に告訴を依頼する必要性が出てくることになります。

❷ 告訴事件の着手金・報酬と手数料

法の趣旨からしますと，捜査機関は告訴があればこれを受理しなければならないことになっていますが，実際には，事案の性質・証拠上の問題等種々の事情から告訴が受理されるに至らない場合があります。とくに複雑で立証の困難な告訴事件を捜査機関に受理させるには，弁護士の捜査機関に対する適切な働きかけが必要になります。

たとえば，経済活動に関連して派生する犯罪については，法律専門家としての高度の知識が要求される場合が多く，捜査機関に判例や実務例を説明して告訴の受理を働きかけることになります。このような弁護士の活動によって告訴が受理された場合には，これを一定の成果と考え，着手金とは別に成功報酬の定めをすることにそれなりの合理性があるでしょう。

一方，簡単な事案で捜査機関が受理することが確実な事件については，成功報酬のない手数料として報酬契約をしたほうが合理的と考えられる場合もあります。

❸ 報酬算定のための基本的な考え方

告訴は犯人の処罰を求めるものですので，経済的利益（告訴事件では被害金額）に重点をおいて弁護士報酬の定めるのは適切とは思われません。基本的には，その事件の処理にどの程度の時間と労力が必要かを中心に考えて報酬を決定するのが妥当のように思われます。旧規程35条は，「告訴……の手続の着手金は，1件につき10万円以上とし，報酬金は，依頼者との協議により受けることができる。」と規定していました。これは簡易な事件から複雑重大な事件までのすべてを対象にしようとしたことから，「10万円以上」という大雑把な規定になってしまったものと思われます。

一般に告訴事件を弁護士が受任しますと，関係者からの事情聴取および供述書の作成，関係証拠の収集と整理，告訴状の作成，捜査機関との告訴状提出に関する事前打合わせなどに最低10時間以上の時間が必要になるのではないでしょうか。いずれにしろ，時間制報酬の単価と事件処理に必要な時間を考慮した金額が弁護士報酬の目安になるものと思われます。

　なお，2008年版アンケート結果では刑事告訴はその対象にはなっていませんが，2002年版アンケート結果では，本質問と同様の事件についての弁護士報酬の総額（着手金・報酬金あるいは手数料）は，30万円と20万円が最も多い回答例となっていました。しかし，これは10年以上前のアンケート結果ですので，現在では，これに若干上乗せした金額で報酬契約がなされている場合が多いのではないかと思われます。

（小幡雅二）

第2部 各論 第7章 刑事事件

Q59 少年事件

16歳の高校生の息子が集団で傷害事件を起こし逮捕されました。逮捕されてから家庭裁判所での手続まで，弁護士に依頼する場合の弁護士報酬の相場および実情はどうなっていますか。

---

❶ 息子さんが，傷害事件への関与を認めている場合には，着手金の相場は20万円〜50万円程度です。
❷ また，審判終了段階で発生する報酬金の相場は，保護処分で終わったとすると，10万円〜30万円程度です。
❸ なお，弁護士報酬を支払う資力がない場合には，国選付添人制度や法テラスにおいて弁護士費用を援助する制度もありますので，その活用が考えられます。

解説

❶ 非行事実に争いがない事案

集団での傷害事件は少年事件の典型的パターンの1つですから，息子が非行事実を認めている場合には，着手金・報酬金ともに標準的な額の範囲内であると考えればよいでしょう。

旧規程36条では，少年事件の着手金の標準額を，家庭裁判所（家裁）への送致の前後を問わず30万円〜50万円，報酬金も30万円〜50万円と定めていました。逮捕されて家裁送致される前の段階（被疑者段階）で依頼した後に家裁送致されても，全体で1件と数えます。少年事件は，捜査を遂げた結果，検察官が非行事実ありと判断すれば，必ず，家庭裁判所に事件を送致することになっている（全件送致主義）からです。ただし，被疑者段階から受任するのと家裁送致後に受任するのとでは，自ずと事件にかける時間や労力が異

260

なってきますので，被疑者段階で受任する場合のほうが着手金の額を高めに設定することが多いと思われます。

2008年版アンケート結果によると，家裁送致後に依頼した場合の着手金は「20万円前後」という回答が一番多く，「30万円前後」という回答が続きます。被疑者段階から依頼した場合の着手金額についてはアンケート結果がありませんが，若干高めになると思われます。報酬金については，「20万円前後」という回答が一番多く，次に「10万円前後」と「30万円前後」という回答が拮抗しています。

❷ 当番弁護士制度

現実には，お子さんが逮捕されたからといって，知合いの弁護士に依頼するという方は少なく，各地の弁護士会が設置している当番弁護士センターに「当番弁護士」の派遣を要請する方が多いと思われます。

どの弁護士にあたるかで報酬額に差が出ると不公平なので，たとえば東京弁護士会では，当番弁護士制度を利用して弁護士を依頼する場合には，被疑者段階での依頼時に着手金20万円，家裁送致後に追加着手金30万円，審判終了後に報酬金30万円という標準額を定めています。

❸ 少年法の理念と報酬のあり方

なお，少年事件の場合，「成功報酬」という考え方が必ずしもなじみません。少年法は，保護主義の理念に従い，少年の資質・性格や家庭環境・友人関係等を総合的に考慮して，少年が再非行を犯すおそれがある場合には，少年の保護更生（成長発達の支援）の観点から処分を行うことにしているからです。少年院等の施設収容処分も，少年の保護更生のために真に必要な処分であるなら，そういう結果となったことが「不成功」だとはいいきれないのです。

もちろん，弁護士は，不必要な施設収容処分が行われないように，「保護処分を行う必要性（要保護性）が低いので施設に収容する必要はない」ということを裁判所にわかってもらうため，親子関係の調整や学校との交渉，帰住先の確保等のさまざまな活動をします。これを「環境調整活動」と呼んで

います。

　また，本質問のような傷害事件の場合には，被害者との間で示談交渉をする必要もあります。したがって，環境調整活動その他の付添人活動に要した時間・労力を勘案して，報酬金の額を決めることとなります。

　とはいえ，在宅処分より施設収容処分のほうが重い「不利益処分」であると考えるのが一般的な感覚ですから，施設収容処分になった場合の報酬額についての考え方は，弁護士によって異なると思われますので，最初によく説明を受けてください。

❹　非行事実に争いがある事案

　なお，非行事実に争いがある場合には，証人尋問等の証拠調べを行うなど仕事の量が増えるので，着手金を標準的な金額よりも多めに請求することもあります。そして，審判の結果，「非行事実なし不処分」（刑事裁判の「無罪」にあたる）の決定が出た場合には，旧規程によれば，報酬金には上限がなく，個々の弁護士と依頼者との間で協議して適正な額を決めてよいことになっていました。この点も，依頼した弁護士とよく相談してください。

❺　国選付添人制度と付添援助制度

　ところで，非行を犯したとして逮捕・勾留されたり，観護措置をとられたり（少年鑑別所に収容されること）した少年の保護者は，資力が乏しいことも多く，まして少年自身が弁護士を頼みたいと思っても資力があるはずもなく，私費で弁護士を依頼することが困難なことが多いでしょう。その場合に弁護士を依頼できないというのは，少年の人権保障の観点から問題です。

　そこで，日弁連の運動により法律改正が行われて，裁判所が付添人を国費で選任する国選付添人制度が次第に拡大してきました。

　2014年の少年法改正により，窃盗や傷害事件など，少年事件で多い罪名の事件も国選付添人制度の対象になりました。ただし，その罪名にあたれば必ず国選付添人が選任されるわけではなく，裁判所が国費で付添人を選任する必要があると認めた場合だけです。

　日弁連や全国の弁護士会の見解では，弁護士の法的支援を受ける権利は身

体を拘束されたすべての少年に認められるべきなので，国選付添人を選任する必要がないといわれるような事案など存在しないはずなのですが，裁判所の運用が抑制的である以上，現実には，資力がないのに国選付添人を選任してもらえない事件が続出しています。

　そこで，裁判所が「国費を投じるまでもないから国選付添人を選任しない」と判断した事案について，保護者や少年に私選で付添人を選任する資力がない場合には，法テラスの付添援助制度を利用することが可能です。これは，日弁連が弁護士から特別会費を徴収して作っている基金で賄われているものです。資力に不安がある場合には，付添援助制度が使えるかどうかを依頼する予定の弁護士に相談してみてください。

(川村百合)

第8章　行政関連事件

Q60　行政事件

A市が土地区画整理事業を開始するために決定した事業計画について，さまざまな問題があるため取消しを求めたいと考えています。取消訴訟を弁護士に依頼した場合の弁護士費用はどうなりますか。

---

❶　ご質問の土地区画整理事業の事業計画の決定の取消訴訟についての着手金の相場は，弁護士が複数名で対応することを前提にして，一般的には総額で100万円～200万円程度が多いと思われます。

❷　また，事業計画の決定の取消しに成功した場合の報酬（謝金）の相場は，同じように弁護士が複数名で対応することを前提にして，一般的には総額で100万円～300万円程度が多いと思われます。

❸　ただし，これらについては，事件の難易，解決に要する労力のほか，地域や弁護士によって差が生じることに留意してください。

解説

❶　事業計画の決定に対する取消訴訟

土地区画整理事業とは，都市計画区域内の土地について，公共施設の整備改善および宅地の利用の増進を図るため，土地の区画形質の変更や公共施設の新設および変更等をする事業をいいます（土地区画整理法2条1項）。

土地区画整理事業は，一般的に「都市計画の決定→事業計画の作成→事業計画の認可→換地計画の決定→仮換地の指定→施行地区内の建築物等の移転・除却→換地計画の認可→換地処分→清算金の処理・減価補償金の交付→

保留地の分譲」という手続を経ることになります。
　地方公共団体施行の場合における事業計画の決定には処分性が認められるため（最判平成20年9月10日民集62巻8号2029頁），当該決定について取消訴訟を提起することができます。

❷　立証の困難さ

　都道府県または市町村が土地区画整理事業を施行する場合，施行規程および事業計画を定めなければなりません（土地区画整理法52条1項）。事業計画には，施行地区，設計の概要，事業施工期間および資金計画という土地区画整理事業の基礎的事項を一般的に定めるものです（同法54条，6条1項）。
　土地区画整理事業の事業計画の決定の取消訴訟は，施行地区内の土地所有者等が事業計画の決定が違法であるとして取消しを求めるものです。そのため，事業計画の取消しの請求原因事実として，①土地区画整理事業計画の決定がされたこと，②原告が出訴期間を遵守したこと，③①の決定が違法であることの主張立証が求められます。
　③の違法性の要件に関しては，「当該決定が裁量権の行使としてされたことを前提として，その基礎とされた重要な事実に誤認があること等により重要な事実の基礎を欠くこととなる場合，又は，事実に対する評価が明らかに合理性を欠くこと，判断の過程において当然に考慮すべき事情を考慮しないこと等によりその内容が社会通念に照らし著しく妥当性を欠くものと認められる場合に限り，裁量権の範囲を逸脱し，又はこれを濫用したものとして違法となる」（静岡地判平成23年2月25日判自348号73頁）と解されており，地方公共団体の広汎な裁量が認められているため，立証の難易という観点からすると，通常の場合，相当に難しい事件である場合が大半であると解されます。

❸　利害関係人が多数に及ぶ可能性

　また，土地区画整理事業という性質上，利害関係人（原告）が多数に及ぶことが通常であり，当該依頼者との調整などについても相当に時間と手間が必要になるケースが多く，弁護士も複数名で対応するケースが多いと思われます。

❹ まとめ

　そこで，これらを考慮し，着手金や報酬金については，複数名で受任することを前提にして，一般的と思われる金額を例示しました。
　加えて，受任後に原告が追加されたり，立証が当初の見込み以上に困難となったりするなどして，取消訴訟が長期化したような場合には，追加の弁護士報酬を求める必要が生じるケースもありうるかも知れません。そこで，規模や立証方法をふまえた適切な見通しのもとで，弁護士報酬について依頼者が納得できる約定をあらかじめしておくことが求められます。

(田中貴一)

Q61 入管法関係

私は日本で生活する外国人ですが、このたび、退去強制の処分を受けそうになっており、その対応を弁護士に依頼したいと考えています。この場合の弁護士費用はどうなりますか。

 この場合、東京三会法律相談連絡協議会外国人部会の出している「外国人の法律相談受任事件報酬の指針」が参考になるかと思われます。

解説

❶ 指針

外国人の法律相談受任事件報酬の指針は、在留関係事件で行政訴訟提起に至らないものについて次のように定めています。

(1) 非定型な書面の作成を要し、または行政機関との交渉等を要する事件
   着手金　30万円
   報酬金　30万円

(2) 在留または国籍に関する行政訴訟事件から引き続き在留資格等事件を受任するときの着手金
   前項の着手金の額の2分の1

(3) 事案簡明な事件についての特則

在留資格認定証明書の交付申請手続その他の事案簡明で、定型的な書面の作成等で事務処理を完了する事件
   着手金　15万円
   報酬金　15万円

(4) 仮放免申立事件

(1)の着手金とは別に

　　着手金　10万円

　　報酬金　7万5,000円

行政訴訟に至る事件については次のように定めています。

　　着手金　50万円

　　報酬金　50万円

　訴訟以前の行政機関との交渉等から引き続き訴訟事件を受任する場合はその着手金，報酬金ともに2分の1としています。

　また執行停止申立事件も受任する場合は別途着手金16万円，報酬金12万5,000円としています。

　同一世帯の複数人から同種の事件を受任する場合には，指針の1.5倍の着手金または報酬等を受け取ることができるとされています。

　また，弁護士報酬とは別に通訳料，翻訳料，国際電話代，航空運賃その他委任事務処理に必要な実費がかかってきます。

❷　法律援助の基準

　上記のように東京三会で定めた指針がありますが，在留資格がなく強制退去処分を受けそうになっている外国人の場合，資力がないことが多く，法テラスの日弁連委託援助等を利用し，もしくは利用しない場合の同制度の基準内で弁護士報酬等を受け取っているのが実情だと思われます。

　日弁連の法律援助基金の支出に関する規則では訴訟援助の場合，費用相当分2万円，報酬16万2,000円（税込）と規定されています。付随処分としての仮放免許可申請の報酬は，2万1,600円（税込，何度申請しても1件分），退去強制令書執行停止の報酬は，3万2,400円（税込）として基本事件に加算されるようです。

（山﨑　健）

第9章　企業法務に関する事件

Q62　M&A

ある企業との合併を検討しているのですが、一連の手続を弁護士に依頼した場合、弁護士費用はどうなりますか。

A

❶　合併のようなM&Aにおいて、弁護士が行う業務は、各種文書の作成、ストラクチャーの検証、法務デューデリジェンスの実施、合併契約書の交渉・作成、M&Aの実行に必要な手続の実行ないしその支援等となります。

❷　弁護士費用は、タイムチャージで決定されるケースが多いと思います。M&Aの場合、案件の規模や内容により、弁護士が業務に使う時間が異なることになりますので、弁護士費用はケースバイケースで異なります。

❸　弁護士費用の高騰化を避けるため、弁護士事務所と企業の協議で、予算の上限を決めることもあります。

❹　親会社と子会社の合併、子会社同士の合併といった、組織再編を目的としている場合には、秘密保持契約書・基本合意書の作成や法務デューデリジェンスは不要ですので、その分業務量が減りますから、タイムチャージの場合、弁護士費用は安くなります。

解説

❶　**弁護士が行う業務**

企業が、合併を検討する場合、まず当事者は秘密保持契約書（Confidential Agreement（CA）またはNon Disclosure Agreement（NDA））を締結します。

合併のようなM&Aを具体的に検討するためには，当事者の未公開の内部情報を公開することになるため，このような情報をM&A以外の目的で使用したり，外部に漏洩したりすることを制限する必要があるからです。

そのうえで，どのようなストラクチャーでM&Aを行うのかを決め，基本条件が定まり，今後も交渉を継続することを決定した場合，基本合意書（Memorandum of Understanding（MOU）またはLetter of Intent（LOI））を作成します。

その後，法務デューデリジェンスを実施し，その結果を受けて，合併契約の条件について交渉を行い，最終契約となる合併契約書を作成します。

合併の実行に必要な手続として，事前開示書類，事後開示書類の作成，事業規模によっては公正取引委員会への届出，許認可に係る届出・申請，合併登記，債権者異議手続への対応，取引先への通知，就業規則の改正等の労働関係への対応等があります。

上記の業務について，弁護士は，依頼者に助言を行い，相手方と交渉を行い，各種の書類を作成することになります。

❷　**弁護士費用についての基本的な考え方**

弁護士費用は，タイムチャージで決定されるケースが多いと思います。そのため，弁護士が行う業務の量により，弁護士費用は大きく変わってきます。

M&Aの場合，対象となる会社が上場企業なのか非上場企業なのか，大企業なのか中小企業なのか，売上高，従業員数，工場・営業所等の拠点数，海外拠点の有無等，案件の規模や内容により，弁護士が業務に使う時間が大きく異なることになります。

したがって，タイムチャージの場合には，弁護士費用は，案件によりケースバイケースで異なります。

❸　**弁護士費用と予算**

一方で，依頼者としては，想定よりも弁護士費用が高くなることは望んでいませんので，事前に弁護士事務所に対して，見積書の作成を依頼したり，

弁護士事務所と協議のうえ，弁護士費用の上限（キャップ）を決めることもあります。

また，依頼者の予算が限られている場合には，法務デューデリジェンスの範囲を限定したり，依頼者の従業員で作成可能な書類については，依頼者に任せるなどして，弁護士の業務量を減らすことで，弁護士費用を予算内に収める努力をすることもあります。

❹ **関係会社間のM＆Aにおける弁護士費用**

資本関係のない企業同士の合併ではなく，親会社と子会社，あるいは，子会社同士の合併の場合等，組織再編を目的として合併を行う場合には，相互に，どのような会社なのかという情報は共有していますので，秘密保持契約書を作成したうえで交渉を行ったり，交渉結果を反映する基本合意書を作成することは，通常はありません。また，相互に情報を共有していることから，法務デューデリジェンスは不要となることがほとんどです。

当然，これらの業務がない分，タイムチャージの場合には，弁護士費用は安くなります。

(関端広輝)

第2部 各論 第9章 企業法務に関する事件

Q63 独占禁止法

カルテルを行っていた疑いで公正取引委員会による立入検査がありました。その後の対応について弁護士に依頼をした場合，費用はどのようになりますか。

A ❶ 上記のようなケースで弁護士に求められる活動の内容は各事案により相当な違いがあります。また，最終的に公正取引委員会が判断を下すまでに要する期間も事案ごとに違い必ずしも一様ではありません。

❷ したがって，よくある弁護士報酬の形態としては，①タイムチャージ制，あるいは②事案の内容に応じて，着手の段階で100万円単位のある程度の金額を支払うとともに，公正取引委員会の最終判断に至るまで月々10万円単位のある程度の金額を支払うこととし，さらに最終的に成果が上がった場合にはその成果に応じてその段階で成功報酬を協議する，という方法が採られることが多いように思われます。

❸ しかし，それらの金額が実際にどの程度になるかは，ケースバイケースですので，事案の内容等に応じて弁護士とよく相談・協議をしたうえ，合意により決めていただく必要があります。

解説

❶ **予想される弁護士の活動内容**

公正取引委員会の立入後に依頼され弁護士が行うべき活動としては，最近ではただちにリーニエンシーの申請（課徴金減免申請）を行うべき事案かを検討し，必要がある場合にはただちに申請を行うことが求められます。しかし，それらを含め，公正取引委員会の立入後の審査活動に対し弁護士が行う

べき活動としては，公正取引委員会との折衝，取調対象者に対する指導助言など相当に幅広い活動が予想されるものの，それらの具体的内容は（要否の判断も含め）事案ごとに違います。

また，最終的に公正取引委員会が判断を下すまでに要する期間も事案ごとに違いがあり必ずしも一様ではありません。

したがって，当初の依頼をした段階では，それら弁護士に求めることとなる活動にどれほどの時間，労力を要することになるか，その全貌を掴むのは容易ではありません。

❷ 弁護士報酬の決め方

そこで，本質問のように公正取引委員会の立入りがあった段階で，その後の公正取引委員会の審査活動への対応を依頼するようなケースにおいては，弁護士報酬の決め方としては，冒頭述べたとおりの①か②の方法によるケースが多いように思われます。

ただし，そうしたケースにおいて具体的にどれほどの金額となるかについては，①のタイムチャージに関しては，基本的な事項としてQ25をご参照ください。

また，②に関しては，最初の支払額，月々の支払額のいずれについても，それらの具体的な金額は，依頼者（事業者）の規模，事案の内容，予想される問題点（争点），依頼者にとって当該事案への対処が持つ意味・重要度，それらをふまえた予想される弁護士活動の内容，それに要する時間・労力の程度，依頼者と弁護士との関係，弁護士の独禁法分野における実務経験や評価などさまざまな要因に基づき，事案ごとの判断として，依頼者と弁護士とが十分に協議し合意により決めることとなるので，一概に相場を示すことは困難です。

❸ 審決取消訴訟段階における考慮事項

なお，すでに課徴金納付命令を含む公正取引委員会の審決があり，その審決の取消しを求める法的措置を採る段階において，そうした活動における弁護士報酬を決める場合には，前記の①，②の方法以外に，取消しを求めて争

う課徴金の金額を1つの基準として旧規程に準じた考え方をして検討することも考えられます（そうした法的措置としては，2015年4月1日から，従来の公正取引委員会による「審判」を経ることなく，いきなり東京地裁を専属管轄とする「審決取消訴訟」となりました）。

ただし，そうした課徴金の額がただちに旧規程の報酬基準（同17条）でいう「経済的利益の額」に該当するといえるかというと，そう単純にはいかない面もあります（とくにその額が少ない場合です）。

それというのも，カルテルを行ったとして採られる法的措置は，何も常に課徴金納付命令を伴うものとは限りません。

たとえば，カルテルの場合であっても，カルテルの実行としての売上がなければ課徴金納付命令の対象にはなりません。しかし，その場合でも，カルテルの一員として排除措置命令の対象となることはあり，依頼者がその排除措置命令の取消しを求めて法的措置を採る（2015年4月1日からは「訴訟提起」）ことは十分ありうるわけです。

その場合に，「経済的利益の額」がゼロであるとして，旧規程の報酬基準にあてはめようとするのはおよそ非現実的でしょう。

❹ まとめ

いずれにしても，独禁法違反の審査に対応する弁護士活動や公正取引委員会の審決を争う法的措置上の弁護士活動においては，必ずしも従来の一般的な「経済的利益に基づいて判断する」という報酬基準になじまない面もあることから，依頼者と弁護士との間で十分協議し合意したうえで報酬を決めることが肝要であろうと思われます。

（池田幸司）

Q64 クロスボーダー（国際取引）

ベトナムに工場を建設しようとしていますが、つてがないうえに法律のことはわかりません。そこで、弁護士に依頼したいと思いますが、弁護士費用はどうなりますか。

A 　ベトナムで工場を建設するのに、必要な弁護士費用は依頼する法律事務所や業務の内容によって大きく異なり、一般的に見積もることは困難です。いずれにしても、弁護士に依頼する場合には、日系企業のベトナム進出について実績のある法律事務所に目的を明確に示し、何がどこまで必要かを含めて相談しながら、委託業務の範囲を決めたうえで費用の見積もりをとることが重要です。

解説

❶ はじめに

国内市場の収縮，新興国における経済成長，労働コストの格差等さまざまな事情を背景に企業の海外進出に伴い，企業のクロスボーダーの法務についての需要も増加しています。

とくに，高度の成長が続き，地理的にも近くしかも今後の発展が見込めるアジアアセアン地域への日本の企業の進出は，依然として活発です。

日本企業が多く進出しているアジア地域の主要拠点には，日本の大手の法律事務所や中堅事務所が現地事務所を開設している場合もあり，日本の資格を持った弁護士が対応可能です。その場合でも現地法については，現地法の資格を持った弁護士が共同するなどして対応することが一般的です。

ベトナムでも，ハノイやホーチミンに事務所を開設し，日本人弁護士を常駐させている日本の法律事務所が複数あります。

第2部　各論　第9章　企業法務に関する事件

　このほか，ベトナムを含むアジア各国の主要都市，たとえば北京，上海，香港，シンガポール，バンコク，ジャカルタ，ヤンゴン，プノンペン等には日本の法律事務所が事務所を開設しています。

❷　**タイムチャージが原則**

　弁護士事務所に依頼する場合，費用はタイムチャージが原則なので，必要な作業についての予想所要時間を概算で計算し，それに担当弁護士やスタッフの時間単価を乗じた金額が基礎となります。

　弁護士の単価としては，最も高いのは欧米系の外資系大手事務所で，現地の中小規模の法律事務所であれば単価は比較的低く，日系の法律事務所の単価はその中間が一般的といえるでしょう。

　なお，進出する日本企業が，海外進出の経験のない場合，英語やベトナム語での専門用語を含むコミュニケーション能力のある人材がいない場合も多く，その場合には，日本語で依頼でき，日本の会社の事情にも詳しい日系の法律事務所が何かと便利といえます。

❸　**事前調査の重要性——最初の重要な手続は「投資証明書」の取得**

　どのような事務所に依頼するにしても，どのような業務を依頼するかすなわち，依頼業務の内容によって，弁護士費用は大きく異なります。

　ベトナムに工場を建設する場合，最も重要な手続の1つは，投資証明書（投資ライセンス）の取得であり，投資証明書があって初めて正式に会社が設立できます。

　投資証明書の発給を受けるためには出資金額，事業内容，地域，採用計画，環境対策，プロジェクト設計等を盛り込んだ経営計画を作成する必要があります。

　投資証明書の取得や，その難易度や取得期間は，業種や事業内容，地域によって異なり，一定の分野や地域では公益的観点から外国人の投資が制限されている一方，条件があえば海外からの投資を呼び込むための優遇措置を受けられます。

　したがってこの点，事業計画を立てる段階でしっかり事前調査をしておく

必要があり，これについても，実績のある法律事務所であれば適切なアドバイスを受けることができます。

法律事務所以外に安い費用で手続を請け負うコンサルティング会社もありますが，手軽な反面，必ずしも信頼できる会社ばかりではなく，必要なライセンスが取れないなどトラブルになる事例もあり，事業計画に支障をきたしたりしてかえって高くついてしまう懸念もあります。この点，本質問のように海外事業の経験がない企業の場合とくに注意が必要です。

❹ **各種契約，労働法制などさまざまな調査が必要**

現地で工場を建設する場合，投資ライセンスの取得以外にも，工場用地の確保，必要な許認可，現地で締結する各種契約に関する法律的なアドバイスも必要となってきます。

さらに，海外進出の場合，雇用に関する配慮も重要です。現地の労働法制に従うことは当然のこととして，現地の雇用慣行や社会的な環境に対する配慮も必要となってくるので，これらについても，事前に調査しておく必要があります。

❺ **弁護士に依頼する前にJETROの基礎的情報を活用する**

海外進出についての信頼できる情報源としては独立行政法人国際貿易振興機構（JETRO）があります。基礎的な情報はWEBに掲載されているので，積極的に利用するとよいでしょう。ベトナムについては以下のような情報が掲載されています。

・ベトナム会社・駐在員事務所設立マニュアル

　http://www.jetro.go.jp/ext_images/jfile/country/vn/invest_09/pdfs/vn_manu_establishment.pdf

・外国企業の会社設立手続・必要書類

　http://www.jetro.go.jp/world/asia/vn/invest_09.html

・会社設立時の外資規制，奨励制度の解説：ベトナム

　http://www.jetro.go.jp/world/qa/04J-010451.html

・外資に関する規制

http://www.jetro.go.jp/world/asia/vn/invest_02.html
・ベトナムでのビジネスにおける法的支援(会社設立,登記,税金)
http://www.jetro.go.jp/ttppoas/anken/0001144000/1144893_j.html

(相澤光江)

Q65　知的財産権

近所の児童生徒約200人を相手に学習塾を経営しています。アルバイトの学生教師や1人いる職員が使うためのパソコンが合計4台あり，いくつかのコンピュータソフトをいずれも1つだけ買って全部のパソコンにインストールしていたところ，使用の差止めと300万円の損害賠償請求を受けました。

この場合の弁護士報酬の相場および実情は，どうなっていますか。

A
❶　着手金は，30万円程度と思われます。
❷　学習塾は著作権侵害を認めざるを得ませんので，将来も同様に4台のパソコンを使用する場合は，差止めを回避するために3台分の正規品ソフトを購入する費用は覚悟する必要があります。弁護活動の中心は過去分の損害賠償の交渉になると考えられます。
❸　損害賠償の減額に成功した場合は，それに応じて成功報酬を定めることは妥当です。

解説

❶　著作権の侵害

市販されているコンピュータソフトを複製して複数のコンピューターにインストールすることはプログラム著作物に関する著作権（複製権）侵害になりますので，本質問では3台分の正規のソフトを購入するか，権利者の承諾がない限り使用差止めは免れません。正規のソフトを購入したとしても過去の侵害に対する権利者の損害額が問題になり，この点を争うことになりそうです。

類似のケースに関するLEC事件（東京地判平成13年5月16日判時1749号19

頁）は，被告が後日正規ソフトを購入したとしてもそれまでの違法使用によって生じた損害額は正規品小売価格と同額であると判示しています。学習塾は正規品の購入と損害賠償の双方を負担する酷な結果となりますが，この判決は確立した判例とまではいえないものの，その正当性を争うのは困難と思われます。

本質問事件の小規模性を考慮すると，弁護活動は損害賠償額の交渉に重点があります。知的財産権侵害の専門的事件処理というより一般民事交渉事件といってよいでしょう。

❷ 争点および経済的利益

本質問の経済的利益（訴額）は差止請求部分と損害賠償請求部分を加算しますので300万円より大きい金額になります。他方，事案の難度はそれほど高いものではなく（理論的に難しい損害論がありますので，訴訟の争点となる場合は別），学習塾が将来も同様に4台のパソコンで同ソフトを使用する場合は別途正規ソフト（3台分）を購入する費用を負担する必要があること，解決までの期間も短いと予想されますので，着手金は30万円程度が妥当でしょう。

事件が仮に，交渉の結果，学習塾が正規ソフトを購入することのみで解決できるとすれば，損害賠償請求部分はそのまま依頼者の利益になりますので，その利益に応じて報酬金はその利益の15％～20％程度となりましょう。

❸ 知的財産権侵害事件の特徴

特許権・実用新案権侵害，著作権侵害等を含む知的財産権侵害事件は，一般に，専門的かつ困難性が高い事件といわれており，東京地裁および大阪地裁への集中率が80％近くになっています。

全国の地方裁判所に係属した知的財産関係の民事訴訟の新受件数は2013年で合計約550件あり，ここ数年あまり大きな変動は見られません。そのうち特許権関係が30％，著作権関係が22％，不正競争防止法関係が22％，商標法関係が15％であり，著作権関係の事件では最近，ネットを利用した権利侵害が新しい問題として提起されています。特許権や著作権等の権利侵害

の判断は難しいケースもあり，審理期間も長いものもありますが，特殊な場合を除いて1年以内に実質審理が終了するよう迅速化しています。

しかし迅速化に伴って当事者の訴訟期日間の準備の負担はそれだけ大きいものがあり，また，事務所の事務負担（準備書面・書証等のコピーを3通～4通多く提出）も考慮すると，権利侵害の有無や権利の無効性が争点となる事件の場合は，訴額ばかりではなく事件着手時に事案の難易性，時間と労力を重視した着手金とする必要があると思われます。

また，著作者人格権侵害事件など訴額が小さくとも難しい事件もあり，事案によっては，タイムチャージ方式にすることも合理性があります。タイムチャージ方式による弁護士報酬は，従来の着手金・成功報酬方式に替え，または併存して，弁護士の時間当たりの報酬を基準に報酬が定められるものですが，弁護士の業務量が予想できない場合には，高額になる可能性がありますので，場合によっては見直し条項，総額シーリングを設けるなどの工夫が必要となる場合もあります。

❹ 差止請求の経済的利益の算定

差止請求の経済的利益の算定は，定立した基準はなく，容易ではありません。裁判所には訴額計算の一定の基準がありますが，弁護士報酬の基準としての経済的利益は訴額とは同じではありませんので，合理的に算定する必要があります。差止対象の経済活動によって得られる年間期待利益に，製品等のライフサイクル，代替技術の有無，権利残存期間等を考慮した年数を掛けた金額になろうかと思われますが，事案による修正は必要でしょう。

侵害差止仮処分事件の場合は，本質問の訴訟と審理内容および審理期間等に大きな相違がないことが多いので，必ずしも本質問の訴訟事件の着手金より減額する必要はないと思われます。

（高橋隆二）

第2部　各論　第9章　企業法務に関する事件

Q66　企業不祥事に対する対応

　弊社が販売している商品に重大な問題があり，しかもその事実を知りながら，これを公表していなかった事実が判明しました。
　弊社としては，このようなことになった原因と今後の対策を弁護士に取りまとめてもらいたいと考えています。この場合の弁護士費用はどうなりますか。

A

❶　いわゆる企業不祥事案件について，原因調査や再発防止策の検討を含む今後の対策に，弁護士が関与するケースが増加しています。もっとも，弁護士がどのような関与を行うかは，個別の企業不祥事案件ごとに規模や，重大性，複雑性等をふまえた個別の検討が必要であり，案件ごとに大きな相違があります。

❷　そのため，一般論として弁護士費用の相場を説明することは困難ですが，強いていえば，担当弁護士ごとに一定の時間単価（タイムチャージレート）を設定し，予想される作業時間を前提に，当該時間単価を乗じて算出される金額を前提に，弁護士報酬を決定する場合が多いと思われます。

解説

❶　弁護士による企業不祥事に関する具体的なアドバイス

　いわゆる企業不祥事案件について，弁護士が関与するケースが増加しています。
　以下では，企業不祥事案件において弁護士が行う具体的な業務について言及し，その場合の弁護士報酬について説明します。

(1)　企業不祥事案件において弁護士が行う具体的業務

　弁護士が行う具体的な業務内容は，個別の事案ごとにさまざまですが，た

とえば，以下のようなものが想定されます。
　① 不祥事案件の発生原因を調査する場面
　たとえば，関係者からのヒアリング，関係資料の調査を行い，一定の事実認定を行うこと，認定した事実を前提に，分析や検討を実施し，発生原因を具体的に特定するという業務が想定されます。また，これらの調査，事実認定，分析および検討に関しては，その作業内容やプロセスを明確にするために報告書を作成する場合も多いと思われます。
　② ステークホルダーへの対応の場面
　企業にはさまざまなステークホルダー（利害関係者）が存在します。本質問のケースでも，(ｱ)欠陥のある商品を購入した顧客をはじめとし，(ｲ)当該企業の株主，(ｳ)メインバンク等の金融機関を含む会社債権者，(ｴ)監督官庁等がある業態であれば，当該監督官庁等，(ｵ)当該商品の製造元業者，販売代理店などのビジネスパートナーなどさまざまなものが想定されます。
　企業不祥事案件の対応においては，これらのステークホルダーごとに，発生した企業不祥事案件の内容を説明し，今度の対応方針などについて一定の理解を得ておく必要がありますので，弁護士は，このような対応に関し，各ステークホルダーと会社との権利義務関係を整理し，助言することになります（なお，個別の事案によっては，責任を追及すべき取引先がある場合も想定されますので，この対応の検討もすることもあります）。
　③ 今後の対策を検討する場面
　再発防止策を含む今後の対策を検討する場面では，弁護士は，コンプライアンスの専門家の立場から，再発防止策の内容についての妥当性や，実施の手順等について助言等を行うこと等が考えられます。
　④ 小括
　弁護士が行う具体的業務の内容は，以上のとおりですが，具体的に弁護士がどのような業務を行うかは，個別の企業不祥事案件ごとに規模や，重大性，複雑性等をふまえた個別の検討が必要であり，事案ごとに大きな相違があります。

(2) 弁護士が対応する場合の関与の方法

以上に加え，近年，弁護士が企業不祥事案件の対応に関与する方法に変化がみられます。従来は，通常の法律相談業務，顧問業務の一環として，会社担当者からの相談に対する助言を行う方法が多かったのですが，近時は，会社が立ち上げる第三者委員会への参加や，社内調査委員会への第三者的立場からの助言などの形をとる場合が増加しています。

このような形で関与する場合には，いわゆる顧問弁護士とは別の独立性を有する弁護士に依頼することが望ましい場合が多く，顧問弁護士に依頼する場合に比べ，弁護士報酬が高額になる傾向があります。

なお，日弁連では，2010年7月15日（同年12月17日改訂）に「企業等不祥事における第三者委員会ガイドライン」を策定して公表をしており，社会的に注目される事案では，これに準拠する必要があると考えられます。このガイドラインでは，委員の報酬は原則として時間制によるべきものとしています（第6「2報酬」注14）。

❷ 報酬決定の留意点

以上のように，企業不祥事案件といっても，その内容は千差万別であり，弁護士がどのような業務を行うか，どのような方法で関与するかは，まちまちです。

そのため，一般論として弁護士費用の相場を説明することは困難ですが，強いていえば，担当弁護士ごとに一定の時間単価（タイムチャージレート）を設定し，予想される作業時間を前提に，当該時間単価を乗じて算出される金額を前提に，弁護士報酬を決定する場合が多いと思われます。

（右崎大輔）

Q67　企業の倒産・再生

❶　企業が破産，民事再生や会社更生等のいわゆる法的倒産手続を申し立てる場合に，弁護士に依頼するときの弁護士報酬の実情を説明してください。
　　法的整理ではなく，私的整理によって企業再生を行う場合の弁護士報酬の実情はどうなりますか。
❷　法的倒産手続の場合の管財人の報酬の実情を説明してください。

A　❶　弁護士は，企業の財務・損益状況，資金繰りなどをみて，事件の処理方針を選択していきますが，その際に，①会社の資金繰りの状況，②負債総額や債権者数，および事件種類ごとに異なる③申立準備に要する手間，ならびに④申立後に要する手間などを総合的に考慮して，着手金額を決めることになります。

　私的整理の代理人報酬額は，民事再生の場合よりも高くなると考えられます。債権者が報酬を過大と判断すれば，減額を要求される可能性もあります。準則型の私的整理（事業再生 ADR や中小企業再生支援協議会案件）では，弁護士が手続実施者やアドバイザーという形で関与し，報酬を受ける場合があります。

❷　更生管財人の報酬は，更生会社の規模（売上，従業員数，資産総額，負債総額，債権者数，資金繰り状況等）や弁護士の経験（期数）を考慮して，裁判官が金額を決定し，月額給与および退職金として，更生会社から支払われます。破産管財人の報酬は，財団組成額や事案，管財業務等の内容を勘案し，裁判官が一応の金額を決め，破産管財人に相談したうえで決定し，破産財団から支払われます。

第2部　各論　第9章　企業法務に関する事件

解説

❶ 申立代理人としての弁護士報酬

(1) 報酬額を決める諸要素

　企業経営者が，「倒産」の2文字を思い浮かべて弁護士のもとを訪れるタイミングはさまざまです。相談を受けた弁護士は，会社の財務状態，損益状況および資金繰りをみながら，倒産は回避できるか否か，法的手続をとるか私的整理でいくか，再建か清算かなどの事件の処理方針を決することになります。とくに資金繰りは，再建型なら申立後の現金仕入れも視野に入れて，手持資金をできるだけ増やしておく必要があるなど，申立時期を決めるうえでも重要となります。しかし，概して企業は切羽詰まるまで倒産を回避する努力を行っており，弁護士に相談にきたときには，資金繰りもぎりぎりという状態にあります。そのような倒産前夜の状況のなか，弁護士は，以下の要素を考慮に入れながら，着手金の額を決めることになります。

(2) 法的倒産手続の場合

① 資金繰り状況

　ない袖は振れませんので，資金繰り上，債務総額から計算される裁判所予納金（場合により分納も考えて）を差し引いた後の手持現金の額を計算し，それが着手金の上限となります。

② 負債総額および債権者数

　負債総額は事件規模を計る尺度になるほか，負債額が同じでも，ゴルフ場や消費者問題案件など債権者数が多数に上るときは，申立後の対応に要する手間が増えることが予想され，着手金の増額要素になり得ます。

③ 会社所在地，申立裁判所の地理的要素

　会社所在地，工場，申立裁判所が地方になると，移動時間を含めて事件処理時間の増加は否めず，場合により，地元弁護士にも協力を依頼することも想定して，着手金額を若干高めに設定することがあります。

④　申立対象の範囲（会社だけか，関連会社や代表者個人の処理も必要か）

　その会社だけにとどまらず，関連会社および代表者個人も同時に法的手続を申し立てるときは，全体の着手金額は，個別の申立てをするときに比べて総額が安く設定されることになります。

⑤　申立準備に要した手間

　金融機関との任意交渉など，申立前に長期間にわたり事件処理が行われてきた場合で，その間月額顧問料の形で支払いがなされていて報酬が支払われていなかった場合には，その分が申立時の着手金として上乗せされることがあります。また会社更生や大規模民事再生など，申立直後の財産保全で多数の弁護士を動員する場合には，全体の着手金額は自ずと高くなります。

⑥　申立後に要する手間

　申立後に申立代理人が事件に関与する度合いは，選択した法的整理手続ごとに大きく異なります。破産や会社更生であれば，申立代理人は，申立てと直後の財産保全を済ませれば，あとは管財人に事件処理が委ねられるため，処理にそれほど手間を要しません。

　しかし，破産や会社更生の申立てには成功報酬ということはないので，そのことを考慮しておく必要があります。一方，民事再生や特別清算の場合，申立代理人や清算人が主体的に計画案や協定案の策定に関わり，認可決定に至るまで多大な時間と労力を費やすことになるため，着手金額も破産のときと比べて高くする必要があります。このうち民事再生であれば，手続中に会社と顧問契約を締結して，月額顧問料で着手金部分を補うことが可能ですが，特別清算では協定案認可に至るまで裁判所が清算人報酬を許可しませんし，決定された報酬額も業務量に比べて低いとされていますので，申立段階でその後の手間分を含め着手金を受け取っておくことが肝要です。

　以上の要素を考慮し，誤解をおそれずに各手続の着手金の標準額を挙げるとすれば，以下（図表）のとおりとなります。

第2部　各論　第9章　企業法務に関する事件

図表　申立代理人弁護士の事件関与の度合いに関する特徴　　　　　　（単位：円）

負債総額	破産	特別清算	民事再生	会社更生
	申立限り	申立後、清算人として清算業務に従事。認可後、裁判所による報酬決定（やや低め）あるのみ	申立後、再生手続に関与。認可後、会社から成功報酬、手続後には顧問契約締結（月額顧問料受領の余地）	申立限り。財産保全に大規模動員の必要性大
1,000～5,000万	50～100万	100～200万	100～150万	100～150万
5,000万～1億	100～200万	200～300万	150～300万	―
1～5億	200～300万	300～500万	300～500万	―
5～10億	300～500万	500～700万	500～700万	700～1,000万
10～50億	500～700万	700～1,000万	700～1,000万	1,000～1,500万
50億超	700万～	1,000万～	1,000万～	1,500万～

(3)　私的整理手続の場合

　次に、私的整理ですが、近時、制度の多様化はめざましく、具体的には、事業再生ADR、地域経済活性化支援機構（REVIC）および中小企業再生支援協議会といった、これを主宰する組織が手続準則を定めている私的整理事件から、準則の定めにもよらない純粋な私的整理事件まで、さまざまなものが存在します。準則型の場合、準則に定められた手続と日程に沿って、法的整理以上に緻密かつ合理的な再建計画案を策定する必要があり、また原則として全員同意が求められるため、各金融機関との交渉も厳しいものになりがちですので、弁護士には法的整理に臨むとき以上にノウハウと集中力が求められます。一方、私的整理が成功した場合、企業は、法的整理の際に不可避的に生じうる事業劣化を最小限にとどめることができますので、弁護士がその

利益の一部を成功報酬として受け取ることには合理性があります。したがって，私的整理の代理人報酬の総額は，同じ会社が民事再生を採った場合の申立代理人の報酬よりも高くなると考えられます。

　私的整理でも，資金繰り上，十分な着手金を支払えない会社に対して，着手金の額を低く抑えざるを得ないことは法的整理のときと同じです。この場合，私的整理期間中に顧問料を受け取り，私的整理が成功した場合に比較的多額の成功報酬を受け取る契約にすることが多いと思われます。弁護士費用は会社再建のための共益的費用ですから，キャッシュフローから優先弁済を受けられるように，報酬を再建計画に織り込んでおく必要があります。しかし，債権者が弁護士業務の質に比して報酬が過大であると判断すれば，報酬額について債権者の理解を得られず，減額を要求される可能性もあるので，留意が必要です。

　事業再生ADRや中小企業再生支援協議会案件で，債権放棄を伴う事業再生計画案を策定する場合には，申立代理人のほかに，弁護士および公認会計士が計画案を調査する手続実施者やアドバイザーに選任されます。事業再生ADRの場合，手続実施者に対する報酬は，同手続を主宰する事業再生実務家協会に対する業務委託金・報酬金のなかから支払われることとなりますが，その金額は，対象となる金融債権者数や，債権者に対する負債合計金額により数百万円～数千万円の範囲で決められています。中小企業再生支援協議会案件の場合，対象が中小企業となるため，アドバイザー報酬額も200万～300万円程度といった金額に抑えられています。

❷ **管財人の報酬**

(1) 会社更生の場合

　会社更生手続の管財人の報酬は，更生会社の規模（売上，従業員数，資産総額，負債総額，債権者数，資金繰り状況など）や弁護士の経験（管財人経験，期数等）を勘案して，裁判官が金額を決定します。管財人の報酬は，更生会社から，月額給与および退職金の形で支払われます。給与扱いなので，消費税は付加されません。

金額は，月額給与は90万〜300万円程度が多いようです。管財人を退任するときには，退職金が支給され，金額は，月額給与の2〜3倍程度ですが，事案によって早期終結に至れば，その分退職金が増額されることもあります。

なお，管財人代理には，管財人に準じて報酬が支払われますが，管財人補佐には報酬は支払われませんので管財人の報酬から賄うことになります。また，開始決定前に保全管理人に選任される場合にも，選任期間中の業務に対して報酬が支払われます。

(2) 破産の場合

破産手続の破産管財人の報酬は，裁判官が一応の金額を決め，破産管財人に相談したうえで決定し，破産財団から支払われます。

裁判官は，事件記録や破産管財人からの報告などに基づいて，事件の事案（財団収集型か調査型かなど）や，破産管財人が，資産の換価・処分により，どの程度財団を組成したか，また，どのような管財業務を行ったかなどを考慮して，報酬について一応の金額を決めているようです。

そのうえで，裁判官は破産管財人に相談し，破産管財人からも率直な意見を聞いたうえで，正式に報酬金額を決定しています。

報酬は，最後配当後に一括して支払われますが，中間配当が行われる場合には，中間報酬が支払われます。

財団が少額な場合の破産管財人報酬ですが，東京地方裁判所のケースでは，財団組成額が40万円までの場合，その全額が報酬になります。なかには，引継予納金の20万円しか財団が組成できないケースもありますが，1件当たり平均して報酬が40万円程度になるように，裁判所は事件の配点に配慮しているようです。

（山宮慎一郎・関端広輝・谷津朋美）

本書のまとめ

 この本では，旧版の体系を改め，第1部で総論，第2部を各論とし，第1部の総論では，制度，市民，企業の各観点からの弁護士報酬をめぐる総論的な問題を記述し，第2部の各論では，9の類型に分けて，さまざまな紛争や案件における具体的な事例における弁護士報酬の実情を記述しました。
 本書の全体を通じて浮かび上がることをまとめ，多少の補足を施せば，次のようなことになろうと思われます。

1　2つの弁護士報酬算定方式
 本書のQ3などの各所で述べられたとおり，弁護士報酬は，①「経済的利益」②「事案の難易」③「時間及び労力」④「その他の事情」に照らし適正かつ妥当に決せられるべきものです（最判昭和44年2月27日民集23巻2号441頁　新規程2条）。
 ただ，弁護士報酬の算定方式の実情は，大きくは次の2つに分かれます。
 (a)　経済的利益を基礎に着手金と報酬金（成功報酬）を算定する方式
 (b)　タイムチャージ（時間制）方式

2　2つの弁護士報酬算定方式と弁護士の実情
 企業法務や東京等の都市部ではタイムチャージ方式が増えている反面，2004年3月末日をもって廃止された経済的利益に基づき着手金と報酬金を算出する旧規程は，それが一定の合理性があると考えられていることもあって，いまだ多くの弁護士が依拠している実情があります。
 地域別弁護士の弁護士報酬の算定方式の採用状況は，次のとおりです。

図表 (%)

	もっぱら(a)の着手金・報酬金方式	もっぱら(b)のタイムチャージ方式	(a)(b)の両者を併用している
全　　国	82.2	7.9	9.9
東　　京	67.1	17.1	15.8
大阪・愛知県	93.4	0.4	6.2
高裁所在地	96.9	0.0	3.1
高裁不所在地	95.1	0.2	4.6

『弁護士業務の経済的基盤に関する実態調査報告書2010（臨時増刊号）』（以下「2010年調査」）108頁自由と正義62巻6号（2011）

3　2つの方式の修正

　この2つの弁護士報酬算定方式のうち，(b)のタイムチャージ方式は，「レート×弁護士の作業時間」という算式によって機械的に算出されますが，この方式による場合も，依頼者からは見積りの提示を求められたり，キャップ（上限）の約定が付されたりすることがあります。

　また，(a)の方式も，訴訟でない場合には，1回の手数料方式にしたり，また，さまざまな事情により増減や手続による付加がなされるなど，(a)を基本としつつも修正が施されます。

　本書の各項目でさまざまに論じていることの多くは，上記1①の経済的利益または③のうちの時間の要素を基礎に，②の事案の難易，③のうちの労力，④のその他の事情，のさまざまな態様による修正の解説であるといっても過言ではありません。

4　1時間当たり弁護士報酬単価の実情

　(1)　収入（売上）と所得

　以上を前提に，まずは，弁護士の作業1時間当たりの報酬単価を考えてみます。

2010年の前記実態調査報告書によれば，弁護士の確定申告書の売上（収入）の平均値は3,304万円，中央値は2,112万円，なお，最頻値のゾーンは750万円以上1,000万円未満でした（なお，2000年調査では，平均値3,793万円，中央値2,800万円でしたから，相当の落込みです）。

また，所得は，2010年調査で，平均値は1,471万円，中央値は959万円で，最頻値のゾーンは，上記の収入と同一の750万円以上1,000万円未満のゾーンでした（2000年調査の平均値は1,701万円，中央値1,300万円ですから，所得の面でも大きな落込みがみられます）。なお，最頻値が売上と所得で一致しているということは，経費を支出しない給与所得の若手でアソシエートの勤務弁護士等がこのゾーンの多くを占めていることを示しているものと考えられます。これは，1990年代からの司法試験合格者数すなわち弁護士人口が漸増ないし急増していること，弁護士の東京集中の現象が見られることから，以上のような統計上も，東京の若手弁護士の数が母数に比して多いことから，全体の数値がそれに引きずられる傾向のあることがうかがえます。

(2) 労働時間等の実体

他方，弁護士の同年の年間総労働時間は，2010年調査で2,269.16時間でした。他方で，弁護士の労働時間のうち「通常の弁護士業務」に費やした時間の割合の全国平均値は，70.0％とされています（他にも国選弁護等の公益業務等，多少の収入を伴うものもありますが，単価が相当程度に低いので考慮しないものとします）。そうすると，収入を上げる労働時間の平均は，年間1,588時間ということになります。

(3) 1時間当たり単価

弁護士の平均年間収入額3,304万円を平均収益労働時間の1,588万円で除すと，2万0,800円ほどになります。

5 タイムチャージのレートの実情

タイムチャージ制の実情については，Q25で論じられたところですが，統計的にみたタイムチャージの実情として，2010年調査の結果があります。

1時間当たりのレートの全国平均は3万3,860円であり，最頻値のゾーンは2万円以上3万円未満となっています。なお，レートの平均は，地域差が顕著であり，東京が3万7,000円，大阪・愛知県が2万3,000円，高裁所在地が1万8,000円，高裁不所在地が1万4,000円となっています。

タイムチャージ制以外の経済的利益を基礎にした弁護士報酬の水準は，Q8で論じられたように，地域差が少ないと考えられるものの，東京は，高額訴訟等が多いこと等から1件当たりの弁護士報酬の絶対額が高くなっており，また，上記2の図表で示したとおり，タイムチャージの採用は，東京の弁護士の比率が圧倒的に高く，3分の1の弁護士がタイムチャージ制を用いている（併用を含む）こともあって，時間当たり単価も東京が高いということがいえます。

6　まとめ

以上，統計から，弁護士報酬の概括的な傾向をみてきましたが，実情はケースバイケースです。たとえば市民法律相談の相談料は，多くの弁護士が30分5,000円，1時間1万円で対応しているものと考えられますが（Q12），上記の全国平均の時間単価約2万円の半額です。これは，多くの弁護士が旧規程の趣旨を承継して，社会貢献ないし公益的な見地も入れて行っているものと考えられます。そして，経済的利益を基礎に弁護士報酬を算定する場合には，所要時間に比して報酬額が過大になって調整をする場合もあれば，他方で，市民法律相談のように採算割れになる場合もあります。

これを弁護士の立場からいわゆる三分法で弁護士報酬を考えて案件をみた場合に，採算のよい案件，採算ラインの案件，採算割れの案件等が混在し，また，費やす時間も，プロボノ・パブリックワーク（公益活動）や一般的研究，さらには事務所経営のための時間等も混在し，さらに経費分を加えることになります。これらの調和のなかで弁護士の収入・所得と業務とが成り立っているというべきものと考えられます。

そこに，以上のような弁護士側の諸事情に対し，依頼者側の諸事情も加わ

り，両当事者および個別案件ごとに適正かつ妥当な弁護士報酬が観念されるものと思われます。そこで，タイムチャージでいえば，少なくとも東京では1時間3万円が採算ラインであると思われるところ（Q25参照），米国でも1時間300ドルであればreasonable（お手頃な値段）とされる一方，実情としては，上記4(3)で示したとおり，1時間2万円程度になっているということができます。

　弁護士報酬が自由化されて10年以上を経た今日，依頼者と弁護士とが以上の諸事情をふまえつつ，適正なプロセスを経て合理的な契約により弁護士報酬が定められていくことが望まれます。

（吉原省三・片岡義広）

資　　料

1．旧規程（日本弁護士連合会）
2．新規程（日本弁護士連合会）
3．見積書ひな型（参考例）
4．委任契約書（民事）（参考例）
5．委任契約書（刑事・少年）（参考例）

資料

1．旧規程（日本弁護士連合会）

報酬等基準規程（平成7年9月11日　会規第38号）

　　　　　　　　　　　　　　　　全部改正　平成7年9月11日
　　　　　　　　　　　　　　　　改正　　　平成13年5月25日
　　　　　　　　　　　　　　　　同　　　　　13年10月31日
　　　　　　　　　　　　　　　　廃止　　　同　15年11月12日

第1章　総　則

（目的）
第1条　この規程は，弁護士法に基づき，弁護士会が定める弁護士（弁護士法人を含む。以下同じ。）の報酬に関する標準を示す規定の基準を定めることを目的とする。
（弁護士会の弁護士報酬規定）
第2条　弁護士会は，この規程を基準とし，所在地域における経済事精その他の地域の特性を考慮して，弁護士の報酬に関する標準を示す規定を適正妥当に定めなければならない。
（弁護士報酬の種類）
第3条　弁護士報酬は，法律相談料，書面による鑑定料，着手金，報酬金，手数料，顧問料及び日当とする。
2　前項の用語の意義は，次表のとおりとする。

法律相談料	依頼者に対して行う法律相談（口頭による鑑定，電話による相談を含む。）の対価をいう。
書面による鑑定料	依頼者に対して行う書面による法律上の判断又は意見の表明の対価をいう。
着手金	事件又は法律事務（以下「事件等」という。）の性質上，委任事務処理の結果に成功不成功があるものについて，その結果のいかんにかかわらず受任時に受けるべき委任事務処理の対価をいう。

1．旧規程（日本弁護士連合会）

報酬金	事件等の性質上，委任事務処理の結果に成功不成功があるものについて，その成功の程度に応じて受ける委任事務処理の対価をいう。
手数料	原則として一回程度の手続又は委任事務処理で終了する事件等についての委任事務処理の対価をいう。
顧問料	契約によって継続的に行う一定の法律事務の対価をいう。
日　当	弁護士が，委任事務処理のために事務所所在地を離れ，移動によってその事件等のために拘束されること（委任事務処理自体による拘束を除く。）の対価をいう。

（弁護士報酬の支払時期）
第4条　着手金は、事件等の依頼を受けたときに、報酬金は、事件等の処理が終了したときに、その他の弁護士報酬は、この規程に特に定めのあるときはその規定に従い、特に定めのないときは、依頼者との協議により定められたときに、それぞれ支払いを受ける。
（事件等の個数等）
第5条　弁護士報酬は、1件ごとに定めるものとし、裁判上の事件は審級ごとに、裁判外の事件等は当初依頼を受けた事務の範囲をもって、1件とする。ただし、第3章第1節において、同一弁護士が引き続き上訴審を受任したときの報酬金については、特に定めのない限り、最終審の報酬金のみを受ける。
2　裁判外の事件等が裁判上の事件に移行したときは、別件とする。
（弁護士の報酬請求権）
第6条　弁護士は、各依頼者に対し、弁護士報酬を請求することができる。
2　次の各号の一に該当することにより、受任件数の割合に比して1件あたりの執務量が軽減されるときは、弁護士は、第2章ないし第5章及び第7章の規定にかかわらず、弁護士報酬を適正妥当な範囲内で減額することができる。
　一　依頼者から複数の事件等を受任し、かつその紛争の実態が共通であるとき。
　二　複数の依頼者から同一の機会に同種の事件等につき依頼を受け、委任事務処理の一部が共通であるとき。
3　1件の事件等を複数の弁護士が受任したときは、次の各号の一に該当するときに限り、各弁護士は、依頼者に対し、それぞれ弁護士報酬を請求することができる。
　一　各弁護士による受任が依頼者の意思に基づくとき。
　二　複数の弁護士によらなければ依頼の目的を達成することが困難であり、かつそ

の事情を依頼者が認めたとき。
（弁護士の説明義務等）
第7条　弁護士は依頼者に対し、あらかじめ弁護士報酬等について、十分に説明しなければならない。
2　弁護士は、事件等を受任したときは、委任契約書を作成するよう努めなければならない。
3　委任契約書には、事件等の表示、受任の範囲、弁護士報酬等の額及び支払時期その他の特約事項を記載する。
4　弁護士は、依頼者から申し出のあるときは、弁護士報酬等の額、その算出方法及び支払時期に関する事項等を記載した弁護士報酬説明書を交付しなければならない。ただし、前2項に定める委任契約書を作成した場合は、この限りでない。
（弁護士報酬の減免等）
第8条　依頼者が経済的資力に乏しいとき又は特別の事情があるときは、弁護士は、第2章ないし第7章の規定にかかわらず、弁護士報酬の支払時期を変更し又はこれを減額若しくは免除することができる。
2　着手金及び報酬金を受ける事件等につき、依頼の目的を達することについての見通し又は依頼者の経済的事情その他の事由により、着手金を規定どおり受けることが相当でないときは、弁護士は、第3章の規定にかかわらず、依頼者と協議のうえ、着手金を減額して、報酬金を増額することができる。ただし、着手金及び報酬金の合計額は、第17条の規定により許容される着手金と報酬金の合算額を超えてはならない。
（弁護士報酬の特則による増額）
第9条　依頼を受けた事件等が、特に重大若しくは複雑なとき、審理若しくは処理が著しく長期にわたるとき又は受任後同様の事情が生じた場合において、前条第2項又は第2章ないし第4章の規定によっては弁護士報酬の適正妥当な額が算定できないときは、弁護士は、依頼者と協議のうえ、その額を適正妥当な範囲内で増額することができる。
（消費税に相当する額）
第10条　この規程に定める額は、消費税法（昭和63年法律第108号）に基づき、弁護士の役務に対して課せられる消費税の額に相当する額を含まない。

第2章　法律相談料等

1. 旧規程（日本弁護士連合会）

（法律相談料）
第11条　法律相談料は、次表のとおりとする。

初回市民法律相談料	30分ごとに5,000円から1万円の範囲内の一定額
一般法律相談料	30分ごとに5,000円以上2万5,000円以下

2　前項の初回市民法律相談とは、事件単位で個人から受ける初めての法律相談であって、事業に関する相談を除くものをいい、一般法律相談とは、初回市民法律相談以外の法律相談をいう。

（書面による鑑定料）
第12条　書面による鑑定料は、次のとおりとする。

書面による鑑定料	10万円から30万円の範囲内の額

2　前項において、事案が特に複雑又は特殊な事情があるときは、弁護士は依頼者と協議のうえ、前項に定める額を超える書面による鑑定料を受けることができる。

第3章　着手金及び報酬金

第1節　民事事件

（民事事件の着手金及び報酬金の算定基準）
第13条　本節の着手金及び報酬金については、この規程に特に定めのない限り、着手金は事件等の対象の経済的利益の額を、報酬金は委任事務処理により確保した経済的利益の額をそれぞれ基準として算定する。

（経済的利益──算定可能な場合）
第14条　前条の経済的利益の額は、この規程に特に定めのない限り、次のとおり算定する。
　一　金銭債権は、債権総額（利息及び遅延損害金を含む。）
　二　将来の債権は、債権総額から中間利息を控除した額

資料

　　三　継続的給付債権は、債権総額の10分の7の額。ただし、期間不定のものは、7年分の額
　　四　賃料増減額請求事件は、増減額分の7年分の額
　　五　所有権は、対象たる物の時価相当額
　　六　占有権、地上権、永小作権、賃借権及び使用借権は、対象たる物の時価の2分の1の額。ただし、その権利の時価が対象たる物の時価の2分の1の額を超えるときは、その権利の時価相当額
　　七　建物についての所有権に関する事件は、建物の時価相当額に、その敷地の時価の3分1の額を加算した額。建物についての占有権、賃借権及び使用借権に関する事件は、前号の額に、その敷地の時価の3分の1の額を加算した額
　　八　地役権は、承役地の時価の2分の1の額
　　九　担保権は、被担保債権額。ただし、担保物の時価が債権額に達しないときは、担保物の時価相当額
　　十　不動産についての所有権、地上権、永小作権、地役権、賃借権及び担保権等の登記手続請求事件は、第五号、第六号、第八号及び前号に準じた額
　　十一　詐害行為取消請求事件は、取消請求債権額。ただし、取消される法律行為の目的の価額が債権額に達しないときは、法律行為の目的の価額
　　十二　共有物分割請求事件は、対象となる持分の時価の3分の1の額。ただし、分割の対象となる財産の範囲又は持分に争いのある部分については、争いの対象となる財産又は持分の額
　　十三　遺産分割請求事件は、対象となる相続分の時価相当額。ただし、分割の対象となる財産の範囲及び相続分について争いのない部分については、その相続分の時価相当額の3分1の額
　　十四　遺留分減殺請求事件は、対象となる遺留分の時価相当額
　　十五　金銭債権についての民事執行事件は、請求債権額。ただし、執行対象物件の時価が債権額に達しないときは、第一号の規定にかかわらず、執行対象物件の時価相当額（担保権設定、仮差押等の負担があるときは、その負担を考慮した時価相当額）
　2　弁護士会は、地域の特性に応じて、合理的な経済的利益の算定基準を定めることができる。
　（経済的利益算定の特則）
第15条　前条で算定された経済的利益の額が、紛争の実態に比して明らかに大きいと

1. 旧規程（日本弁護士連合会）

きは、弁護士は、経済的利益の額を、紛争の実態に相応するまで、減額しなければならない。

2　前条で算定された経済的利益の額が、次の各号の一に該当するときは、弁護士は、経済的利益の額を、紛争の実態又は依頼者の受ける経済的利益の額に相応するまで、増額することができる。

一　請求の目的が解決すべき紛争の一部であるため、前条で算定された経済的利益の額が紛争の実態に比して明らかに小さいとき。

二　紛争の解決により依頼者の受ける実質的な利益が、前条で算定された経済的利益の額に比して明らかに大きいとき。

（経済的利益――算定不能な場合）

第16条　第14条により経済的利益の額を算定することができないときは、その額を800万円とする。

2　弁護士は、依頼者と協議のうえ、前項の額を、事件等の難易、軽重、手数の繁簡及び依頼者の受ける利益等を考慮して、適正妥当な範囲内で増減額することができる。

（民事事件の着手金及び報酬金）

第17条　訴訟事件、非訟事件、家事審判事件、行政審判等事件及び仲裁事件の着手金及び報酬金は、この規程に特に定めのない限り、経済的利益の額を基準として、それぞれ次表のとおり算定する。

経済的利益の額	着手金	報酬金
300万円以下の部分	8％	16％
300万円を超え3,000万円以下の部分	5％	10％
3,000万円を超え3億円以下の部分	3％	6％
3億円を超える部分	2％	4％

2　前項の着手金及び報酬金は、事件の内容により、30％の範囲内で増減額することができる。

3　民事事件につき同一弁護士が引き続き上訴事件を受任するときは、前2項にかかわらず、着手金を適正妥当な範囲内で減額することができる。

4　前3項の着手金は、10万円を最低額とする。ただし、経済的利益の額が125万円

資料

未満の事件の着手金は、事情により10万円以下に減額することができる。

（調停事件及び示談交渉事件）

第18条　調停事件及び示談交渉（裁判外の和解交渉をいう。以下同じ。）事件の着手金及び報酬金は、この規程に特に定めのない限り、それぞれ前条第1項及び第2項又は第21条第1項及び第2項の各規定を準用する。ただし、それぞれの規定により算定された額の3分2に減額することができる。

2　示談交渉事件から引き続き調停事件を受任するときの着手金は、この規程に特に定めのない限り、前条第1項及び第2項又は第21条第1項及び第2項の各規定により算定された額の2分の1とする。

3　示談交渉事件又は調停事件から引き続き訴訟その他の事件を受任するときの着手金は、この規程に特に定めのない限り、前条第1項及び第2項又は第21条第1項及び第2項の各規定により算定された額の2分の1とする。

4　前3項の着手金は、10万円（第21条の規定を準用するときは、5万円）を最低額とする。ただし、経済的利益の額が125万円未満の事件の着手金は、事情により10万円（第21条の規定を準用するときは5万円）以下に減額することができる。

（契約締結交渉）

第19条　示談交渉事件を除く契約締結交渉の着手金及び報酬金は、経済的利益の額を基準として、次表のとおり算定する。

経済的利益の額	着手金	報酬金
300万円以下の部分	2％	4％
300万円を超え3,000万円以下の部分	1％	2％
3,000万円を超え3億円以下の部分	0.5％	1％
3億円を超える部分	0.3％	0.6％

2　前項の着手金及び報酬金は、事案の内容により、30％の範囲内で増減額することができる。

3　前2項の着手金は、10万円を最低額とする。

4　契約締結に至り報酬金を受けたときは、契約書その他の文書を作成した場合でも、その手数料を請求することができない。

1．旧規程（日本弁護士連合会）

（督促手続事件）
第20条　督促手続事件の着手金は、経済的利益の額を基準として、次表のとおり算定する。

経済的利益の額	着手金
300万円以下の部分	2％
300万円を超え3,000万円以下の部分	1％
3,000万円を超え3億円以下の部分	0.5％
3億円を超える部分	0.3％

2　前項の着手金は、事件の内容により、30％の範囲内で増減額することができる。
3　前３項の着手金は、５万円を最低額とする。
4　督促手続事件が訴訟に移行したときの着手金は、第17条又は第21条の規定により算定された額と前２項の規定により算定された額との差額とする。
5　督促手続事件の報酬金は、第17条又は第21条の規定により算定された額の２分の１とする。ただし、依頼者が金銭等の具体的な回収をしたときでなければ、これを請求することができない。
6　前項ただし書の目的を達するため、民事執行事件を受任するときは、弁護士は、第１項ないし前項の着手金又は報酬金とは別に、民事執行事件の着手金として第17条の規定により算定された額の３分の１を、報酬金として同条の規定により算定された額の４分の１を、それぞれ受けることができる。

（手形、小切手訴訟事件）
第21条　手形、小切手訴訟事件の着手金及び報酬金は、経済的利益の額を基準として、次表のとおり算定する。

経済的利益の額	着手金	報酬金
300万円以下の部分	4％	8％
300万円を超え3,000万円以下の部分	2.5％	5％
3,000万円を超え3億円以下の部分	1.5％	3％
3億円を超える部分	1％	2％

2　前項の着手金及び報酬金は、事件の内容により、30％の範囲内で増減額することができる。
3　前2項の着手金は、5万円を最低額とする。
4　手形、小切手訴訟事件が通常訴訟に移行したときの着手金は、第17条の規定により算定された額と前3項により算定された額との差額とし、その報酬金は、第17条の規定を準用する。

（離婚事件）
第22条　離婚事件の着手金及び報酬金は、次表のとおりとする。ただし、同一弁護士が引き続き上訴事件を受任するときは、着手金を適正妥当な範囲内で減額することができる。

離婚事件の内容	着手金及び報酬金
離婚調停事件 又は離婚交渉事件	それぞれ20万円から50万円の範囲内の額
離婚訴訟事件	それぞれ30万円から60万円の範囲内の額

2　離婚交渉事件から引き続き離婚調停事件を受任するときの着手金は、前項の規定による離婚調停事件の着手金の額の2分の1とする。
3　離婚調停事件から引き続き離婚訴訟事件を受任するときの着手金は、第1項の規定による離婚訴訟事件の着手金の額の2分の1とする。
4　前3項において、財産分与、慰謝料など財産給付を伴うときは、弁護士は、財産給付の実質的な経済利益の額を基準として、第17条又は第18条の規定により算定された着手金及び報酬金の額以下の適正妥当な額を加算して請求することができる。
5　前4項の規定にかかわらず、弁護士は、依頼者と協議のうえ、離婚事件の着手金及び報酬金の額を、依頼者の経済的資力、事案の複雑さ及び事件処理に要する手数の繁簡等を考慮し、適正妥当な範囲内で増減額することができる。

（境界に関する事件）
第23条　境界確定訴訟、境界確定を含む所有権に関する訴訟その他境界に関する訴訟の着手金及び報酬金は、次のとおりとする。ただし、同一弁護士が引き続き上訴事件を受任するときは、着手金を適正妥当な範囲内で減額することができる。

1．旧規程（日本弁護士連合会）

| 着手金及び報酬金 | それぞれ30万円から60万円の範囲内の額 |

2　前項の着手金及び報酬金は、第17条の規定により算定された着手金及び報酬金の額が前項の額を上回るときは、同条の規定による。
3　境界に関する調停事件及び示談交渉事件の着手金及び報酬金は、事件の内容により、第1項の規定による額又は前項の規定により算定された額の、それぞれ3分の2に減額することができる。
4　境界に関する示談交渉事件から引き続き調停事件を受任するときの着手金は、第1項の規定による額又は第2項の規定により算定された額のそれぞれ2分の1とする。
5　境界に関する調停事件又は示談交渉事件から引き続き訴訟事件を受任するときの着手金は、第1項の規定による額又は第2項の規定により算定された額の、それぞれ2分の1とする。
6　前5項の規定にかかわらず、弁護士は、依頼者と協議のうえ、境界に関する事件の着手金及び報酬金の額を、依頼者の経済的資力、事案の複雑さ及び事件処理に要する手数の繁簡等を考慮し、適正妥当な範囲内で増減額することができる。

（借地非訟事件）
第24条　借地非訟事件の着手金は、借地権の額を基準として、次表のとおりとする。ただし、同一弁護士が引き続き上訴事件を受任するときは、着手金を適正妥当な範囲内で減額することができる。

借地権の額	着手金
5,000万円以下の場合	20万円から50万円の範囲内の額
5,000万を超える場合	前段の額に5,000万円を超える部分の0.5％を加算した額

2　借地非訟事件の報酬金は、次のとおりとする。ただし、弁護士は、依頼者と協議のうえ、報酬金の額を、事案の複雑さ及び事件処理に要する手数の繁簡等を考慮し、適正妥当な範囲内で増減額することができる。
　一　申立人については、申立が認められときは借地権の額の2分の1を、相手方の介入権が認められたときは財産上の給付額の2分の1を、それぞれ経済的利益の

307

額として、第17条の規定により算定された額
　二　相手方については、その申立が却下されたとき又は介入権が認められたときは、借地権の額の2分の1を、賃料の増額又は財産上の給付が認められたときは、賃料増額分の7年分又は財産上の給付額をそれぞれ経済的利益として、第17条の規定により算定された額
3　借地非訟に関する調停事件及び示談交渉事件の着手金及び報酬金は、事件の内容により、第1項の規定による額又は前項の規定により算定された額の、それぞれ3分の2に減額することができる。
4　借地非訟に関する示談交渉事件から引き続き調停事件を受任するときの着手金は、第1項の規定による額の2分の1とする。
5　借地非訟に関する調停事件又は示談交渉事件から引き続き借地非訟事件を受任するときの着手金は、第1項の規定による額の2分の1とする。
（保全命令申立事件等）
第25条　仮差押及び仮処分の各命令申立事件（以下「保全命令申立事件」という。）の着手金は、第17条の規定により算定された額の2分の1とする。ただし、審尋又は口頭弁論を経たときは、同条の規定により算定された額の3分の2とする。
2　前項の事件が重大又は複雑であるときは、第17条の規定により算定された額の4分の1の報酬金を受けることができる。ただし、審尋又は口頭弁論を経たときは、同条の規定により算定された額の3分の1の報酬金を受けることができる。
3　第1項の手続のみにより本案の目的を達したときは、前項の規定にかかわらず、第17条の規定に準じて報酬金を受けることができる。
4　保全執行事件は、その執行が重大又複雑なときに限り、保全命令申立事件とは別に着手金及び報酬金を受けることができるものとし、その額については、次条第1項及び第2項の規定を準用する。
5　第1項の着手金及び第2項の報酬金並びに前項の着手金及び報酬金は、本案事件と併せて受任したときでも、本案事件の着手金及び報酬金とは別に受けることができる。
6　保全命令申立事件及び保全執行事件の着手金は、10万円を最低額とする。
（民事執行事件等）
第26条　民事執行事件の着手金は、第17条の規定により算定された額の2分の1とする。
2　民事執行事件の報酬金は、第17条の規定により算定された額の4分の1とする。

1．旧規程（日本弁護士連合会）

3　民事執行事件の着手金及び報酬金は、本案事件に引き続き受任したときでも、本案事件の着手金及び報酬金とは別に受けることができる。ただし、着手金は第17条の規定により算定された額の3分の1とする。

4　執行停止事件の着手金は、第17条の規定により算定された額の2分の1とする。ただし、本案事件に引き続き受任するときは、同条の規定により算定された額の3分の1とする。

5　前項の事件が重大又は複雑なときは、第17条の規定により算定された額の4分の1の報酬金を受けることができる。

6　民事執行事件及び執行停止事件の着手金は、5万円を最低額とする。

（倒産整理事件）

第27条　破産、和議、会社整理、特別清算及び会社更生の各事件の着手金は、資本金、資産及び負債の額並びに関係人の数等事件の規模に応じて定め、それぞれ次の額とする。ただし、右各事件に関する保全事件の弁護士報酬は、右着手金に含まれる。

　　一　事業者の自己破産事件　　　50万円以上
　　二　非事業者の自己破産事件　　20万円以上
　　三　自己破産以外の破産事件　　50万円以上
　　四　事業者の和議事件　　　　　100万円以上
　　五　非事業者の和議事件　　　　30万円以上
　　六　会社整理事件　　　　　　　100万円以上
　　七　特別清算事件　　　　　　　100万円以上
　　八　会社更生事件　　　　　　　200万円以上

2　前項の各事件の報酬金は、第17条の規定を準用する。この場合の経済的利益の額は、配当額、配当資産、免除債権額、延払いによる利益及び企業継続による利益等を考慮して算定する。ただし、前項第一号及び第二号の事件は、依頼者が免責決定を受けたときに限り、報酬金を受けることができる。

（任意整理事件）

第28条　任意整理事件（前条第1項に該当しない債務整理事件）の着手金は、資本金、資産及び負債の額並びに関係人の数等事件の規模に応じて定め、それぞれ次の額とする。

　　一　事業者の任意整理事件　　　50万円以上
　　二　非事業者の任意整理事件　　20万円以上

2　前項の事件が清算により終了したときの報酬金は、債務の弁済に供すべき金員又

資料

は代物弁済に供すべき資産の価額(以下「配当源資額」という。)を基準として、次の各号の表のとおり算定する。
一　弁護士が債権取立、資産売却等により集めた配当源資額につき

500万円以下の部分	15%
500万円を超え1,000万円以下の部分	10%
1,000万円を超え5,000万円以下の部分	8%
5,000万円を超え1億円以下の部分	6%
1億円を超える部分	5%

二　依頼者及び依頼者に準ずる者から任意提供を受けた配当源資額につき

5,000万円以下の部分	3%
5,000万円を超え1億円以下の部分	2%
1億円を超える部分	1%

3　第1項の事件が、債務の減免、履行期限の猶予又は企業継続等により終了したときの報酬金は、前条第2項の規定を準用する。
4　第1項の事件の処理について、裁判上の手続を要したときは、前2項に定めるほか、本節の規定により算定された報酬金を受けることができる。

(行政上の不服申立事件)
第29条　行政上の異議申立、審査請求、再審査請求その他の不服申立事件の着手金は、第17条の規定により算定された額の3分の2とし、報酬金は、同条の規定により算定された額の2分の1とする。ただし、審尋又は口頭審理等を経たときは、同条の規定を準用する。
2　前項の着手金は、10万円を最低額とする。

第2節　刑事事件

1．旧規程（日本弁護士連合会）

（刑事事件の着手金）
第30条　刑事事件の着手金は、次表のとおりとする。

刑事事件の内容	着　手　金
起訴前及び起訴後(第一審及び上訴審をいう。以下同じ。)の事案簡明な事件	それぞれ20万円から50万円の範囲内の額
起訴前及び起訴後の前段以外の事件及び再審事件	20万円から50万円の範囲内の一定額以上
再審請求事件	20万円から50万円の範囲内の一定額以上

2　前項の事案簡明な事件とは、特段の事件の複雑さ、困難さ又は繁雑さが予想されず、委任事務処理に特段の労力又は時間を要しないと見込まれる事件であって、起訴前については事実関係に争いがない情状事件、起訴後については公判終結までの公判開廷数が２ないし３開廷程度と見込まれる情状事件（上告事件を除く。）、上告審は事実関係に争いがない情状事件をいう。

（刑事事件の報酬金）
第31条　刑事事件の報酬金は、次表のとおりとする。

刑事事件の内容		結　果	報　酬　金
事案簡明な事件	起訴前	不起訴	20万円から50万円の範囲内の額
		求略式命令	前段の額を超えない額
	起訴後	刑の執行猶予	20万円から50万円の範囲内の額
		求刑された刑が軽減された場合	前段の額を超えない額
前段以外の刑事事件	起訴前	不起訴	20万円から50万円の範囲内の一定額以上
		求略式命令	20万円から50万円の範囲内の一定額以上
	起訴後（再審事件を含む。）	無罪	50万円を最低額とする一定額以上
		刑の執行猶予	20万円から50万円の範囲内の一定額以上

資料

	求刑され刑が軽減された場合	軽減の程度による相当な額
	検察官上訴が棄却された場合	20万円から50万円の範囲内の一定額以上
再審請求事件		20万円から50万円の範囲内の一定額以上

2　前項の事案簡明な事件とは、前条の事案簡明な事件と見込まれ、かつ結果において予想された委任事務処理量で結論を得た事件をいう。

（刑事事件につき同一弁護士が引き続き受任した場合等）

第32条　起訴前に受任した事件が起訴（求略式命令を除く。）され、引き続いて同一弁護士が起訴後の事件を受任するときは、第30条に定める着手金を受けることができる。ただし、事案簡明な事件については、起訴前の事件の着手金の2分の1とする。

2　刑事事件につき同一弁護士が引き続き上訴事件を受任するときは、第30条及び第31条にかかわらず、着手金及び報酬金を適正妥当な範囲内で減額することができる。

3　弁護士は、追加して受任する事件が同種であることにより、追加件数の割合に比して1件あたりの執務量が軽減されるときは、追加受任する事件につき、着手金及び報酬金を適正妥当な範囲内で減額することができる。

（検察官の上訴取下げ等）

第33条　検察官の上訴の取下げ又は免訴、公訴棄却、刑の免除、破棄差戻若しくは破棄移送の言渡しがあったときの報酬金は、それまでに弁護人が費やした時間及び執務量を考慮したうえ、第31条の規定を準用する。

（保釈等）

第34条　保釈、勾留の執行停止、抗告、即時抗告、準抗告、特別抗告、勾留理由開示等の申立事件の着手金及び報酬金は、依頼者との協議により、被疑事件又は被告事件の着手金及び報酬金とは別に、相当な額を受けることができる。

（告訴、告発等）

第35条　告訴、告発、検察審査の申立、仮釈放、仮出獄、恩赦等の手続の着手金は、1件につき10万円以上とし、報酬金は、依頼者との協議により受けることができる。

第3節　少年事件

1. 旧規程（日本弁護士連合会）

（少年事件の着手金及び報酬金）
第36条　少年事件（少年を被疑者とする捜査中の事件を含む。以下同じ。）の着手金は、次表のとおりとする。

少年事件の内容	着　手　金
家庭裁判所送致前及び送致後	それぞれ20万円から50万円の範囲内の額
抗告、再抗告及び保護処分の取消	それぞれ20万円から50万円の範囲内の額

2　少年事件の報酬金は、次表のとおりとする。

少年事件の結果	報　酬　金
非行事実なしに基づく審判不開始又は不処分	20万円から50万円の範囲内の一定額以上
その他	20万円から50万円の範囲内の額

3　弁護士は、着手金及び報酬金の算定につき、家庭裁判所送致以前の受任か否か、非行事実の争いの有無、少年の環境調整に要する手数の繁簡、身柄付の観護措置の有無、試験観察の有無等を考慮するものとし、依頼者と協議のうえ、事件の重大性等により、前2項の額を適正妥当な範囲内で増減額することができる。

（少年事件につき同一弁護士が引き続き受任した場合）
第37条　家庭裁判所送致前に受任した少年事件は、第5条の規定にかかわらず、家庭裁判所に送致されても1件の事件とみなす。

2　少年事件につき、同一弁護士が引き続き抗告審等を受任するときは、前条にかかわらず、抗告審等の着手金及び報酬金を、適正妥当な範囲内で減額することができる。

3　弁護士は、追加して受任する事件が同種であることにより、追加件数の割合に比して1件あたりの執務量が軽減されるときは、追加受任する事件につき、着手金及び報酬金を適正妥当な範囲内で減額することができる。

4　少年事件が刑事処分相当として家庭裁判所から検察官に送致されたときの刑事事件の弁護士報酬は、本章第2節の規定による。ただし、同一弁護士が引き続き刑事

資料

事件を受任するときの着手金は、その送致前の執務量を考慮して、受領済みの少年事件の着手金の額の範囲内で減額することができる。

第4章　手数料

(手数料)
第38条　手数料は、この規程に特に定めのない限り、事件等の対象の経済的利益の額を基準として、次の各号の表のとおり算定する。なお、経済的利益の額の算定については、第14条ないし第16条の規定を準用する。

一　裁判上の手数料

項目	分類	手数料
証拠保全 (本案事件を併せて受任したときでも本案事件の着手金とは別に受けることができる。)	基本	20万円に第17条第1項の着手金の規定により算定された額の10％を加算した額
	特に複雑又は特殊な事情がある場合	弁護士と依頼者との協議により定める額
即決和解 (本手数料を受けたときは、契約書その他の文書を作成しても、その手数料を別に請求することはできない。)	示談交渉を要しない場合	300万円以下の部分　　　　10万円 300万円を超え3,000万円以下の部分　　　　1％ 3,000万円を超え3億円以下の部分　　　　0.5％ 3億円を超える部分　　　　0.3％
	示談交渉を要する場合	示談交渉事件として、第18条又は第22条ないし第24条の各規定により算定された額
公示催告		即決和解の示談交渉を要しない場合と同額
倒産整理事件の債権届出	基本	5万円から10万円の範囲内の額
	特に複雑又は特殊な事情がある場合	弁護士と依頼者との協議により定める額
簡易な家事審判(家事審判法第9条第1項甲類に属する家事審判事件で事案簡明なもの。)		10万円から20万円の範囲内の額

1．旧規程（日本弁護士連合会）

二　裁判外の手数料

項　目	分　類		手　数　料
法律関係調査（事実関係調査を含む。）	基　本		5万円から20万円の範囲内の額
	特に複雑又は特殊な事情がある場合		弁護士と依頼者との協議により定める額
契約書類及びこれに準ずる書類の作成	定　型	経済的利益の額が1,000万円未満のもの	5万円から10万円の範囲内の額
		経済的利益の額が1,000万円以上1億円未満のもの	10万円から30万円の範囲内の額
		経済的利益の額が1億円以上のもの	30万円以上
	非定型	基　本	300万円以下の部分　　　　　　10万円 300万円を超え3,000万円以下の部分　　　　　　　　　　　　　　　1％ 3,000万円を超え3億円以下の部分　　　　　　　　　　　　　　0.3％ 3億円を超える部分　　　　　　0.1％
		特に複雑又は特殊な事情がある場合	弁護士と依頼者との協議により定める額
	公正証書にする場合		右の手数料に3万円を加算する。
内容証明郵便作成	弁護士名の表示なし	基　本	1万円から3万円の範囲内の額
		特に複雑又は特殊な事情がある場合	弁護士と依頼者との協議により定める額
	弁護士名の表示あり	基　本	3万円から5万円の範囲内の額
		特に複雑又は特殊な事情がある場合	弁護士と依頼者との協議により定める額
遺言書作成	定　型		10万円から20万円の範囲内の額
	非定型	基　本	300万円以下の部分　　　　　　20万円 300万円を超え3,000万円以下の部分　　　　　　　　　　　　　　　1％ 3,000万円を超え3億円以下の部分

			0.3%
		3億円を超える部分	0.1%
	特に複雑又は特殊な事情がある場合	弁護士と依頼者との協議により定める額	
	公正証書にする場合	右の手数料に3万円を加算する。	
遺言執行	基本	300万円以下の部分　　　　　　30万円 300万円を超え3,000万円以下の部分　　　　　　　　　　　　2％ 3,000万円を超え3億円以下の部分　　　　　　　　　　　　1％ 3億円を超える部分　　　　　0.5%	
	特に複雑又は特殊な事情がある場合	弁護士と受遺者との協議により定める額	
	遺言執行に裁判手続を要する場合	遺言執行手数料とは別に、裁判手続きに要する弁護士報酬を請求することができる。	
会社設立等	設立、増減資、合併、分割、組織変更、通常清算	資本額若しくは総資産額のうち高い方の額又は増減資額に応じて以下により算出された額。ただし、合併又は分割については200万円を、通常清算については100万円を、その他の手続については10万円を、それぞれ最低額とする。 1,000万円以下の部分　　　　　4％ 1,000万円を超え2,000万円以下の部分　　　　　　　　　　　3％ 2,000万円を超え1億円以下の部分　　　　　　　　　　　　2％ 1億円を超え2億円以下の部分　　　　　　　　　　　　1％ 2億円を超え20億円以下の部分　　　　　　　　　　　0.5% 20億円を超える部分　　　　0.3%	
会社設立等以外の登記等	申請手続	1件5万円。ただし、事案によっては、弁護士と依頼者との協議により、適正妥当な範囲内で増減額することができる。	

1．旧規程（日本弁護士連合会）

	交付手続	登記簿謄抄本、戸籍謄抄本、住民票等の交付手続は、一通につき1,000円とする。
株主総会等指導	基　本	30万円以上
	総会等準備も指導する場合	50万円以上
現物出資等証明（商法第173条第3項等及び有限会社法第12条の2第3項等に基づく証明）		1件30万円。ただし、出資等にかかる不動産価格及び調査の難易、繁簡等を考慮して、弁護士と依頼者との協議により、適正妥当な範囲内で増減額することができる。
簡易な自賠責請求（自動車損害賠償責任保険に基づく被害者による簡易な損害賠償請求）		次により算定された額。ただし、損害賠償請求権の存否又はその額に争いがある場合には、弁護士は、依頼者との協議により適正妥当な範囲内で増減額することができる。 給付金額が150万円以下の場合 　　　　　　　　　　　　3万円 給付金額が150万円を超える場合 　　　　　　　給付金額の　2％

第5章　時間制

（時間制）

第39条　弁護士は、依頼者との協議により、受任する事件等に関し、第2章ないし第4章及び第7章の規定によらないで、1時間あたりの適正妥当な委任事務処理単価にその処理に要した時間（移動に要する時間を含む。）を乗じた額を、弁護士報酬として受けることができる。

2　前項の単価は、1時間ごとに1万円以上とする。

3　弁護士は、具体的な単価の算定にあたり、事案の困難性、重大性、特殊性、新規性及び弁護士の熟練度等を考慮する。

4　弁護士は、時間制により弁護士報酬を受けるときは、あらかじめ依頼者から相当額を預かることができる。

第6章　顧問料

(顧問料)

第40条　顧問料は、次表のとおりとする。ただし、事業者については、事業の規模及び内容等を考慮して、その額を減額することができる。

事 業 者	月額5万円以上
非事業者	年額6万円（月額5,000円）以上

2　顧問契約に基づく弁護士業務の内容は、依頼者との協議により特に定めのある場合を除き、一般的な法律相談とする。
3　簡易な法律関係調査、簡易な契約書その他の書類の作成、簡易な書面鑑定、契約立会、従業員の法律相談、株主総会の指導又は立会、講演などの業務の内容並びに交通費及び通信費などの実費の支払等につき、弁護士は、依頼者と協議のうえ、顧問契約の内容を決定する。

第7章　日　当

(日当)

第41条　日当は、次表のとおりとする。

半日（往復2時間を超え4時間まで）	3万円以上5万円以下
1日（往復4時間を超える場合）	5万円以上10万円以下

2　前項にかかわらず、弁護士は、依頼者と協議のうえ、前項の額を適正妥当な範囲内で増減額することができる。
3　弁護士は、概算により、あらかじめ依頼者から日当を預かることができる。

第8章　実費等

（実費等の負担）

第42条　弁護士は、依頼者に対し、弁護士報酬とは別に、収入印紙代、郵便切手代、謄写料、交通通信費、宿泊料、保証金、保管金、供託金、その他委任事務処理に要する実費等の負担を求めることができる。

2　弁護士は、概算により、あらかじめ依頼者から実費等を預かることができる。

（交通機関の利用）

第43条　弁護士は、出張のための交通機関については、最高運賃の等級を利用することができる。

第9章　委任契約の清算

（委任契約の中途終了）

第44条　委任契約に基づく事件等の処理が、解任、辞任又は委任事務の継続不能により、中途で終了したときは、弁護士は、依頼者と協議のうえ、委任事務処理の程度に応じて、受領済みの弁護士報酬の全部若しくは一部を返還し、又は弁護士報酬の全部若しくは一部を請求する。

2　前項において、委任契約の終了につき、弁護士のみに重大な責任があるときは、弁護士は受領済みの弁護士報酬の全部を返還しなければならない。ただし、弁護士が既に委任事務の重要な部分の処理を終了しているときは、弁護士は、依頼者と協議のうえ、その全部又は一部を返還しないことができる。

3　第1項において、委任契約の終了につき、弁護士に責任がないにもかかわらず、依頼者が弁護士の同意なく委任事務を終了させたとき、依頼者が故意又は重大な過失により委任事務処理を不能にしたとき、その他依頼者に重大な責任があるときは、弁護士は、弁護士報酬の全部を請求することができる。ただし、弁護士が委任事務の重要な部分の処理を終了していないときは、その全部については請求することができない。

（事件等処理の中止等）

第45条　依頼者が着手金、手数料又は委任事務処理に要する実費等の支払いを遅滞したときは、弁護士は、事件等に着手せず又はその処理を中止することができる。

2　前項の場合には、弁護士は、あらかじめ依頼者にその旨を通知しなければならない。

資料

（弁護士報酬の相殺等）
第46条　依頼者が弁護士報酬又は立替実費等を支払わないときは、弁護士は、依頼者に対する金銭債務と相殺し又は事件等に関して保管中の書類その他のものを依頼者に引き渡さないでおくことができる。
2　前項の場合には、弁護士は、すみやかに依頼者にその旨を通知しなければならない。

　　　　　附　　則
この改正規定は、平成7年10月1日から施行する。

2．新規程（日本弁護士連合会）

弁護士の報酬に関する規程（平成16年2月26日　会規第68号）
　　　　　　　　　　　　　　　　　　　改正　平成20年12月5日

（目的）
第1条　この規程は，会則第87条第2項及び弁護士法人規程第19条に基づき，弁護士（弁護士法人を含む。以下同じ。）の報酬に関し必要な事項を定めることを目的とする。

（弁護士の報酬）
第2条　弁護士の報酬は，経済的利益，事案の難易，時間及び労力その他の事情に照らして適正かつ妥当なものでなければならない。

（報酬基準の作成・備え置き）
第3条　弁護士は，弁護士の報酬に関する基準を作成し，事務所に備え置かなければならない。
2　前項に規定する基準には，報酬の種類，金額，算定方法，支払時期及びその他弁護士の報酬を算定するために必要な事項を明示しなければならない。

（報酬見積書）
第4条　弁護士は，法律事務を依頼しようとする者から申し出があったときは，その法律事務の内容に応じた報酬見積書の作成及び交付に努める。

（報酬の説明・契約書作成）
第5条　弁護士は，法律事務を受任するに際し，弁護士の報酬及びその他の費用について説明しなければならない。
2　弁護士は，法律事務を受任したときは，弁護士の報酬に関する事項を含む委任契約書を作成しなければならない。ただし，委任契約書を作成することに困難な事由があるときは，その事由が止んだ後，これを作成する。
3　前項の規定にかかわらず，受任した法律事務が，法律相談，簡易な書面の作成，顧問契約等継続的な契約に基づくものであるときその他合理的な理由があるときは，委任契約書の作成を要しない。
4　第2項に規定する委任契約書には，受任する法律事務の表示及び範囲，弁護士の報酬の種類，金額，算定方法及び支払時期，委任契約が委任事務の終了に至るまで解除ができる旨並びに委任契約が中途で終了した場合の清算方法を記載しなければ

ならない。
(情報の提供)
第6条　弁護士は，弁護士の報酬に関する自己の情報を開示及び提供するよう努める。

　　　附　則
1　この規程は，平成16年4月1日から施行する。
2　この規程の施行の際現に受任している法律事務の弁護士の報酬については，なお従前の例による。
　　　附　則
第5条第4項の改正規定は，平成21年4月1日から施行する。

外国法事務弁護士の報酬に関する規程（平成16年2月26日　会規第69号）

(目的)
第1条　この規程は，外国特別会員基本規程第30条第2項に基づき，外国法事務弁護士の報酬に関し必要な事項を定めることを目的とする。
(外国法事務弁護士の報酬)
第2条　外国法事務弁護士の報酬は，経済的利益，事案の難易，時間及び労力その他の事情に照らして適正かつ妥当なものでなければならない。
(報酬基準の作成・備え置き)
第3条　外国法事務弁護士は，外国法事務弁護士の報酬に関する基準を作成し，事務所に備え置かなければならない。
2　前項に規定する基準には，報酬の種類，金額，算定方法，支払時期及びその他外国法事務弁護士の報酬を算定するために必要な事項を明示しなければならない。
(報酬見積書)
第4条　外国法事務弁護士は，法律事務を依頼しようとする者から申し出があったときは，その法律事務の内容に応じた報酬見積書の作成及び交付に努める。
(報酬の説明・契約書作成)
第5条　外国法事務弁護士は，法律事務を受任するに際し，外国法事務弁護士の報酬及びその他の費用について説明しなければならない。
2　外国法事務弁護士は，法律事務を受任したときは，外国法事務弁護士の報酬に関する事項を含む委任契約書を作成しなければならない。ただし，委任契約書を作成

2．新規程（日本弁護士連合会）

することに困難な事由があるときは，その事由が止んだ後，これを作成する。
3　前項の規定にかかわらず，受任した法律事務が，法律相談，簡易な書面の作成，顧問契約等継続的な契約に基づくものであるときその他合理的な理由があるときは，委任契約書の作成を要しない。
4　第2項に規定する委任契約書には，受任する法律事務の表示及び範囲，外国法事務弁護士の報酬の種類，金額，算定方法及び支払時期並びに委任契約が中途で終了した場合の清算方法を記載しなければならない。
（情報の提供）
第6条　外国法事務弁護士は，外国法事務弁護士の報酬に関する自己の情報を開示及び提供するよう努める。

　　　附　則
1　この規程は，平成16年4月1日から施行する。
2　この規程の施行の際現に受任している法律事務の外国法事務弁護士の報酬については，なお従前の例による。

資料

3．見積書ひな型（参考例）

平成　年　月　日

見積もり依頼者
_____様
　　　　　　　　　〇〇市〇〇町（区）〇〇丁目〇番〇号〇〇ビル〇階
　　　　　　　　　〇〇法律事務所
　　　　　　　　　　　　　弁護士　〇　〇　〇　〇　　印

弁護士報酬等見積書

お申し出のあった事案の弁護士報酬等の見積もりは，以下のとおりです。

【事件の表示】
　　事　件　名＿＿＿＿＿＿＿＿＿＿＿＿＿＿＿＿＿＿＿＿
　　当　事　者＿＿＿＿＿＿＿＿＿＿＿＿＿＿＿＿＿＿＿＿

【ご説明を受けた事案の概要】
＿＿＿＿＿＿＿＿＿＿＿＿＿＿＿＿＿＿＿＿＿＿＿＿＿＿＿＿
＿＿＿＿＿＿＿＿＿＿＿＿＿＿＿＿＿＿＿＿＿＿＿＿＿＿＿＿
＿＿＿＿＿＿＿＿＿＿＿＿＿＿＿＿＿＿＿＿＿＿＿＿＿＿＿＿
＿＿＿＿＿＿＿＿＿＿＿＿＿＿＿＿＿＿＿＿＿＿＿＿＿＿＿＿

【想定する事件処理の方針】
＿＿＿＿＿＿＿＿＿＿＿＿＿＿＿＿＿＿＿＿＿＿＿＿＿＿＿＿
＿＿＿＿＿＿＿＿＿＿＿＿＿＿＿＿＿＿＿＿＿＿＿＿＿＿＿＿
＿＿＿＿＿＿＿＿＿＿＿＿＿＿＿＿＿＿＿＿＿＿＿＿＿＿＿＿
＿＿＿＿＿＿＿＿＿＿＿＿＿＿＿＿＿＿＿＿＿＿＿＿＿＿＿＿

【弁護士報酬等の概要】
　1．弁護士報酬の種類（　着手金・報酬金　，　手数料　，　　　　　　　）
　2．想定される金額（以下の金額には消費税が含まれています）
　　　①受任時
　　　　　弁護士報酬　　金＿＿＿＿＿＿＿＿＿円
　　　　　実　　　費　　金＿＿＿＿＿＿＿＿＿円
　　　②終了時

3．見積書ひな型（参考例）

　　　　弁護士報酬　　金　　　　　　　　　円
　　　　　注）終了時は100％の成果を収めた場合を想定しています。
　③その他
　　　　　_____

【特記事項】
　　　_____
　　　_____
　　　_____

出典：日本弁護士連合会「弁護士報酬ガイドブック」より

資料

4．委任契約書（民事）（参考例）

依頼者を甲，受任弁護士を乙として，次のとおり委任契約を締結する。

第1条（事件等の表示と受任の範囲）

甲は乙に対し下記事件又は法律事務（以下「本件事件等」という）の処理を委任し，乙はこれを受任した。

①事件等の表示

事件名

相手方

裁判所等の手続機関名

②受任範囲

□示談折衝，□書類作成，□契約交渉

□訴訟（一審，控訴審，上告審，支払督促，少額訴訟，手形・小切手）

□調停，□審判，□倒産（破産，民事再生，任意整理，会社更生，特別清算）

□保全処分（仮処分，仮差押），□証拠保全，□即決和解

□強制執行，□遺言執行，□行政不服申立

□その他（　　　　　　　　　　　　　　　　　　　　　　　　　　）

第2条（弁護士報酬）

甲及び乙は，本件事件等に関する弁護士報酬につき，乙の弁護士報酬基準に定めるもののうち□レを付したものを選択すること及びその金額（消費税を含む）又は算定方法を合意した。

□着手金

①着手金の金額を次のとおりとする。

金＿＿＿＿＿＿＿＿円とする。

②着手金の支払時期・方法は，特約なき場合は本件事件等の委任のときに一括払いするものとする。

□報酬金

①報酬金の金額を次のとおりとする。但し，本件事件等が上訴等により受任範囲とは異なる手続に移行し，引き続き乙がこれを受任する場合は，その新たな委任契約の協議の際に再度協議するものとする。

金＿＿＿＿＿＿＿＿円とする。

□甲の得た経済的利益の_____％とする。経済的利益の額は，乙の弁護士報酬基準_____に定める方法によって算出する。
　②報酬金の支払時期は，本件事件等の処理の終了したときとする。
□手数料
　①手数料の金額を次のとおりとする。
　　　金_____円とする。
　②手数料の支払時期・方法は，特約なき場合は本件事件等の委任のときに一括払いするものとする。
□時間制（　事件処理全般の時間制　，　着手金に代わる時間制　）
　①1時間当たりの金額を次のとおりとする。
　　　金_____円
　②甲は時間制料金の予納を（　する　，　しない　）ものとし，追加予納については特約に定める。予納を合意した金額は_____時間分である。
　　　金_____円
　③予納金額との過不足は，特約なき場合は事件終了後に清算する。
□出廷日当
　①1回当たりの日当の金額を次のとおりとする。
　　　金_____円とする。
　②甲は日当の予納を（　する　，　しない　）ものとし，追加予納については特約に定める。予納を合意した金額は_____回分である。
　　　金_____円とする。
　③予納金額との過不足は，特約なき場合は事件終了後に清算する。
□出張日当
　①出張日当を（　一日　，　半日　）金_____円とする。
　②甲は出張日当の予納を（　する　，　しない　）ものとし，追加予納については特約に定める。予納を合意した金額は_____回分である。
　　　金_____円
　③予納金額との過不足は，特約なき場合は事件終了後に清算する。

□その他

第3条（実費・預り金）
　甲及び乙は，本件事件等に関する実費等につき，次のとおり合意する。
　□実費
　　①甲は費用概算として金＿＿＿＿＿＿円を予納する。
　　②乙は本件事件等の処理が終了したときに清算する。
　□預り金
　　甲は＿＿＿＿＿＿＿＿＿＿＿＿＿＿＿＿＿＿＿＿＿の目的で
　　金＿＿＿＿＿＿＿＿＿＿円を乙に預託する。

第4条（事件処理の中止等）
　1．甲が弁護士報酬または実費等の支払いを遅滞したときは，乙は本件事件の処理に着手せず，またはその処理を中止することができる。
　2．前項の場合には，乙はすみやかに甲にその旨を通知しなければならない。

第5条（弁護士報酬の相殺等）
　1．甲が弁護士報酬又は実費等を支払わないときは，乙は甲に対する金銭債務と相殺し，または本件事件に関して保管中の書類その他のものを甲に引き渡さないことができる。
　2．前項の場合には，乙はすみやかに甲にその旨を通知しなければならない。

第6条（中途解約の場合の弁護士報酬の処理）
　本委任契約にもとづく事件等の処理が，解任，辞任または継続不能により中途で終了したときは，乙の処理の程度に応じて清算をおこなうこととし，処理の程度についての甲及び乙の協議結果にもとづき，弁護士報酬の全部もしくは一部の返還または支払をおこなうものとする。

第7条（特約）
　本委任契約につき，甲及び乙は次のとおりの特約に合意した。
　＿＿＿＿＿＿＿＿＿＿＿＿＿＿＿＿＿＿＿＿＿＿＿＿＿＿＿＿＿＿＿＿
　＿＿＿＿＿＿＿＿＿＿＿＿＿＿＿＿＿＿＿＿＿＿＿＿＿＿＿＿＿＿＿＿

　甲及び乙は，乙の弁護士報酬基準の説明にもとづき本委任契約の合意内容を十分理解したことを相互に確認し，その成立を証するため本契約書を2通作成し，相互に保管するものとする。

4．委任契約書（民事）（参考例）

```
　　平成　　年　　月　　日
　　　　甲（依頼者）
　　　　　住所

　　　　　　　氏名　　　　　　　　　　　　　印
　　　　乙（受任弁護士）
　　　　　　　氏名　　　　　　　　　　　　　印
```

出典：日本弁護士連合会「弁護士報酬ガイドブック」より

資料

5．委任契約書（刑事・少年）（参考例）

依頼者を甲，受任弁護士を乙として，次のとおり委任契約を締結する。

第1条（事件の表示と受任の範囲）

甲は乙に対し下記事件（以下「本件事件」という）の処理を委任し，乙はこれを受任した。

①事件の表示
　事件名＿＿＿＿＿＿＿＿＿＿＿＿＿＿＿＿＿＿＿＿＿＿＿＿＿
　被疑者・被告人・少年氏名＿＿＿＿＿＿＿＿＿＿＿＿＿＿＿＿

②受任範囲
　□成人弁護活動（起訴前，一審，控訴審，上告審）
　□少年付添人・弁護活動（送致前，家裁，抗告審，　　　　　）
　□保釈，□勾留執行停止，□勾留取消，□勾留理由開示
　□被害弁償等の示談折衝
　□その他（＿＿＿＿＿＿＿＿＿＿＿＿＿＿＿＿＿＿）

第2条（弁護士報酬）

甲と乙は，本件事件に関する弁護士報酬につき，乙の弁護士報酬基準に定めるもののうち□を付したものを選択すること，およびその金額（消費税を含む）または算定方法を合意した。

□着手金
　①着手金の金額を次のとおりとする。
　　金＿＿＿＿＿＿＿円とする。（消費税を含みます。以下，同じ）
　②着手金の支払時期・方法は，特約なき場合は本件事件の委任のときに一括払いするものとする。

□報酬金
　①報酬金の金額を次のとおりとする。
　（成人刑事事件若しくは少年逆送事件）
　　□無罪の場合　　　　金＿＿＿＿＿＿＿円
　　□執行猶予の場合　　金＿＿＿＿＿＿＿円
　　□求刑より判決の量刑が減刑された場合
　　　　　　　　　　　　金＿＿＿＿＿＿＿円

□その他（　　　　　　　　　　　　　　　）
　　　　　　　　　金　　　　　　　円
（少年付添人事件）
　　□非行事実なし　　　金　　　　　　　円
　　□不処分・保護観察・　　　　　　　　　　　　の場合
　　　　　　　　　金　　　　　　　円
　　□その他（　　　　　　　　　　　　　　　）
　　　　　　　　　金　　　　　　　円
　②報酬金の支払時期は，本件事件の処理の終了したときとする。
□手数料
　①手数料の金額を次のとおりとする。
　　　金　　　　　　　円とする。
　②手数料の支払時期・方法は，特約なき場合は本件事件等の委任のときに一括払いするものとする。
□時間制（　事件処理全般の時間制　，　着手金に代わる時間制　）
　①１時間当たりの金額を次のとおりとする。
　　　金　　　　　　　円
　②甲は時間制料金の予納を（　する　，　しない　）ものとし，追加予納については特約に定める。予納を合意した金額は　　　　　時間分である。
　　　金　　　　　　　円
　③予納金額との過不足は，特約なき場合は事件終了後に清算する。
□出廷日当
　①１回当たりの日当の金額を次のとおりとする。
　　　金　　　　　　　円とする。
　②甲は日当の予納を（　する　，　しない　）ものとし，追加予納については特約に定める。予納を合意した金額は　　　　　回分である。
　　　金　　　　　　　円とする。
　③予納金額との過不足は，特約なき場合は事件終了後に清算する。
□出張日当
　①出張日当を（　一日　，　半日　）金　　　　　　　円とする。
　②甲は出張日当の予納を（　する　，　しない　）ものとし，追加予納については特約に定める。予納を合意した金額は　　　　　回分である。

　　　　　金＿＿＿＿＿＿円
　　③予納金額との過不足は，特約なき場合は事件終了後に清算する。
　□その他
　＿＿＿＿＿＿＿＿＿＿＿＿＿＿＿＿＿＿＿＿＿＿＿＿＿＿＿＿＿＿
　＿＿＿＿＿＿＿＿＿＿＿＿＿＿＿＿＿＿＿＿＿＿＿＿＿＿＿＿＿＿

第3条（実費・預り金）
　甲及び乙は，本件事件に関する実費等につき，次のとおり合意する。
　□実費
　　①甲は費用概算として金＿＿＿＿＿＿円を予納する。
　　②乙は本件事件の処理が終了したときに清算する。
　□預り金
　　甲は＿＿＿＿＿＿＿＿＿＿＿＿＿＿＿＿＿＿＿＿＿＿の目的で
　金＿＿＿＿＿＿＿＿＿＿円を乙に預託する。

第4条（事件処理の中止等）
1．甲が弁護士報酬または実費等の支払いを遅滞したときは，乙は本件事件の処理に着手せずまたはその処理を中止することができる。
2．前項の場合には，乙はすみやかに甲にその旨を通知しなければならない。

第5条（弁護士報酬の相殺等）
1．甲が弁護士報酬または実費等を支払わないときは，乙は甲に対する金銭債務と相殺しまたは本件事件に関して保管中の書類その他のものを甲に引き渡さないでおくことができる。
2．前項の場合には，乙はすみやかに甲にその旨を通知しなければならない。

第6条（中途解約の場合の弁護士報酬の処理）
　本委任契約にもとづく事件等の処理が，解任，辞任または継続不能により中途で終了したときは，乙の処理の程度に応じて清算をおこなうこととし，処理の程度についての甲と乙の協議結果にもとづき，弁護士報酬の全部もしくは一部の返還または支払をおこなうものとする。

第7条（特約）
　本委任契約につき，甲と乙は次のとおりの特約に合意した。
　＿＿＿＿＿＿＿＿＿＿＿＿＿＿＿＿＿＿＿＿＿＿＿＿＿＿＿＿＿＿

5．委任契約書（刑事・少年）（参考例）

　甲および乙は，乙の弁護士報酬基準の説明にもとづき本委任契約の合意内容を十分理解したことを相互に確認し，その成立を証するため本契約書を2通作成し，相互に保管するものとする。

　　平成　　年　　月　　日
　　　　甲（依頼者）
　　　　　住所
　　　　　　　氏名　　　　　　　　　　　　　　　　　　　　印
　　　　乙（受任弁護士）
　　　　　　　氏名　　　　　　　　　　　　　　　　　　　　印

出典：日本弁護士連合会「弁護士報酬ガイドブック」より

事項索引

欧文

ABA ……………………………… 46, 91
ADR ……………………… 51, 207, 208, 288
CSR ……………………………… 103, 135
DV ………………………………………… 229
JETRO …………………………………… 277
M&A …………………………… 92, 187, 269

あ行

アクセス …………………………………… 30
アソシエイト（弁護士）………… 127, 293
あっせん ……………………………… 75, 77
アメリカ法曹協会 ………………………… 46
委員会設置会社 ………………………… 114
意見書作成 ……………………………… 131
遺言 ……………………………… 62, 238
　──執行者 …………………… 64, 240, 244
遺産分割 ………………………………… 245
委任契約書 …………… 15, 46, 53, 326, 330
依頼者の種別 ………………………… 29, 35
医療過誤 ………………………………… 202
インハウス・ロイヤー ………………… 102
請負 ………………………………………… 1
売上（弁護士の）………… 32, 39, 50, 292
援助事件 ………………………………… 36

か行

外国人 …………………………………… 267
外国法事務弁護士の報酬に関する規程
　………………………………………… 15
外部委員 ………………………………… 94
貸金請求 ………………………… 148, 152
過失相殺 ………………………………… 199
家族信託 ………………………………… 243
課徴金 …………………………………… 272
家庭裁判所 ……………………… 223, 260
過払金返還請求 ………………………… 163
株主総会 ………………………………… 118
仮差押え ………………………… 71, 150
仮処分 ………………… 71, 169, 214, 281
管財人 …………………………………… 285
監査等委員会設置会社 ………………… 114
監査役 …………………………… 96, 112
完全（成功）報酬制（度）………… 4, 14
機関設計 ………………………………… 120
企業統治（コーポレートガバナンス）
　……………………………………… 112, 113
企業内弁護士 …………………………… 102
企業の社会的責任（CSR）…………… 135
企業の訴訟 ……………………………… 140
企業法務 ……………… 90, 126, 137, 269
規制改革推進3か年計画 ………………… 2
起訴前弁護 ……………………………… 249
キャップ ………………………… 143, 271
旧会規 …………………………………… 12
旧規程 ………………… 4, 12, 15, 146, 298
給与所得 ………………………………… 96
行政事件 ………………………………… 264
強制執行 ………………………………… 87
金利（付帯請求）……………………… 149
　→付随的 ……………………………… 174
近隣関係 ………………………………… 179
クーリング・オフ ……………… 66, 212
クレーマー対応 ………………………… 192

334

クレ・サラ負債整理 …………………… 159
クロスボーダー ………………………… 275
経営判断 ………………………………… 120
境界確定（・筆界特定）………… 179, 181
経験年数 ………………………… 38, 39, 109
経済的利益 ……………… 13, 18, 45, 77, 85
刑事告訴 …………………………… 196, 257
刑事弁護 …………………………… 249, 253
経費 ………………………………… 35, 294
契約書作成 …………………… 42, 62, 137
建築紛争 ………………………………… 175
原発事故 ………………………………… 208
後遺障害 ………………………………… 198
公課 ……………………………………… 24
公害・環境 ……………………………… 57
公正証書 …………………………… 75, 238
控訴 ……………………………………… 81
交通事故 ………………………………… 198
交通費 ……………………………… 23, 24
コーポレートガバナンス ……………… 113
高齢者・障がい者 ……………………… 57
国際取引 ………………………………… 275
国税不服審判所 ………………………… 190
国選（事件）…………………………… 36
国選弁護人 ……………………………… 253
個人再生 ………………………………… 159
子との面会交流 ………………………… 226
子どもの人権 …………………………… 57
顧問契約 …………………………… 94, 127
顧問弁護士 ……………………………… 94
顧問料 …………………………………… 94
コンティンジェントフィー …………… 4
コンプライアンス …… 103, 108, 112, 113,
　　127, 135
　——委員 ……………………… 93, 94

さ行

債権回収 ………………………………… 148
裁判員制度 ……………………………… 256
裁判外交渉 ……………………………… 51
裁判外の紛争解決 ……………………… 75
　→裁判外交渉 ………………………… 51
裁判外紛争解決機関（ADR）………… 51
債務整理 ………………………………… 154
債務名義 ………………………………… 87
差止請求 ………………………………… 281
雑所得 …………………………………… 97
三審制 …………………………………… 52
算定不能 ………………………………… 27
三分法 …………………………………… 294
シェアホルダー ………………………… 113
資格者団体の活動に関する独占禁止法
　上の考え方 …………………………… 3
事業再生 ………………………………… 288
事業承継 ………………………………… 186
事業所得 ………………………………… 96
事件の個数 ……………………………… 69
私選弁護人 ………………………… 249, 253
示談 ………………………………… 200, 206
　——交渉 ……………………………… 75
実費 ………………………………… 22, 47
私的整理 ………………………………… 285
自賠責保険 ……………………………… 198
自白事件 ………………………………… 254
支払時期（弁護士報酬の）……… 69, 88
市民法律相談 ……………………… 54, 294
事務所の規模 …………………………… 38
指名委員会等設置会社 ………………… 115
社外役員 …………………………… 112, 114
謝金 ……………………………………… 47
収入 ………………………………… 39, 292

宿泊費	23, 24
証拠保全	202
上訴	52
少年事件	260
消費者（事件）	211
消費税	23
消費生活センター	50
所得（弁護士の）	293
書類作成援助	58
新規程	4, 15, 321
審級代理	52, 70
──→審級	81
審査請求	190
信託	234, 242
ステークホルダー	113
ストーカー	229
成功報酬	16, 26, 47, 67, 82
成年後見	233
税務事件	189
説明義務	15, 53
専門性	38, 121, 141
相続	239, 245
相談料	47, 294

た行

第三者委員会	133, 284
タイムチャージ	4, 30, 46, 94, 126, 291
代理援助	58
建物明渡し	171
地域性	38
地域による弁護士報酬の相違	32
知的財産権	279
地方自治体の法律相談窓口	50
着手金	13, 26, 47, 67, 82
仲裁	75, 76
──ADR	49

懲戒	31, 214
調停	48, 75, 76, 200, 206, 222
──前置主義	223
著作権	279
付添人	262
定型・非定型	141, 239
手数料	47, 122
デューデリジェンス	132, 269
投資証明書	276
当番弁護士	249, 261
独占禁止法（独禁法）	3, 12, 92, 272
督促手続	150
特定商取引法（特商法）	17, 212
独立役員	115
取締役	112
取引履歴開示	164

な行

内容証明郵便	62, 192, 193
（日弁連の）アンケート調査	5, 10, 146
日当	24, 47
入管法	267
任意整理	154, 159, 164
任意保険	198
認定司法書士	50

は行

パートナー（弁護士）	95, 127
破産（自己破産）	159, 290
パラリーガル	128
犯罪被害者支援	57
被害者参加制度	256
否認事件	254
秘密保持契約	269
費用	22, 47, 204

不祥事 …………………………… 282
フローチャート ………………… 48
ブログ ……………………………… 166
プロバイダー …………………… 166
プロフェッション ……………… 9, 29
紛争解決手続 …………………… 47
ベイツ事件判決 ………………… 20
弁護士業務の経済的基盤に関する実態調査 …………………………… 292
　――報告書 ………… 13, 32, 146, 292
弁護士ドットコム ……………… 57
弁護士の相違による弁護士報酬の相違 ……………………………………… 38
弁護士の報酬に関する規程 ……… 15, 321
弁護士の報酬に関する標準を示す規定 ……………………………………… 12
弁護士の報酬の消滅時効期間 …… 10
弁護士費用 ………………… 47, 201
弁護士報酬 ………………… 8, 47, 90
　――見積書 ……………………… 42
報酬基準 …………………………… 46
報酬金 ………………… 13, 47, 67, 82
　――支払請求訴訟 ………………… 9
報酬単価（弁護士の）……… 34, 292
報酬等基準規程 ………… 12, 15, 298
報酬に関する懲戒事例集 ……… 13, 17
法テラス ………………… 57, 263
法務部門 ………………………… 108
法律援助 ………………………… 268
法律事務 ………………………… 42
法律相談 ………………………… 48, 54
　――センター ………………… 50, 54
法律扶助協会 …………………… 50
保護命令 ………………………… 230
保全命令・保全執行 …………… 72

本案 ……………………… 51, 71, 169

ま行

マンション管理組合 …………… 183
見積書 ………………… 15, 17, 46, 53, 324
民事執行 ………………… 87, 150
民事保全 ………………………… 71
民暴事件 ………………………… 195
無料法律相談 …………………… 57, 58

や行

遺言 ……………………… 62, 238
　――執行者 ………… 64, 240, 244
有償委任 …………………………… 8
有償原則 …………………………… 26
預金払戻請求 …………………… 156
予防法務 …………………………… 42

ら行

リーガライゼーション（法化現象）…… 131
リーガル・デューデリジェンス …… 132
リーニエンシー ………………… 272
離婚 ……………………………… 222
臨床法務 …………………………… 42
レート（タイムチャージの）…… 129, 292
労働時間 ………………………… 293
労働紛争 ………………… 214, 218

わ行

和解 ……………………… 52, 87, 153

あとがき

　東京弁護士会の任意団体としての弁護士の集まりである公正会が創立90周年を迎えるに際し，その記念行事の1つとして，本書を出版する運びとなりました。10年前の公正会80周年記念の際には，吉原省三名誉実行委員長（当時：実行委員長）の発案と監修で，私が担当委員長となって，公正会会員弁護士の分担執筆で本書の旧版を出版しましたが，本書は，その新版です。

　この10年の間に，社会および弁護士を取り巻く環境は大きく変わりました。旧版を出版した翌2006年には新司法試験が実施され，その後，法曹人口とくに弁護士人口は大幅に増大することとなりました。2005年3月末日の弁護士数は，21,185人であったところ，2015年3月末日には，35,045人となり，65％もの増加となっています。その影響もあってか，10年ごとの「弁護士業務の経済的基盤に関する実態調査報告書」（日弁連，2010年版）では，弁護士1人当たりの売上と所得が平均値および中央値ともに，調査開始以来初めて低下することとなっています。ただ，旧版と新版の各共通の項目の弁護士報酬を比較してみますと，わが国が長期のデフレ経済の傾向にあったことからと思われますが，事件ごとの弁護士報酬の金額やタイムチャージのレート等に大きな変化はみられません。

　しかし，その一方で，社会は大きく変貌し，旧版では顕著でなかったさまざまな事件等の類型がみられるようになりました。そこで，新版で，これに対応して記載項目を増加させるとともに，従前の項目についても事情の変化がみられるものもあって，アップデートを行ったものです。

　ところで，公正会は，研究熱心な会員が多いのが特徴で，新版の分担執筆をお願いするにあたっては，新たに各分野を専門・得意とされる会員弁護士にお願いをいたしました。また，旧版と同じ項目の改訂については，現在最高裁判所判事の職に就かれているお2人の女性会員弁護士（当時）を除き，原則として従前の担当者またはそのご指名による会員弁護士にお願いをしま

あとがき

した。たいへんお忙しいなかをご執筆いただいた会員に対し，記念出版担当の責任者として，心より御礼申し上げる次第です。他方，本来ならば，その分野の専門家として執筆をご依頼すべきところ，複数の専門家がおられるために，ご依頼できなかった会員もおられます。この点は，本書の上梓に免じて，ご容赦を乞うほかありません。

本書が市民および企業の法務担当者のお役に立ち，また，多くの弁護士自身のご参考に供するとともに，弁護士報酬を巡る議論に一石を投じることになれば幸いです。

なお，本書の出版にあたっては，株式会社商事法務の多くのご関係者に，また，本書の企画実行等にあたっては，記念出版委員長の流矢大士弁護士および篠原一廣，高松志直，土肥里香の各会員弁護士に，それぞれたいへんお世話になりました。末筆ながら，ここに御礼を申し上げる次第です。

2015年10月吉日

記念出版本部長　片岡　義広

ガイドブック　弁護士報酬〈新版〉

2005年11月27日	初版第 1 刷発行
2015年11月 2 日	新版第 1 刷発行
2017年 4 月11日	新版第 2 刷発行

編著者　吉原　省三
　　　　片岡　義広
発行者　塚原　秀夫

発行所　㈱商事法務
　　　　〒103-0025　東京都中央区日本橋茅場町3-9-10
　　　　TEL 03-5614-5643・FAX 03-3664-8844〔営業部〕
　　　　TEL 03-5614-5649〔書籍出版部〕
　　　　http://www.shojihomu.co.jp/

落丁・乱丁本はお取り替えいたします。　　印刷／中和印刷㈱
© 2015 Shozo Yoshihara, Yoshihiro Kataoka　Printed in Japan
Shojihomu Co., Ltd.
ISBN978-4-7857-2350-7
＊定価はカバーに表示してあります。